U0918249

高等学校经济学类专业核心课程系列教材

ECON

统计学（第三版）

Statistics

主　编　王云
副主编　王彦红

四川大学出版社

责任编辑:曾春宁
责任校对:傅　奕
封面设计:米茄设计工作室
责任印制:王　炜

图书在版编目(CIP)数据

统计学 / 王云主编. —3 版. —成都：四川大学出版社，2009.1（2017.6 重印）
（21 世纪高等学校经济学类专业核心课程系列教材）
ISBN 978－7－5614－4723－9

Ⅰ. 统… Ⅱ. 王… Ⅲ. 统计学－高等学校－教材 Ⅳ. C8

中国版本图书馆 CIP 数据核字（2010）第 014325 号

书名　统计学（第三版）

主　　编	王　云
出　　版	四川大学出版社
地　　址	成都市一环路南一段 24 号 (610065)
发　　行	四川大学出版社
书　　号	ISBN 978－7－5614－4723－9
印　　刷	郫县犀浦印刷厂
成品尺寸	170 mm×230 mm
印　　张	16.5
字　　数	284 千字
版　　次	2010 年 1 月第 3 版
印　　次	2018 年 10 月第 9 次印刷
定　　价	32.00 元

◆读者邮购本书,请与本社发行科联系。
电话:(028)85408408/(028)85401670/
(028)85408023　邮政编码:610065
◆本社图书如有印装质量问题,请
寄回出版社调换。
◆网址:http://press.scu.edu.cn

总　序

高等学校经济学类专业核心课程系列教材，是根据教育部确定的面向21世纪经济学类专业核心课程，为适应国内高等学校经济学类专业大学本科教学的需要而编著的。面向21世纪大学本科经济学类专业的核心课程共8门：政治经济学、西方经济学、计量经济学、国际经济学、货币银行学、财政学、会计学、统计学。

当前，伴随人类进入21世纪，中国加快了加入WTO的步伐，中国经济正快速同国际经济接轨，中国高等教育为融入国际社会，改革迫在眉睫。为了同世界高等教育接轨，国内不少高校开始部分试用引进国外著名高校的经济学类大学原版教材，也有不少国内高校开始研究与借鉴国外高校经济学类经典教材来更新和补充国内高校经济学类教材的内容。我们组织面向21世纪经济学类专业核心课程系列教材的编著，也是当前国内高校经济学类专业大学本科核心课程教材改革的重要组成部分。

在高等学校经济学类专业核心课程系列教材的编著中，我们注意力争做到以下几点：

第一，本核心课程系列教材在大学经济学类专业本科教学中的地位与作用。8门核心课程都是教育部规定的经济类专业大学本科生的基础必修课程，要求经济学类专业的大学本科生通过这8门课程的学习，达到基本掌握经济学类专业的基础理论与研究方法，为进入高年级阶段的专业学习奠定深厚的理论基础。

第二，从实际出发，密切联系我国国情。编著中始终坚持以邓小平的建设有中国特色的社会主义市场经济理论为指导，以培养能从事中国社会主义市场经济建设的高素质的经济管理人才为目标。

第三，教材内容要面向21世纪高等教育。要求编著中坚持改革、发展的原则，教材内容既要有一定的稳定性，又要有一定的前瞻性，要充分体现21世纪世界高等教育改革、发展的趋势。

第四，本核心课程系列教材的编著力争博采众长。要在充分借鉴国内外同类优秀教材经验的基础上，全面、系统地展现当代国内外著名高校经济类专业本科生必修的经济学基础理论与研究方法，在编著中既要坚持基础必修课程的性质和特点，保证各门教材中基础理论的完整性，同时也强调理论叙述的通俗性与行文的简洁性，以满足国内高校经济类专业大学本科教学的需要。

为了不断提高和保证本套国内高等学校经济学类专业核心课程系列教材的质量水平，我们恳请使用本套系列教材的教师、学生与读者不吝批评斧正，以便再版时修改完善。

李天德

2001年8月18日

前 言

随着21世纪科学技术的进步和知识更新的加快，新世纪的经济人才面临与国际接轨及世界经济一体化的挑战，同时又要能解决我国经济体制改革的深化以及市场经济发展所带来的复杂经济问题。因此，对学生能力与素质的培养成为关键。这有赖于教材的更新。作为经济学科基础课程的《统计学》正是基于此，力图以新的面貌呈现给读者。

本书强调将统计基本理论与对实际经济问题的分析相结合，力求学生既能掌握基本理论和基础知识，更重视培养学生解决实际经济问题的能力；通过现实经济现象的案例分析，培养学生的操作技能，突出本学科的实用性和可操作性。本书不可能包罗对所有复杂多变的经济现象的分析和解决所有经济问题，故采用由个案引出一系列相关问题的方式，给读者指明思考问题和解决问题的方向，留给读者独立思考和自由发挥的空间。本书采用避繁就简、避虚就实、由浅入深和就实例进行理论分析的写作手法，结合各章的相关内容列出专栏资料，便于加深对统计学基本知识的理解。读者可对专栏提供的资料进行统计分析与思考，达到认识和解决现实经济问题的目的。例如，结合相对指标求序时平均数的计算方法引出上市公司平均净资产收益率的计算，以及分析该指标对上市公司再融资的影响；结合标志变异指标理论介绍如何将其应用于投资风险分析；结合统计指数理论介绍CPI、PPI、股票价格指数的编制。这种理论联系实际的写作方法，避免了空洞的理论分析和公式推理，有利于激发读者的学习兴趣。书中所列举的案例具有现实性和典型性，力求数字简单，简化烦琐的计算过程。

任何社会经济现象都是质与量的统一。本书在强调定量分析的同时重视定性分析。对于个别特殊的经济现象不能用纯数学的方法进行定量分析时，便引导学生在进行定性分析之后灵活运用特殊方法处理实际问题，使其计算结果更切合实际和便于理解，以达到培养能应用统计方法解决现实经济问题和具有从事社会科学研究能力的人才的目的。

本书要求读者掌握统计学的基本思想、计算方法和正确应用的条件、正确解读计算结果等。现代信息处理技术的发展使大量复杂的计算可由计算机来完成，统计软件的运用使统计数据的计算变得简单、准确，由于篇幅有限，本书未涉及该部分。为了避免课程间教学内容的重复，本书与其他统计学教材相比，在内容上有所精简，未讨论概率分布及假设检验等有关数理统计的内容，也未涉及国民经济核算中有关国内生产总值、国民生产总值、国民生产净值、国民可支配收入、转移收支等内容。

社会经济改革在不断深化，复杂的社会经济现象和新的经济问题无时不在涌现，这决定了着力分析解决实际问题的统计理论和方法将不断改进和完善，加之受作者的水平和预见性限制，本书难免存在缺点和局限性，恳请读者批评指正。

本书主要分析经济问题，适合从事实际经济工作的人员和研究人员、经济类各专业学生使用。

承担本书编写任务的有：第一章，王云、王彦红；第二章，冯莉；第三章，王彦红、徐延萌；第四章，罗鸣亮；第五章至第七章，王云；第八章，王云、严昀镝、陈梅。王云和王彦红负责大纲的拟定，王云负责总纂和定稿。

本书在编写过程中得到四川大学经济学院各位领导和老师的大力支持。特别是李晶、高国恩等同仁提供了大量资料，在此我们一并表示衷心感谢！

王　云
2010 年初于四川大学

目　录

附　录

1. 导 论

1.1 统计学的对象与方法

1.1.1 统计学的对象及理论基础

“统计”一词具有多重含义。一般而言，它包括三种含义，即统计活动、统计资料、统计学。统计活动是指对社会经济现象的数量特征进行收集、整理和分析的全部过程，它是实践活动；统计资料是统计活动过程的成果，包括收集的原始资料和统计分析资料，主要表现为数字资料，也可以是文字资料；统计学是指导统计活动的原理和方法，是对统计实践活动的总结或理论概括。统计的三种含义是相互联系、密不可分的。

广义而言，统计学是包括自然科学和社会科学在内的统计科学理论的总和，其中既有运用数理统计方法对自然现象进行研究的各自然学科统计学，如气象统计学、医学统计学等，也有作为观察和分析社会经济现象的社会经济统计学及其分支学科，如农业统计学、工业统计学、商业统计学等。本书主要介绍统计学的基本理论和方法在经济领域的运用，主要介绍社会经济统计学。

1.1.1.1 统计学的研究对象及特点

统计学是反映和认识大量社会经济现象的数量方面（数量的表现、数量之间的联系、量变到质变的数量界限等）的科学，目的是要反映事物发展变化的规律（或得出结论），具体包括：

①数据搜集（反映数量）；

②数据分析（认识数量）；

③数据解释（结果的说明）；

④数据表述（图表表示数据）。

作为观察和分析社会经济现象的社会经济统计学，要想正确反映社会经济现象的数量特征，并通过对数量之间联系的分析上升到理论的抽象归纳，最终得到关于社会经济现象变化或运动规律的认识，就需要我们正确认识统计学的研究对象。

要认识社会，就必须向社会调查，对社会经济现象的数量方面进行基本的统计。通过对大量社会经济现象的数量方面进行研究，才能深刻认识社会现象的本质和规律。这就决定了统计学的研究对象是大量社会经济现象的数量方面，它强调数量性和大量性两个方面。

社会经济统计学的研究对象具有以下特点。

(1) 数量性

社会经济统计学是从数量方面认识经济现象及其发展变化，数量性是它的基本特点。无论是经济现象的发展水平、速度、结构、质量、效益，还是各种现象之间的联系，以及现象的量变到质变的转化，都要通过数量来表现，没有数量就没有统计。但是，这些所需要统计的数量都是在一定时间、地点、条件下的社会经济现象的具体数量表现，它不是数学中的抽象的数量。我们对现象的定量认识是以定性认识为基础的，是在质与量的紧密结合中研究现象的数量特征。比如，对某地区 GDP、GNP 进行统计，首先必须明确二者的概念，明确二者的具体内容、它们的价值构成及使用价值表现，遵循经济学理论对二者质的界定，然后才能准确地对 GDP 和 GNP 的量进行因素分析和对比分析。再如，对失业率进行统计分析，必须明确什么是失业、在我国哪些人属于失业者的范围、不同国家对失业的不同界定。

(2) 总体性

社会经济统计学的研究对象是社会经济现象总体的数量特征，这是由统计学反映社会经济现象发展变化的规律决定的。例如，要研究某地区工业企业的生产情况，该地区所有工业企业组成统计总体，每一个工业企业就是构成工业企业总体的个体。统计的特点是通过大量观察和综合分析，从整体上反映事物的数量特征，而不是着眼于研究个别事物。只有这样，才能对事物的本质和发展趋势作出正确的判断。尽管个体的表现都有差异，具有特殊性，不能代表一般特征；但是，总体是由某种性质相同的个体组成的，统计认识总体必须从调查个体入手，反映总体的资料必须以掌握个体的资料为基础，而且可以选择具有某种代表性的个体作典型调查，以便深入认识总体。可见，统计调查、研究和分析着手于个体，着眼于总体。

(3) 社会性

社会性是社会经济统计区别于数理统计和自然领域方面统计的一个显著特点。社会经济统计的研究对象是可以量化的社会经济现象，反映人们从事社会经济活动的条件、过程和结果，以及人与人之间的相互关系，包括物质资料占有关系、分配关系、交换关系和其他社会关系。同时，社会经济统计活动过程是一种社会实践活动，需要社会各界的参与；在统计活动中，妥善处理调查者、被调查者和统计资料使用者相互之间的关系。

统计学只对具体的统计活动和统计工作进行理论和方法上的指导。统计研究遵循严格的数量核算与社会经济现象中特殊情况按特定规则处理相结合的原则。这些说明社会经济统计学排除抽象的纯数量分析，从具体的数量分析中体现其社会性。

1.1.1.2 统计学的理论基础

科学研究必须以正确的理论和方法为指导，统计研究也是如此。社会经济统计学是在密切联系社会经济现象质的基础上进行定量分析的科学，因而其理论基础和方法论基础是哲学、经济学和数学。它是以马克思主义理论为指导，应用唯物辩证的方法，分析现实社会经济发展变化的新情况、新问题，以调控现实经济运行，为各部门经济和整个国民经济的协调发展服务的。

马克思主义哲学即辩证唯物主义和历史唯物主义，是研究自然界、人类社会和思维发展最一般规律的方法论科学，为各门学科提供了方法论基础。特别是作为研究社会经济现象数量关系的方法论的统计学，不仅在一般的方法论方面，而且在整个统计研究过程中的许多方面，都要以马克思主义哲学的基本原理为指导。例如，根据辩证唯物主义关于物质第一性、精神第二性以及理论来源于实践的基本原理，要求统计调查和分析的方法必须坚持实践第一的观点，一切从实际出发，尊重客观事实，如实地反映情况，正确认识社会。根据事物的质和量相互联系、相互制约的辩证关系，运用统计方法研究社会现象时，必须在确定社会现象质的规定性的基础上，研究其量的差别，分析大量社会经济现象的过程和发展规律的数量表现。根据对立统一规律以及从发展中研究事物的原理，就要运用综合指标法、动态分析法、指数分析法等从事物的相互联系、相互制约中，从事物的运动中分析事物之间的关系和发展变化。同时，不仅要遵循大量观察的原则，研究大量的普遍现象，而且要用典型调查方法研究个别事物，从个别到一般，从具体到抽象。可见，统计学只有在马克思主义哲学的指导下，才能科学地运用统计研究方法，正确地研究分析大量社会现象的数量关系，从而发挥统计在了解国情国力、指导国民经济和社会发展中的重要作用。

在一切社会现象中，经济活动是主要的，处于基础地位，它是社会经济统计学研究的主要对象。马克思主义经济学是关于人类社会中物质资料生产、分配、交换、消费的规律的科学，统计学在研究经济现象时必须以马克思主义经济学所阐明的社会经济发展规律，特别是社会主义市场经济理论为基础，在统计指标设计、统计指标体系的构建、计算方法和统计分析等方面都必须以马克思主义经济学所揭示的经济范畴和经济理论为依据，结合当前实际经济情况，研究经济现象发展的一系列数量关系。比如，我们要分析某地区在某时期的国民生产净值，必须依据经济理论，正确计算各部门的净收入，并对其结果加以说明和分析。同理，劳动生产率、成本、利润、积累、消费等都必须以经济学理论为指导，才能进行科学的统计分析。

统计学研究对象的特点之一的数量性，决定了统计理论研究离不开数学，需要用数学方法分析现象的数量表现、数量之间的联系及数量的变化趋势。但是，客观事物的数量，特别是社会经济现象的数量不是数学上的纯数量。这决定了在运用数学的一般方法分析社会经济现象（或其他客观事物）时，不排除根据客观现象自身的特点，用特殊方法研究某一问题，如平均差中绝对符号带来的运算不便，对平均差采用平方后再开方的方法得到标准差便是一例。这一过程是为了便于进行数学运算和一般性理解，不能纯粹用数学原理解释。数学的分支概率论所提供的基本原理和方法对统计估计或推断起到重要作用，在安排统计试验、制定抽样方案、推断总体数值时常用到概率论的有关理论。概率论研究随机现象时，随机现象中偶然性与必然性、个别与一般、局部与整体的辩证关系可以帮助我们认识现象变化发展的规律。

1.1.2 统计学的基本方法

根据以上分析可知，要通过对数量方面的研究达到对社会经济现象总体性的认识，这一过程要求运用相应的统计方法来完成。统计学的研究方法很多，根据不同的研究目的和统计研究所处阶段的不同，采用的方法各异，从总体上讲一般有大量观察法、分组法、综合分析法和归纳推断法。

整个统计研究可分为四个阶段，即统计设计、统计调查、统计整理、统计分析。统计设计是对统计活动全过程作出全面安排和方案设计的阶段，它是科学、有效地开展统计活动的前提。统计调查是根据统计调查方案向各个调查单位收集资料的阶段，是整个统计活动的基础。统计整理是对收集的资料进行分组、汇总，加工整理为综合资料的阶段，它是统计活动的初步成果。统计分析是以统计资料为依据，对社会经济现象进行分析研究，形成最终成果的阶段。可见，统计调查是统计整理和统计分析的基础环节，是后两个阶段的质量保证。而统计调查所收集的资料是否全面、正确，能否反映客观事物的规律性，又取决于统计调查阶段是否采用了科学的方法。

大量观察法的思想贯穿于整个统计工作，但这一方法主要用于统计调查阶段。大量观察法是指在研究社会经济现象时，应从总体上考虑问题：在确定研究范围时，应有足够多的调查单位；在收集统计资料时，应着手个体、着眼总体；在分析问题时，应以对总体现象的认识为目标。大量观察法强调大量性，但大量性是一个相对的概念。大量性取决于以下因素：①分析问题的精确度。对某一社会经济现象数量的分析要求越精确，所需总体单位就越多，这样才能从大量分析中排除偶然因素的影响，把握现象的本质和规律性。②现象各单位间的变异程度或参差程度。在考察的总体单位数目一定的情况下，总体单位各变量之间的差异程度越大，就越难发现其变化规律。要揭示现象的内在规律，就要求我们观察的总体所包含的个体单位越多越好。

分组法主要适用于统计整理阶段。分组法，就是将所要研究对象的数量按一定标志划分为不同类型或组，做到同类相聚、异类相分，以便进行汇总和对总体内部结构进行分析，确定各类型的数量状况、构成及其相互关系等。

综合分析法和归纳推断法主要用于统计分析阶段。综合分析法是指对于大量观察所获得的资料，运用各种综合指标的方法以反映总体一般的数量特征，并对综合指标进行分解和对比分析，以研究总体的差异和数量关系，如总体各单位间的差异、速度、比例，现象间的相关与回归，综合平衡等的数量关系及变化规律等。归纳推断法是指由观察部分或有限的单位推断出总体的有关信息。它实际上是一种从个别到一般、从具体事实到抽象概括的推断方法。这种方法可以在一定的把握程度下（概率），根据样本数据判断总体数量特征，也可以用于对总体的某些假设检验。

上面所介绍的只是统计研究的基本方法，并不是所有的方法。在实际工作中要注意多种方法的结合运用。

1.2 统计学的职能和作用

统计的基本作用是认识作用。只有认识世界才能改造世界。在我国社会主义现代化建设中，社会经济统计发挥着了解国情国力、指导国民经济和社会发展的重要作用。

统计的这种作用，主要体现为它所具有的信息、咨询、监督三种功能。统计信息功能，指系统地收集、整理和提供大量的以数量描述为基本特征的社会经济信息，起到指示器的显示作用；统计咨询功能，指人们根据掌握的丰富的统计信息资源，经过统计分析，为科学决策与管理提供咨询意见和决策建议，起到参谋作用；统计监督功能，指人们根据统计调查和分析，对社会经济运行状况定期进行检查、监测和预警，揭示决策和执行中的偏差，以促使社会经济按照客观规律的要求发展，起到报警器的作用。这三种功能是一个整体，表现为统计的整体功能。其中，统计信息功能是最基本的功能，是统计咨询和监督功能得以有效发挥的基础；统计咨询、监督功能是统计信息功能的深化和拓展，统计咨询和监督功能的加强又必然会促进统计信息功能的优化。

统计的整体功能和作用是通过完成统计任务而发挥出来的。《中华人民共和国统计法》规定："统计的基本任务是对国民经济和社会发展情况进行统计调查、统计分析，提供统计资料和统计咨询意见，实行统计监督。"

根据不同的服务对象，统计的任务和作用具体表现为：

①为党和政府以及各级领导机构进行决策与实施宏观调控提供依据。

②为企事业单位经营管理提供依据。

③对政策和计划的执行情况进行检查和监督。

④为社会公众了解情况、参与社会经济活动提供信息。

⑤为宣传、教育、科学研究提供统计资料。

⑥为国际交往提供资料。

纵向观察，统计反映了五个方面的作用：

①描述。不作评价，回答是什么。

②解释。分析结果产生的原因，回答为什么。

③评价。分析该结果的利弊，作出判断，回答实际是什么。

④预测。根据现有资料及条件的变化作出预测，回答可能是什么。

⑤建议。根据规划提出控制数据及其手段，回答应该是什么。

1.3 统计学的基本概念

范畴是人们对客观事物的不同方面进行分析归类而得出的基本概念。每门科学所具有的特有范畴构成了该学科的科学基础，通过对范畴之间的相互联系及其发展的分析，得出客观事物的规律性，规律的总和则构成科学体系。所以，掌握一门学科的基本范畴，是全面认识这门学科体系的基础环节。统计与其他学科一样有自己特有的基本范畴，要学习这门学科，必须首先了解统计学的基本概念，包括统计总体、总体单位、统计标志、标志表现、统计指标、指标体系等。

1.3.1 统计总体和总体单位

统计总体是指所要研究对象的全部（集合体），即由客观存在的、具有相同特征或性质的许多个别事物构成的集合体。例一，我们要研究某市的工业企业生产情况，则全市所有的工业企业构成统计总体，全市的工业企业生产活动均属于我们所要研究的范围，同一行政区划的隶属关系是该市所有工业企业构成一个统计总体的前提条件。例二，当我们研究某高校全体学生的学习情况时，各学院（系）的所有学生构成统计总体，各学院每个学生均在校注册这一相同性质成为该校每个学生构成一个总体的前提条件。

总体单位是构成统计总体的个别事物。在例一中，总体单位是全市的每一个工业企业；在例二中，该校的每一个学生便是总体单位。对于不同的研究对象，总体单位可能是人、物，也可能是企事业单位、机构、地域，还可能是状况、长度、时间等。许多总体单位用自然计量单位表示，如“人”、“台”、“部”等。但一部分总体单位则是用物理计量单位表示，这时总体单位可大也可小，其大小应根据具体情况和实际需要确定，如时间、长度、面积、容量都属于这种情况。

统计总体及它所包含的总体单位具备四个性质：①大量性，②同质性，③变异性，④相对性。

统计总体是由许多总体单位构成，而不是由个别或少数单位组成。统计研究是对事物发展变化的规律性进行分析，规律性是寓于大量现象之中的，只有对大量总体单位进行观察和分析研究，事物发展的规律性才能得以显现。每一个统计总体必须包括足够多的总体单位，那么，统计总体的大量性取决于哪些方面呢？从总体内部分析，它取决于总体单位各变量值的差异；从总体外部分析，统计总体的大量性取决于我们所要研究问题的精确度。一般而言，总体的大量性表现为总体所包含单位的多少。在一个统计总体中，当总体包含的单位有限时（即可穷尽），我们称之为有限总体。大部分社会经济现象都属于有限总体，要收集这类现象的统计资料既可用全面调查方法，也可用非全面调查方法。当总体所包括的单位数是无限的（即无穷尽），我们称这类现象为无限总体。在客观现象中，无限总体极少，但并非不存在，如昼夜连续生产的某产品的数量便构成无限总体。我们不可能对无限总体进行全面调查，只能用非全面调查方法收集其统计资料。

总体中各单位必须具有相同性质（同质性），才能将它们组合成一个总体。综合数量特征只能对同质总体单位的数量而言，不能将不同性质的总体单位的数量进行综合，如不能将粮食产量和钢产量进行综合。

总体单位在某方面是同质的，但在其他方面又是不相同的，即各总体单位在许多方面存在差异（变异）。如果总体各单位在任何方面都是完全相同的，便不存在统计，不需要对之进行综合分析，故总体单位的变异性是统计存在的前提。

统计总体和总体单位不是一成不变的，二者随着研究目的和任务的不同而发生改变。对于某一客观事物，在某问题研究中属于统计总体，但在另一问题的研究中可能成为总体单位。比如，在某地区工业企业这个统计总体中，每个个别企业是总体单位。如果要研究一个典型工业企业内部的生产经营情况，该典型企业（单个企业）即成为统计总体，该典型企业的各个车间或各分厂才是总体单位。

1.3.2 统计标志和标志表现

统计中的标志是指总体各单位共同具有的属性或特征。标志是说明总体单位这些属性或特征的具体名称。正是由于各总体单位具有相同的属性或特征，才使得许许多多的单位构成一个统计总体，成为该总体的组成部分。

按标志的性质可将标志分为品质标志和数量标志。品质标志表明总体单位属性（性质）特征，品质标志的标志表现只能用文字表达，不能用数量表示。数量标志表明总体单位的数量特征，数量标志的标志表现只能用数字表达，该数字称为标志值。一个总体单位常常是品质标志和数量标志兼而有之，这就要求我们用不同的方法研究某一个总体单位的各个方面。根据标志的不同特点，将凡是由相同的品质标志构成的总体称为属性总体。如将人按性别分为男、女两个总体，由男性构成的总体或由女性构成的总体便是属性总体。凡是由相同的数量标志构成的总体称为变量总体，如按人的身高分组，身高 1.8 米以上的人组成的总体就是变量总体。属性总体和变量总体的形成与按品质标志分组和按数量标志分组有关，但总体范围可大可小。当只分析男性身高时，所有男性构成一个属性总体，这时不能视之为按性别和身高两个标志分组（因为要研究男性的身高，并不是按身高进行分组）。

按标志的变异情况可将标志分为不变标志和可变标志。不变标志是指某一标志在各单位的具体表现相同，如每个工人的社会成分都是“工人”。可变标志（或称变异标志）是指某一标志在各单位的具体表现不同，如每个工人的年龄、工资级别、工种等均可能存在差异。标志变异是针对数量标志和品质标志而言，即两种标志都存在变异性。可变的数量标志称为变量，不变的数量标志称为常量，如职工的基本工资在较长时间内是一个常量，各种奖金、津贴为变量。

标志表现是总体单位各标志的具体体现。品质标志的标志表现为它之后的具体名称，如“职业”标志具体体现为工人、农民、医生、教师等。数量标志的标志表现称为标志值或变量值，如“工龄”的标志表现为 3 年、5 年、6 年……在统计调查中，统计标志为所要调查的项目（内容），标志表现则是调查所得到的结果。

统计总体、总体单位、标志、标志表现之间既有区别又密切联系。统计总体和总体单位是整体与局部的关系；总体单位与标志是依附关系，即标志是总体单位的特征，它依附于总体单位，总体单位是标志的直接承担者；标志与标志表现是实质与形式的关系，标志表现是标志的实质内容的体现或表现形式。

1.3.3 统计指标和指标体系

统计指标是指运用一定的统计方法对总体各单位的标志值进行登记、整理、汇总，形成反映统计总体数量特征的综合指标；它反映总体的数量特征，是由总体单位标志值综合而成；它是同类社会经济现象某种综合数量特征的范畴。统计指标主要包括指标名称和指标数值两部分，如统计 2008 年全国国内生产总值，各省的 GDP 是总体单位的数量特征，将全国各省总体单位数量特征的具体数值综合后得到 2008 年全国 GDP 为 30.067 万亿元。这一完整的统计指标既包括概念（GDP），也包含具体数值（30.067 万亿元）。此外，这一指标还包括了时间（2008 年）和空间（全国范围）。因此，完整的统计指标应包括概念、数值、时间和空间四部分。如果将总体范围缩小为某省，该省的 GDP 同样是由各产业 GDP 综合而成，它也是统计指标。在实际统计工作中，特别是在统计设计阶段或不正规场合，常出现只有概念而无具体数值的统计指标（如某省 2009 年的劳动生产率），这种特殊意义的指标有别于标志，不能将二者混淆。

1.3.3.1 统计指标的特点和基本要求

(1) 统计指标的特点

①统计指标具有可度量性。统计指标是反映总体数量特征的社会经济范畴。换言之，统计指标是社会经济范畴的数量表现。但是，这并不等于任何社会经济范畴都构成统计指标，如商品、生产力、生产关系等经济范畴就不能形成统计指标。一般而言，传统的统计指标是指那些可度量的，即可以用数量表现的社会经济范畴才形成统计指标，如国民收入、产量、产值等。统计指标的可度量性决定了可用数学方法对之加以分析。但是，统计指标有一定的经济内容和计量单位，统计指标属于社会经济范畴，必须以马克思主义基本理论为指导。这决定了对统计指标不能进行纯数量分析，应根据特定的要求和规定，灵活地运用计算方法，进行比较分析。

以上是针对传统统计指标而言，在新的社会经济形势下，为了全面反映客观现象，可将社会经济统计指标分为主观指标和客观指标。客观指标反映既存的客观事实，如人口出生率、国民生产总值、社会总产值、国民收入等，这类指标一般是可以度量的。主观指标反映人们的主观意愿、感觉、态度等，如人们对体制改革的期望、对生活水平提高的要求、对通货膨胀或通货紧缩的承受能力等，这类指标一般是不可以度量的。

②统计指标具有综合性。只有表现总体数量特征的才是统计指标，统计指标是综合总体单位的标志表现而形成的。任何统计指标都经过了从个别到一般、从具体到抽象的过程，这一过程体现了统计指标是总体的数量特征，它必然是综合指标。可见，统计指标有别于总体单位的标志值和总体单位的品质标志。

③统计指标具有具体性。每一个统计指标都表明在一定时间和空间条件下社会经济现象的量，即统计指标不能离开时间和空间而存在。例如，2008 年 3 月，温家宝总理代表国务院在第十一届全国人民代表大会第一次会议的报告中指出，2003—2007 年全国财政用于社会保障支出 5 年累计为 1.95 万亿元，比前 5 年增加 1.41 倍。这一指标明确了时间和空间界限。

（2）统计指标的基本要求

设置科学的统计指标，必须满足以下基本要求。

①正确的理论依据。统计指标是范畴和具体数值的统一体，而范畴的界定必须以马克思主义基本理论为依据。例如，社会总产值、国民收入、固定资产、劳动生产率均应以经济理论为指导，界定其涵义。

②明确的指标口径。统计口径是设置指标的关键。统计口径不明确，指标所包括的范围模糊，必然导致所收集的资料不准确、对资料的分析结果失真。比如，计算劳动生产率指标时必须明确其分母是指生产工人还是指全体职工，否则会将生产工人劳动生产率和全员劳动生产率混淆；又如，在农作物单位面积产量这一指标中必须明确所指面积是播种面积还是收获面积；再如，在统计工业企业固定资产时，必须明确规定固定资产的使用年限和价值，否则可能将固定资产与低值易耗品混淆。

③科学的计算方法。计算统计指标的方法取决于统计指标的内容和指标之间的关系；如平均指标的计算应根据实际情况，采用算术平均法或几何平均法。社会经济现象的复杂性与多变性决定其计算方法必须在多样性中做到切实可行，将理论要求与实际情况相结合。例如，在抽样分析中，从基本概念出发，抽样平均误差的计算方法为：

$$抽样平均误差（\mu）=\sqrt{\frac{\sum(\overline{X_i}-\overline{X})^2}{可能样本数}}$$

式中，$\overline{X_i}$为样本平均数，$\overline{X}$为总体平均数。

这一公式中，所有可能样本的资料在实际工作中难以取得，并且总体平均数$\overline{X}$一般为未知，故在实际计算抽样平均误差时可放弃这一公式，利用另外可行的近似公式求得，即：

$$抽样平均误差（\mu）=\frac{\sigma}{\sqrt{n}}$$

式中，σ表示总体标准差，n表示抽样数目。

1.3.3.2　统计指标的分类

按反映问题的数量特征可将统计指标分为数量指标和质量指标。数量指标是反映客观事物的规模或水平的指标，它表现为汇总后直接得到的绝对数或总量，又称为总量指标或绝对数。数量指标是最基本的指标，它是计算其他指标的基础。数量指标包括标志值总量和总体单位总量，如总产值、工资总额、人口总数、企业个数等。质量指标是反映客观现象之间数量的相互联系、比例关系、发展速度、内部结构的指标，一般用相对数或平均数表示，如劳动生产率、成本利润率、人均国民收入等。质量指标是由两个数量指标对比求得的比率，它是由数量指标派生的。

统计指标按其作用不同分为描述指标、评价指标、计划指标和预测指标。描述指标是指反映既成事实的指标，如2008年全国城镇居民人均可支配收入为15 781元、农村居民人均纯收入为4 761元，我国GDP增长为9%，均为描述既成事实的指标。评价指标是指对已发生的社会经济现象进行分析判断之后所得出的应该为多少的具体指标。计划指标是根据发展的需要和可能所作出的预期目标，如2009年3月温家宝总理在政府工作报告中指出，2009年的主要预期目标GDP增长8%左右、城镇登记失业率控制在4.6%以内、CPI涨幅4%左右。预测指标是指根据现实情况和发展趋势所估计得出的可能达到的指标。据世界银行估计，2020年我国城市化率将达到50%，全球城市化率将达到55%。二者均属预测指标。

统计指标按所反映的内容不同可分为客观指标和主观指标。客观指标是指反映客观事实的指标，如总产值、利润额、出生率、死亡率。主观指标是反映人们主观意愿、态度、感觉和要求的指标，如预期的商业条件、人们对物价上涨的承受心理、对现行体制改革的态度、对目前生活的满意程度、对个人经济状况的评价、对经济发展前景的估计、父母对子女受教育的愿望和期望等。在我国统计工作中，曾一度只使用前一类指标，固守传统的统计指标概念，但近几年将主观指标和客观指标结合运用的情况越来越多。

社会的进步和经济的发展，要求统计理论不断完善和发展，统计研究的范围与之相适应。在新的社会经济环境下，开发和利用主观指标势在必行。如人们对某些问题的看法和评价（社会经济的发展、生活的好坏等）不仅与既存的客观事实（客观指标）有关，而且与主观意愿、期望有关，这就要求将主观指标与客观指标结合运用。又如，政治体制改革和经济体制改革、对外开放中各种贸易往来的发展（不管有形贸易还是无形贸易）等都要求思想意识、观念的更新，心理因素、态度与工作方法的转变等，这就需要用主观指标来衡量。对这些非经济因素的分析同样有利于经济的发展。将主观指标与客观指标结合运用，有利于全面、深刻地反映社会经济现象。当然，如何开发、利用和衡量、比较各主观指标还有待进一步探索。

国家统计局将逐步推出幸福指数、人的全面发展指数、地区创新指数、社会和谐指数等一些新的统计内容，以适应各方面对我们国家经济社会协调发展，人的全面发展以及民生、人文方面的需求。

幸福指数非常抽象，很难找到客观、直接的评价标准。“幸福感”是仁者见仁、智者见智的，难有一个固定化的准则。幸福指数反映的是人们的真正生活，应该包括物质和精神两个层面的内容。

统计指标按计量单位不同可分为实物指标、价值指标和劳动量指标。实物指标是按自然尺度度量的指标，如“台”、“件”等。实物指标能直接反映各种产品的使用价值量，但综合性较差，不同使用价值（不同质）的指标不能直接加总。价值指标是以货币为计量单位的指标，它的综合性强，能够解决不同性质指标不能加总的问题，在日常生活中被广泛采用。劳动量指标以劳动时间为计量单位，如工日、工时等。劳动量指标反映产品在生产过程中所消耗的劳动量，它同样具有综合性。

1.3.3.3 统计指标体系

一个统计指标只能反映某类社会经济现象的一个侧面或一个侧面的某一特征；但任何客观现象都具有多个相互联系、彼此制约的方面，具有多种特征，如一个工业企业是由人力、物力、资金、生产、销售等相互联系的多方面构成的整体。如果我们要全面、深入地反映客观事物，必须将各种相互联系的指标构成一个整体，用以反映所研究对象各方面的相互依存和制约关系，反映总体的全貌。这一系列相互联系、相互制约的多个统计指标（两个以上的统计指标）就构成统计指标体系。

在现实经济生活中，统计指标体系中各个指标之间的联系表现为两种形式：

第一，统计指标之间存在的客观联系是通过严密的数学公式（各指标间是函数关系）表现的，如：

农作物收获量=播种面积×单位面积产量

总产值=总产量×单位产品价格

第二，各统计指标之间存在着相互补充的关系。例如，考核工业企业的八项指标（产量、品种、质量、原材料、燃料、动力消耗、成本、利润、流动资金占用）所构成的指标体系就属于这种情况；又如，衡量某团体成员或某国家（地区）居民健康状况的各项指标所组成的指标体系也属于第二类表现形式。

在设立统计指标体系用以全面、综合反映社会经济现象时，从总体上讲，应将客观性、科学性、可行性、预见性结合起来。指标体系的建立不但要遵循指标之间内在的客观联系，还应注意资料的取得及指标体系的设置是否可行，所设置的指标体系是否能反映实际问题、是否具有科学性。此外，设置指标体系时还应遵循预见性原则，使设立的指标体系具有一定的超前意识，更好地适应社会经济变化发展的需要。

蒙代尔旗下的人力资源评测机构“世界 HR 实验室”调查揭示了跨国公司人才招聘所考虑（具备）的 15 个主要因素（指标体系）：

英语、技术、毕业学校、专业、关系（业界认知程度和影响力）、外貌、性别、性格、经验、管理、电脑、驾驶、学历、薪金、籍贯。

调查结果显示：英语和工作经验最重要，分别占 19.1%和 13.4%，学历、性格（协作、乐观）、外貌也引起重视。

根据指标体系设置的科学性、预见性，我们可以思考以上指标体系是否能反映员工的创新能力、思维敏锐性。

统计指标体系可以分为两大类，即基本统计指标体系和专题统计指标体系。社会经济基本统计指标体系是反映国民经济和社会发展及其组成部分基本情况的指标体系。例如，社会经济科技指标总体系是由社会指标体系、经济指标体系、科技指标体系组成的，而每一种指标体系又可以分若干层次。专题统计指标体系是根据研究某项问题的需要而专门设立的指标体系，如经济或教育可持续发展指标体系、度量居民生活水平的指标体系、企业经济效益综合评价指标体系等。

[习题]

一、填空题

1. 统计工作包括如下几个环节，即________、________、________、________。

2. 统计通常有三种涵义，即________、________、________。

3. 社会经济统计学研究对象具有以下特点：________、________、________。

4. 社会经济统计研究社会经济现象的过程，是由________到________，从________认识到________认识。

5. 社会经济统计的研究对象是________的数量，不是________的量。

6. 社会经济统计研究的基本方法是________、________、________和________。

7. 统计总的体现为________、________、________三种功能。

8. 统计纵向反映五方面的作用：________、________、________、________、________。

9. 标志是说明________具有的特征；指标是说明________的特征。

10. 变量可分为________和________。

二、选择题

1. “统计”一词的三种涵义是（ ）。

（1）统计调查、统计整理、统计分析

（2）统计工作、统计资料、统计科学

（3）统计咨询、统计信息、统计监督

（4）统计理论、统计方法、统计分析

2. 统计总体的基本特征表现为（ ）。

(1) 大量性、同质性、变异性、相对性

(2) 具体性、同质性、综合性、客观性

(3) 变异性、同质性、综合性、客观性

(4) 相对性、具体性、综合性、客观性

3. 总体和总体单位不是固定不变的，由于研究目的的改变（　　）。

(1) 总体单位有可能变换为总体，总体也可能变换为总体单位

(2) 总体单位只能变换为总体，总体不能变换为总体单位

(3) 总体只能变换为总体单位，总体单位不能变换为总体

(4) 在任何条件下，总体单位和总体都可以互换

4. 考生《统计学原理》的考试成绩分别为：70 分、76 分、86 分、89 分、97 分。这 5 个数是（　　）。

(1) 指标　(2) 标志　(3) 变量　(4) 标志值

5. 某学生的英语考试成绩是（　　）。

(1) 连续变量　(2) 离散变量　(3) 品质标志　(4) 统计指标

6. 某市对所有高等学校进行调查，该市某一高等学校师生有 5 680 人，其中学生 3 600 人，教师 2 080 人，该校最大的系有学生 600 人。上述数值中总体指标有（　　）。

(1) 3 个　(2) 1 个　(3) 4 个　(4) 0 个

7. 全国所有的人是（　　）。

(1) 统计总体　(2) 总体单位　(3) 统计指标　(4) 数量标志

8. 全国总人数是（　　）。

(1) 统计总体　(2) 总体单位　(3) 统计指标　(4) 标志值

9. 下列标志中，属于数量标志的是（　　）。

(1) 学生的专业　(2) 学生的年龄

(3) 学生的性别　(4) 学生的住址

10. 某工人月工资 1000 元，则“工资”是（　　）。

(1) 数量标志　(2) 品质标志

(3) 质量标志　(4) 数量指标

11. 产品等级（1 级品、2 级品…）是（　　）。

(1) 数量标志　(2) 品质标志　(3) 数量指标　(4) 质量指标

12. 在全国人口普查中，男性是（　　）。

(1) 品质标志　(2) 数量标志　(3) 标志表现　(4) 质量指标

13. 一个统计总体可有（　　）。

（1）一个标志　　（2）多个标志　　（3）一个指标　　（4）多个指标

14. 研究某市工业企业固定资产的投资情况，统计总体单位是（　　）。

（1）全市所有的工业企业

（2）全市每一个工业企业

（3）全市工业企业的所有固定资产

（4）全市每一个工业企业的固定资产

三、思考题

1. 什么是社会经济统计学？社会经济统计学的研究对象及特点有哪些？

2. 社会经济统计学的理论基础是什么？

3. 社会经济统计学的作用和任务是什么？

4. 比较统计总体和总体单位。

5. 什么是统计指标、数量指标、质量指标？

6. 正确理解统计指标与标志的区别与联系。

7. 比较品质标志与数量标志、数量指标与质量指标。

8. 什么是指标体系？指出统计指标体系的表现形式。

9. 比较描述指标、评价指标和预测指标。

10. 什么是社会经济基本统计指标体系和专题统计指标体系？并举例说明。

四、联系实际分析问题

某企业的生产经营情况（调查表）如下：

某企业某年生产经营情况（调查表）

总厂	产品品级	平均固定资产（万元）	利润总额（万元）	平均人数（人）	劳动生产率（万元/人）
一分厂	1 级	500	100	100	1
二分厂	2 级	700	120	150	0.8
合计	/	1 200	220	250	

1. 指出表中统计总体和总体单位、数量标志和品质标志、数量指标和质量指标、连续变量和离散变量、统计指标和标志值。

2. 思考劳动生产率合计栏的计算方法。

2. 统计数据的搜集与整理

本章介绍统计数据的搜集与整理以及总量指标和相对指标的基本概念与计算方法。学习本章应达到的基本目的是:

了解统计调查的基本要求;掌握各种调查方法的特点及作用;统计调查方案的制订;了解统计数据整理工作的内容及步骤;掌握统计分组的概念及作用,通过统计分组,形成正确反映频数分布特征的综合资料;掌握变量数列的编制方法;了解三大统计指标,重点掌握各种相对指标的计算。

2.1 统计数据的搜集

2.1.1 统计调查的概念及作用

统计调查是指按照统计研究的任务和要求,运用科学的调查方法,有组织、有计划地向客观实际搜集各种统计资料的工作过程。

统计调查是统计工作的基础环节,是统计整理分析的前提,是保证统计资料客观、真实、准确、可靠的关键。任何统计工作都是从搜集被研究现象的有关资料开始的，统计调查为统计整理和统计分析提供各项真实可靠的调查资料，统计工作的质量很大程度上取决于统计调查的质量。

2.1.2 统计调查的基本要求

统计资料是微观和宏观决策的依据，如果统计资料不真实、信息不准确，必然导致决策的失误。因此，以搜集资料为主要任务的统计调查必须达到准确、及时、完整的基本要求。

准确性是指各项原始资料必须客观地反映社会经济现象和过程的真实情况，它是认识社会的基本要求，是统计调查工作质量的主要标志。《统计法》要求国家机关、社会团体、各种企事业组织和个体工商户，都要实事求是地提供符合客观实际、真实可靠的数字资料，不允许虚报、瞒报，也不允许伪造篡改统计资料。调查人员搜集并上报资料应有高度的责任感，同时应不断提高自身业务水平，以保证资料真实可靠、准确无误。

及时性是指在规定的时间内及时完成调查任务，及时上报统计资料。随着社会、经济、科技的迅速发展，客观要求作为社会信息主体的统计资料应当有很强的时效性；否则，调查得到的资料时过境迁，起不到应有的监督作用。如果个别单位资料搜集、传递、报送不及时，就会直接影响全局的汇总和分析，贻误整个统计工作的开展。统计调查人员应树立全局观念，增强纪律性，采取有效措施，改善搜集统计资料的方法，及时、保质、保量地完成搜集资料的任务。

完整性是指搜集的各种原始资料或次级资料（二手资料）应全面、系统，尽可能反映事物的全貌和全过程。统计资料的全面、完整，一般包括下列三个方面：全部应该调查的总体单位；所有应该登记的标志；全部问题都有正确的答案。

此外，统计调查还要注意简便和经济。简便，是指统计调查应根据需要避繁就简、通俗易懂、简捷设计、方便操作，最大限度地发挥调查主体的主观能动作用。经济，是指统计调查应节省投入，注重效益，在保证调查任务完成的前提下根据客观实际的需要，尽量节省开支，减少调查费用。

2.1.3 统计调查的种类

2.1.3.1 全面调查和非全面调查

按调查对象包括的范围不同，分为全面调查和非全面调查。全面调查是对调查对象中所有的单位全部进行观察和登记的调查，如全国人口普查、全国经济普查、全国第三产业普查等都属于全面调查。全面调查可以反映总体全貌，它有利于对事物的现状及其发展趋势作出正确的判断；但要耗费较多的人力、物力、财力和时间，组织工作较为复杂，出现调查误差的可能性也较大。全面调查主要有全面统计报表和普查。

非全面调查是指对调查对象总体中的部分总体单位进行观察登记。非全面调查主要包括重点调查、典型调查、抽样调查和非全面统计报表。非全面调查具有灵活、简便的特点，能及时取得调查资料，节省人力、物力、财力。

2.1.3.2 连续调查和不连续调查

按调查登记的时间是否连续，分为连续调查和不连续调查。连续调查（又称经常性调查）是指随着时间推移，对被研究对象的数量变化不断地进行登记的调查。例如，对工业产品产量进行逐日、逐月、逐季、逐年的登记，调查是随时间变化经常连续进行的。这种方法主要适用于随时间推移而不断积累的时期现象的调查。所谓时期现象，是社会经济现象一段时期的累计成果，现象的量变过程与时期长短直接相关，如产品产量、商品销售额等。

不连续调查（又称一次性调查）是指对研究对象的数量变化隔一段时间进行一次登记的调查。它主要用于了解某一时点上事物存在的总量，一般用于时点现象的调查。所谓时点现象，是反映社会经济现象某时刻的状况，现象的量变过程与时间长短不直接相关，如某地区的人口总数、某企业在某时刻对机器设备的拥有量等。

2.1.3.3 统计报表和专门调查

统计调查按调查的组织方式不同，分为统计报表和专门调查。统计报表是国家统计机构和各业务部门为了定期取得系统、全面的基本统计资料，按一定的表格形式和要求，自上而下统一布置，自下而上提供资料的一种统计调查方式，如工业统计报表、商业统计报表等。

专门调查是指为研究和解决某种问题而专门组织的一种搜集统计资料的调查方式，主要包括普查、重点调查、典型调查和抽样调查。

2.1.4 统计调查方案的设计

统计调查是一项复杂的工作，涉及许多调查单位，要耗费大量的人力、物力和时间。为了使统计调查按照目的顺利进行，在组织调查之前必须首先设计完整的调查方案。统计调查方案应包括以下几项基本内容。

2.1.4.1 确定调查目的和任务

统计调查是根据一定的目的和完成某一任务而进行的，只有根据调查的目的确定调查范围、内容和方法，搜集与之有关的资料，才能节约人力、物力，缩短调查时间，提高调查资料的时效性。因此，明确调查目的是统计调查的根本性问题。统计调查的目的是根据国家在各个时期政治经济任务所提出的要求及本次调查需要解决的具体问题而确定的。

2.1.4.2 确定调查对象和调查单位

调查对象是我们所要调查的全部单位，是我们所要研究的某种社会经济现象的总体范围，它是由许多性质相同的调查单位所组成，是统计总体在统计调查阶段的具体化。确定调查对象，要明确总体的界限，划清调查的范围，以免在调查工作中产生重复或遗漏，以便保证调查资料的准确性。例如，在我国已经进行过的几次人口普查中，明确规定："人口调查登记采用调查登记常住人口的办法，每人均应在常住所登记为常住人口，一人只能在一个住所登记为常住人口，不得在两个或两个以上的住所登记为常住人口，在外人口同时予以登记，但计算总人口时，只计算常住人口。"

调查单位是指构成调查对象（总体）的具体单位，是调查工作中应该登记其标志的那些单位，是统计研究中的总体单位，是总体单位在统计调查阶段的具体化。例如，我国人口普查时，每个国民就是一个调查单位。确定了调查单位，才能明确有关调查内容和资料依附的对象，对于保证调查资料的准确性和完整性非常重要。

在确定调查单位的同时，还应规定报告单位。报告单位是指负责提交调查资料的单位。它可以是一个企业、一个机关或一个人。实际工作中，还需注意不要将调查单位和报告单位混淆。调查单位是调查项目的承担者，而报告单位则是负责上报调查资料的单位。

2.1.4.3 拟定调查项目

调查项目是所要调查的具体内容，即拟定的调查提纲，在统计研究中也称标志。它是由调查对象的性质、调查的目的和任务所决定的，具体包括需要向调查单位了解的有关的品质标志与数量标志。例如，人口普查登记的标志有：姓名、性别、年龄、民族、文化程度、婚姻状况等。把拟好的调查项目按照一定的逻辑顺序排列在表格里，以便进行登记和汇总，这样的表格便是调查表或统计表。

调查表一般分为一览表与单一表两种形式。一览表是把许多调查单位和相应的调查项目按次序登记在一张表格里的统计表，调查项目不多时可用一览表，如“人口普查表”、“生产设备调查表”、“某县工业企业基本情况一览表”等都是一览表。一览表的优点是可以同时容纳许多调查单位，每个调查单位的共同事项都登记在同一栏中，这样可以节省人力和时间，并且还可以将调查表中的各单位的资料互相核对，以便检查调查资料填报的正确性；其缺点是每个调查单位不可能登记更多的标志。单一表是每张表只登记一个调查单位的资料的统计表。单一表的优点是可以容纳较多的调查项目；其缺点是每张调查表上都注明调查时间、地点等，即每张表上都有共同事项，这便会造成人力和时间的浪费。实际工作中，当调查项目较多时，通常用单一表；而调查项目不多时，则可采用一览表。

2.1.4.4　*确定调查时间、调查地点和方法*

调查时间包括统计调查资料所属的时间和调查期限。

如果调查的是时期现象，即统计资料反映的是现象在一段时期内发展过程的结果，统计调查则要明确资料所属时期的起止日期，即明确规定所反映的调查对象从何年何月何日起到何年何月何日止的资料，所登记的资料指资料所属时期第一天到最后一天的累计数字。例如，调查某厂2008年的产品产量，即应搜集（调查）该厂2008年1月1日起至12月31日这一段时期的全部产品产量。如果调查的是时点现象，即资料反映现象在某一时刻的状态，统计调查必须规定统一的时点，也就是要明确所搜集的是何年何月何日的资料，在普查中称为标准时间。如我国第五次人口普查的标准时间定为2000年11月1日零时。

调查期限是指调查工作自开始到结束的时间，包括收集资料和报送资料整个工作所需的时间。规定调查工作的期限是为了保证调查工作能如期完成，及时汇总。为了保证资料的及时性，必须尽可能缩短调查期限。

调查地点是指调查对象所在的地点，即调查资料所属的空间范围，以避免资料的重复和遗漏，保证统计资料准确、可靠。

调查中采用哪种调查方法，取决于统计调查目的、内容及调查总体的特点。现实生活中取得统计资料的具体方法有多种，主要包括直接观察、现场记录、亲自经历法、访问法、实验法、垃圾调查法。

2.1.4.5　制订统计调查的组织实施计划

为了保证统计调查工作的顺利完成，必须制订严密、细致的组织实施计划。调查工作的组织实施计划具体包括调查机构和调查步骤的确定、人员的培训、文件资料的准备、经费的预算、试点调查单位的选择、试点单位经验的总结推广等。

2.1.5　统计调查方式

2.1.5.1　普查

(1) 普查的概念及特点

普查是根据统计研究的特定目的和任务专门组织的一次性全面调查，主要用来调查属于一定时点上的社会经济现象的总量。普查有三个主要特点：第一，普查是一次性的专门调查，主要用于一定时点上的社会经济现象总量的调查。调查时间要求高度统一，需要明确标准时点和调查期限，要求统一的口径、方法、内容。第二，普查是全面调查，调查范围广，调查对象多，它能掌握大量、全面和系统的反映国情国力的基本统计资料，如人口普查、工业普查、农业普查、2004 年进行的第一次中国经济普查、第三产业普查等。第三，由于普查是在全乡、全县、全市或全省范围内进行（重大项目内容的普查是在全国范围内统一进行），需动用较多的人力、物力，需要较长时间，所以，普查不可能也无必要经常进行。但为了历次普查数据的对比分析，要尽可能地进行必要的周期性普查。

通过普查，能够掌握全面、系统、准确的国情国力统计资料，了解全国人、财、物等资源的数量。这些资料全面反映一国社会、经济、文化等现象的发展状况，并为国家制定重大方针、政策及国民经济长远规划提供依据。

(2) 组织普查工作的原则

普查的涉及面广、工作量大，要动用大量的人力、物力、时间，组织工作任务繁重。因此，普查事前要制订周密的普查方案，普查工作要有严格的组织要求和原则。普查的组织原则如下：

①统一组织领导。普查必须将有关部门、基层单位、群众力量组织起来，

统一组织领导，进行必要的宣传教育，做好人员的培训工作和其他组织与物资的准备工作。

②统一普查的内容。普查必须有统一的工作计划，衔接紧密的普查程序、严格的普查质量控制，调查的内容不能随意增减，要严格执行统一规定的计算口径和方法。

③统一规定普查的标准时间，即统一调查资料所属时间，或调查对象有关标志的所属时间。普查必须统一规定标准时点，这样才能避免和防止登记资料的重复或遗漏。比如全国第五次人口普查标准时间为 2000 年 11 月 1 日零时，全国第一次、第二次经济普查标准时点分别为 2004 年 12 月 31 日和 2008 年 12 月 31 日。

④统一规定普查的间隔时间。同类普查应按一定的周期进行，普查项目应尽可能地保持前后一致，便于历次普查数据动态对比。如我国人口普查、第三产业普查、工业普查、农业普查规定每 10 年进行一次，经济普查每 5 年进行一次（逢 3、8 年份进行）。

⑤统一规定普查期限。普查范围内的各地区、各部门和各单位必须严格按照规定时间统一行动、同时进行，按期完成任务。这样才有可能保证调查资料的及时汇总。

（3）普查的种类

普查按照其组织形式的不同，分为：

①由专门组织的普查机构，派出调查人员对调查单位直接进行登记调查的普查，如人口普查由人口普查办公室负责进行；

②利用被调查单位的原始记录及日常核算资料，由被调查单位自行登记填报的普查，如设备的普查。

普查按汇总资料的特点不同，分为一般普查和快速普查。一般普查是采取逐级布置和逐级汇总上报后取得资料的调查，需要花费较长时间。快速普查是由负责普查组织工作的最高组织机构直接把任务布置到基层单位，并由基层单位把调查资料直接报送给负责组织普查工作的最高组织机构，采用集中汇总而越过中间环节取得资料的调查。

专栏 2－1　我国历次人口普查项目

第一次：1953 年 7 月 1 日

6 项：地址、姓名、性别、年龄、民族、与户主关系

第二次：1964 年 7 月 1 日

9 项：除以上各项外另增加了本人成分、文化程度、职业

第三次：1982 年 7 月 1 日

11 项：除以上各项外另增加了常住地、迁移本地原因

第四次：1990 年 7 月 1 日

36 项：除以上各项外另增加了生育、死亡、城乡、迁移……

第五次：2000 年 11 月 1 日

49 项：除以上各项外另增加了就业、失业、住房、收入、耐用消费品拥有量等

2.1.5.2 统计报表

(1) 统计报表的概念及特点

统计报表是我国搜集统计资料的一种基本的组织形式。它是基层企事业单位按照国家或上级主管部门统一规定的表格形式、指标解释、报送内容、报送时间、报送程序等，以企事业单位原始记录为基础，自下而上搜集统计资料的一种调查方式。统计报表有如下特点：①统计报表的内容和报送时间等的统一确保了调查资料的时效性。②统计报表的指标涵义、计算方法、口径统一，便于资料汇总。③统计报表是以基层单位的原始记录为依据的，其数据具有一定的可靠性。统计报表主要用于进行全面调查，但也可根据个别单位的需要采用非全面统计报表。

我国目前有关国计民生的重要统计资料绝大部分是依靠统计报表取得的，这种定期的、比较稳定的搜集资料的方法在社会主义建设中具有重要作用。统计报表的资料是编制经济与社会发展计划并检查其执行情况的基本依据；统计报表的资料是反映我国社会主义现代化建设成就，从数量方面研究社会主义建设的经验及发展规律不可缺少的依据；统计报表的资料，特别是各业务部门的报表资料是指导生产和经营管理的重要依据。

统计报表的基础是基层企事业单位的原始记录和统计台账。原始记录是对企事业单位各种业务活动的最初记载，是反映社会经济活动的基本事实依据，是经济核算的基础。统计台账是以一定的表格形式，将原始记录的资料按时间顺序登记，并定期进行总结的账册。统计台账是由原始记录形成统计报表的中间环节或过渡形式。

统计报表搜集资料的方法虽然在社会主义建设中具有重要作用，但同时也存在着一定的局限性。首先，缺乏灵活性。因为统计报表所反映的是现象的结果，无法反映现象发生的过程，无法利用报表研究不断变化的新情况、新问题。其次，统计报表工作较繁琐。统计报表的内容比较固定，且涉及面广、中间环节多，需层层上报。第三，适用范围有限。在市场经济条件下，许多资料不能通过统计报表的方式如实取得（必须采用专门调查的方法），如个体企业、私营企业的统计报表。因此，我们在采用统计报表时一定要慎重，不能滥用统计报表。

（2）统计报表的种类

①按统计报表内容和实施范围的不同，分为基本统计报表和专业统计报表。基本统计报表是国家统计系统搜集国民经济和社会发展情况的基本统计资料，由国家统计局制发，用来搜集工农业生产、交通运输、邮电、商业、外贸、财政金融、劳动工资等国民经济的基本统计资料，为中央和地方各级领导了解情况、指导工作、宏观决策服务。基本统计报表又分为全国性统计报表和地方性统计报表。全国性统计报表是由国家统计局会同国务院有关部门制定，并报请国务院审批下达。地方性统计报表是由地方各级统计局征求地方有关部门意见后制发，报同级人民政府审批，并报上级政府统计部门备案。

专业统计报表是业务部门统计系统从本部门特点及业务发展需要出发，为搜集适应本部门业务管理所需要的专业技术、经济情况的统计资料，由业务主管部门制发，也称为业务部门统计报表。它只在本系统内执行，用来搜集有关本部门的业务技术资料，是基本统计报表的必要补充。

②统计报表按调查范围的不同，可分为全面统计报表和非全面统计报表。全面统计报表要求调查对象中的每个单位都要填报，全面统计报表属于全面调查。非全面统计报表只要求调查对象中的一部分单位填报，非全面统计报表属于非全面调查。

③统计报表按照报送周期长短的不同，分为定期报表和年度报表。定期报表是以日、旬、月、季、半年为周期报送的报表，包括日报、旬报、月报、季报、半年报。日报和旬报是进度报表，主要用来反映和检查生产、工作的进展状况，时效性强。年度报表每年报送一次，是总结性的报表，它主要用于检查和监督各地区、各部门、各单位年度国民经济计划执行情况，分析经济发展速度、趋势和比例关系。年度报表较之定期报表的指标更多，分组更细，统计范围更广。

④统计报表按报送方式的不同，可分为邮寄(书面或投递)报表、电讯报表、网络报表等。电讯报表又分为电报、电话和传真等方式。

在实际工作中究竟采用以上哪一种统计报表，要由统计调查的具体内容和要求以及时效性来决定。

(3) 统计报表制度

统计报表制度是按国家统计法规定、实施和管理的一整套办法，是对统计报表内容的一系列规定，是一项必须遵守的制度。它是取得基本统计资料的一种组织形式，是我国重要的国家管理制度之一。按照法律规定执行统计报表制度是各地方、各部门、各单位必须履行的一种义务。统计报表制度的基本内容有：统计报表内容和指标体系的确定，统计报表表式的设计，统计报表的实施范围，统计报表的报送程序和报送日期，填表说明等。

2.1.5.3 抽样调查

抽样调查是以概率论和数理统计为理论基础，在调查对象中按随机的原则抽取一部分单位进行调查，并据以推断总体数量特征的一种非全面调查方法。例如，我们要检验某种产品的质量，就要从整个产品中随机抽取若干产品进行检验，看它们的合格品率或不合格品率是多少，然后以此推断全部产品的合格品率或不合格品率，也可以推算合格品或不合格品的总量。抽样调查能以较少的人力、物力并在较短的时间内推断整个总体的综合指标，是统计调查中一种非常重要的非全面调查方法。

抽样调查与其他非全面调查方式相比较，具有以下基本特征：第一，它在调查对象中按照随机的原则抽选调查单位，总体中的每一个单位都有同等可能性被抽中或不被抽中，排除了人的主观臆断的影响。第二，通过对一小部分调查单位的调查资料做深入细致的调查研究所取得的数据资料，可以从数量上推断总体的数量特征。第三，可以计算并控制抽样误差，确定资料的可信度和可信区间。在抽样时，应抽取足够的数量，以便更接近全面调查所得的指标，使其更准确地反映整个总体。

在统计工作中，抽样调查具有全面调查和其他非全面调查方法所无法取代的特殊作用。这主要表现在：第一，不必要进行全面调查时可采用抽样调查，以节省人力、物力和财力，提高统计资料的时效性。第二，在不可能或不允许进行全面调查的场合时可采用抽样调查，如破坏性的产品质量检验等。第三，抽样调查及抽样推断不但能在较短时间内推断整个总体的综合指标，还可以验证、修正全面调查的结果。

在社会经济现象中，有很多现象是无法进行全面调查的，而需采用抽样调查方法。即使可以采用全面调查方式，但采用抽样调查方式更加节约并能提高效率。抽样调查的运用已有几百年的历史，在许多国家，无论进行国家管理、社会科学研究还是在自然科学试验中，随机抽样调查已被广泛采用。在国际上，抽样调查的应用水平已成为评价一个国家统计工作水平高低的标志之一。如果不应用抽样调查，在社会经济的许多领域，统计部门将束手无策，无法应对。我国目前在产品质量控制、农产量调查、商品检验、居民家庭收支等方面的调查已广泛采用抽样调查方法。

2.1.5.4 重点调查

重点调查是指在调查对象中选择一部分重点单位对之搜集资料的一种非全面调查方法。所谓重点单位，是指这些调查单位的数量在全部总体中只占一小部分，但是这些调查单位的标志值在标志总量中占绝大部分比重。根据调查任务和所研究问题的性质不同，重点单位可以是一些重点企业，也可以是某些重点行业、重点地区、重点城市，而且在重点中还可以再选重点。例如，要了解我国钢铁工业的生产状况，只需要对鞍钢、武钢、宝钢、包钢等多家大型钢铁企业进行调查，便能及时了解全国钢铁生产的基本情况。因为这些企业的总数虽然只占全国钢铁企业总数的小部分，但它们的产量则占全国钢铁产量的大部分，用重点调查方法便可以获得调查任务需要的资料。

重点调查的特点主要表现为：第一，重点单位的选择取决于其标志值在调查总体的标志总量中所占的比重大小。第二，重点调查的目的是用重点单位的资料反映现象总体的基本情况，它既不能准确地反映总体的总量，也不能由调查资料准确推断出总体的数量指标。

重点调查的优点在于调查单位少，可深入调查得到较多的指标和内容，了解较详细的情况，用较少的人、财、物及时间便能掌握总体的基本情况。重点调查的组织形式有两种：一种是组织专门调查，另一种是通过非全面统计报表，由重点单位填报而取得资料。

2.1.5.5 典型调查

典型调查是指根据调查目的和要求，在对调查对象进行全面分析的基础上，有意识地选择少数典型单位进行周密深入的详细调查，据以认识事物本质和规律的一种非全面统计调查方法。典型单位是同类现象本质特征表现最充分、最具有代表性的单位。典型调查具有节省人力、物力、财力和时间，灵活而收效大的作用。

典型调查主要有两个特点：第一，选取的典型单位一般取决于调查人员的主观判断，调查人员的素质将影响典型单位的确定。第二，典型调查的结果一般不宜用作对总体资料的推断，只将其作为探索认识事物发展变化的趋势及规律性的依据。

典型调查选取典型单位的方式有两种：一种是对个别先进或落后的典型单位深入调查研究，即通过对典型单位特征的认识来反映同类事物的一般情况和发现规律；另一种是划类选典，即首先对总体进行分类，然后在各类中选择少数有代表性的典型单位进行调查，并根据其调查结果从数量上对总体现象作出推断分析。需要指出的是，典型调查是一种非严格的推断，因为这种方法不能明确其推断结果的把握程度（概率），也无法计算和控制推断的误差。

上述统计调查方式各有其不同的特点和作用，各有局限性和不足之处，在实际工作中，我们应根据不同的调查对象和研究任务选择运用，也可以把各种统计调查方式结合使用，互相补充验证，达到搜集到准确、丰富的统计资料的目的。

2.2 统计数据的整理

2.2.1 统计数据整理的意义及内容

统计数据整理是统计工作的第二阶段，它是根据统计研究的目的和任务，对调查阶段所搜集到的大量资料进行科学的分类、汇总，为统计分析提供能描述总体数量的综合特征资料的工作过程。统计数据整理包括两个内容：一是对统计调查所搜集得到的原始资料即初级资料进行汇总整理；二是对某些已经加工过的综合资料即次级资料进行整理。

通过调查所搜集的统计数据只是个别单位的、零星分散的、不系统的资料，反映的是个别单位的现象，不能深刻揭示总体事物的本质，更不能从量的角度反映事物总体发展变化的规律性。这就有必要对在统计调查中所获得的资料进行科学的整理。统计整理是人们由对各调查单位的具体认识过渡到对总体综合数量性认识的过程。统计数据整理在统计工作中起着承前启后的作用，是统计工作中十分重要的中间环节，既是统计调查的继续，又是统计分析的前提。

统计数据整理的内容，应依据事先拟定的整理纲要所要求的项目来确定。统计整理的基本内容包括：对调查资料进行审核和订正；根据研究的目的要求选择整理指标和确定具体的分组，对各项资料进行汇总，计算各组和总体的数量；用统计表或统计图表现整理结果。

2.2.2 统计分组

2.2.2.1 统计分组的概念及作用

统计分组是根据统计研究的需要，将统计总体按照一定的标志区分为若干有联系的组成部分的一种统计方法。其目的是将总体中在某方面存在较大差异的单位分开，把差异相对小的单位结合在一起，保持各组内统计资料的相同性和组与组之间资料的差异性，以便进一步运用各种统计方法，研究现象的数量表现和数量关系，从而正确地认识事物的本质及其规律性。统计分组对总体而言是“分”，对个体而言是“合”，即将性质相对相同的各个总体单位结合在一起，将性质相对不同的单位分开。例如，在工业企业这一同质总体中，存在着所有制不同的差别、存在着生产产品和工艺的差别或生产规模大小的差别等等，为了研究问题的需要，必须对总体进行各种分组，以便从数量方面深入了解和研究总体的特征。

社会经济现象是复杂多样的，总体中的各个总体单位既有共性，也有个性。由于有共性的存在，各个总体单位可以共处于一个总体之中；由于有个性的存在，又使各单位在质量上、数量上等方面存在差异。统计为了认识总体，不仅要确定总体单位数，划定总体范围，还应对总体中所有总体单位在质量与数量等方面的差异进行分析研究。这就需要将总体中的全部总体单位，按照某一特征进行分组或分类，并通过相应的指标来分析和表达它们的构成及相互关系，这样才能达到认识事物的本质和规律性的目的。统计分组在统计资料的整理中有举足轻重的作用。分组的好坏直接关系能否整理出准确、实用的统计资料，关系到通过统计整理后能否得出正确的结论。从某种意义上讲，没有统计分组，就没有科学的统计资料的整理，也就没有科学的统计分析。

2.2.2.2 统计分组的作用

统计分组在统计研究中占有重要地位，其基本作用表现在以下几方面。

(1) 划分社会经济现象的类型

社会经济现象存在着复杂多样的类型，各种不同的类型有着不同的特点以及不同的发展规律。统计分组能将复杂的社会现象划分为各种不同类型，从数量方面研究其不同特征及相互关系，深刻认识其本质和规律性。通过科学分组区分现象的类型，才能正确地分析现象的实质。

社会经济现象的类型各异，其中，最重要的类型反映社会经济结构。例如，工业划分为重工业和轻工业两大类，重工业可划分为采掘工业、原料工业、制造工业等类型，轻工业可划分为以农产品为原料的轻工业和以非农产品为原料的轻工业，农业可划分为农、林、牧、副、渔五大类。

（2）揭示总体内部的构成状况及其特征

社会经济现象所包括的总体单位，不但在性质上不尽相同，而且在总体中所占比重也不一样，即总体的结构不同。统计分组把统计总体划分为若干部分或组，通过各部分之比反映现象内部的构成状况，表明总体的构成特征。例如，将我国人口总体按“民族”分为56个组，各民族人数之比表明人口的民族构成。另外，各组比重大小的不同，说明它们在总体中所处的地位不同，总体的分布特征不同；其中比重相对大的部分，决定着总体的性质或结构类型。假设在一个国家或地区的工农业总产值中，农业总产值所占比重达到百分之八九十，则说明这个国家或地区的经济性质属于农业经济。将总体的结构分组资料与时间联系起来进行分析，可以反映由于各组比重变化速度不同而引起各组地位改变的状况，从而认识现象发展变化的规律性。

（3）分析现象间的相互依存关系

社会经济现象之间存在着广泛的联系和相互制约的关系，现象之间发生联系的方向和紧密程度各不相同，有的关系相当密切，表明现象间具有依存关系，如职工工资收入和社会商品零售额、施肥量与农作物的产量之间都存在着相互依存的关系。用统计分组法确定现象之间的依存关系，通常把那些表现为事物发展变化原因的因素叫影响因素，而把表现为事物发展结果的因素叫结果因素。将现象按影响因素来分组，计算各组的平均指标和相对指标，以揭示其数量变化特征和规律性。研究现象之间依存关系的统计方法很多，如分组分析法、相关与回归分析法、指数因素分析法等。其中，统计分组分析法是最基本的方法，是进行其他分析的基础。

统计分组的上述三方面的作用是分别从类型分组、结构分组和分析分组角度来说明的，它们不是彼此孤立的，而是相辅相成、相互补充、结合运用的。

2.2.2.3 统计分组的种类和方法

(1) 统计分组的种类

统计分组的标志是分组时用来划分资料的标准。如人口总体按文化程度分组，"文化程度"就是分组标志；工业企业按规模分组，"规模"就是分组标志。正确选择分组标志，是保证统计分组作用得以发挥的关键，是统计研究获得正确结论的前提。

由于总体单位的标志有数量标志和品质标志，统计分组的标志也只能有数量标志和品质标志。

①按品质标志分组。当按照反映事物属性的特征来分组时，情况有所不同，有的现象比较简单，各组品质标志表现的界限清楚，如人口按"性别"分组，按"文化程度"分组等。有的现象则比较复杂，即个别现象品质标志的具体表现之间边缘不清。复杂的品质标志分组称为分类，如产品按"用途"分类，对于兼有两种用途的产品的分类，工业生产按"部门"进行分类等。在我国统计实践中，对重要的比较复杂的品质标志分类，往往编有标准的分类目录，统一规定划分标准来统一分类口径，如《主要商品分类》、《工业部门分类》、《工业产品分类》、《国民经济行业分类》、《经济类型分类》等。

②按数量标志分组。这是按照反映事物数量特征的数量标志作为分组标志进行的分组，如居民家庭按"人口数"、"收入水平"分组，人口总体按"年龄"分组，工业企业按"产值"、"固定资产原值"分组。按数量标志分组的目的是要通过数量差异来区分各组的不同类型和性质。因此，必须根据统计研究任务和事物的性质来确定数量界限的划分标准，通过正确划定数量差异来体现不同类型间的本质差别。

(2) 统计分组方法

在进行统计分组时，由于采用的分组标志的多少不同，可分为简单分组与复合分组。简单分组又称为单一分组，是将被研究的现象总体按一个标志进行分组，如将人口总体按"性别"分组。复合分组是将被研究的总体按两个或两个以上的标志进行多层次（或层叠排列）分组，如工业企业按"所有制形式"和职工按"性别"两个标志分组。

按"所有制形式"分组：　　按"性别"分组：

国有企业　{男职工
女职工

集体企业 { 男职工 / 女职工 }

外资企业 { 男职工 / 女职工 }

私营企业 { 男职工 / 女职工 }

复合分组比简单分组更能深入、细致地说明问题，但是工作量大。复合分组的组数随标志的增加而增加，各组的总体单位数则随着组数的增加而减少。实际工作中应注意，在组数过多时，总体单位分布过于分散，反而不利于揭示现象的内部构成和分布规律。简单分组与复合分组的选用，要求根据统计研究的任务，以能充分发挥统计分组的作用为目的。简单分组或复合分组，可以对社会经济现象从一个方面或几个方面进行观察和分析研究。社会现象是复杂的，需要对各方面进行观察和分析研究，以获得对事物全貌的认识，通常需要采用一系列相互联系、相互补充的标志对现象进行多种分组。

2.2.3 频数分配数列

2.2.3.1 频数分配数列的概念和种类

频数分配数列是指将总体中所有总体单位按一定的标志分成若干组，列出各组单位数，反映总体各单位在各组之间的分布状况，用以表明总体内部的构成。频数分配数列又称为次数分布，分布在各组的总体单位数称为频数，又叫次数。各组的频数（次数）与总频数（全部总体单位数）之比称为频率，表明各组单位数在总体中所占的比重。分配数列是统计整理的结果，是进行统计描述和统计分析的重要方法。

根据分组标志性质的不同，频数分配数列分为品质分布数列（简称品质数列）和变量分布数列（简称变量数列）。

（1）品质分布（配）数列

品质分布数列是指按品质标志分组后所形成的分布数列，用来反映具有不同属性的各组的次数在总体中的分布状况。品质分布数列由各组名称和各组的频数（次数）或频率（次率）组成，如表 2－1 所示。

表 2—1　西藏地区某班学生的民族构成

性　　别	人　数（人）	比　重（%）
藏族	35	70%
汉族	15	30%
合　　计	50	100%
各组名称	频数或次数	频率或次率

(2) 变量分布（配）数列

变量分布数列是指按数量标志分组后所形成的分布数列，用来反映具有不同变量值的各组的次数在总体中的分布状况。变量分布数列由各组变量值与各组次数构成。变量值是各组的数量表现，在分配数列中代表各组（各组名称），如表 2—2 所示。

表 2—2　某企业 8 月份工人日产量

日产量（件）	工人人数（人）	比　重（%）
8	10	8.7
9	15	13.0
10	30	26.1
11	40	34.8
12	20	17.4
合　计	115	100.0
各组的变量值	频数或次数	频率或次率

2.2.3.2　变量分配数列的种类及编制

(1) 变量分配数列的种类

由于所掌握的调查资料状况及性质不同，变量分配数列按数列中每组变量值个数的多少及取值范围可分为单项式变量分配数列和组距式变量分配数列。

单项式变量分配数列是指每一个组只有一个变量值的变量分配数列。对于离散型变量，如果变量值变动范围较小，总体单位数又不多时适宜编制单项式变量分配数列（见表 2—2）。

组距式变量分配数列是指将各组变量的取值用区间表示，以一段区间为一个组的数列称为组距式变量分配数列。连续型变量和变量值变动范围较大、总体单位数较多的离散型变量通常采用组距式变量分配数列来表示，如表 2—3

所示。

表 2－3　某村某年农民人均年收入

人均年收入（元）	人　数（人）	比　重（%）
4 000 元以下	900	6.7
4 000～6 000	2 510	18.8
6 000～7 000	4 360	32.6
7 000～8 000	2 890	21.6
8 000～9 000	1 440	10.8
9 000～25 000	650	4.8
25 000 元以上	630	4.7
合　计	13 380	100.0
各组变量值	频数或次数	频率或次率

在组距式变量分配数列中，各组两端的数值称为组限，一组中最大的数值称为上限，最小的数值称为下限。如表 2－3 中，第二组的两个变量值 4 000、6 000 是这一组的组限，6 000 为上限，4 000 为下限。各组上下限之间的距离（即两者之差）为组距，上例中的组距为 2 000＝（6 000－4 000）元。变量数列中最大变量值与最小变量值之差称为全距，用字母 R 表示。各组上下限的中点值称为组中值，组中值＝（上限＋下限）÷2，如第二组的组中值为：（6 000＋4 000）÷2＝5 000元。当总体单位在各组内均匀分布或在组中值两侧对称分布的条件下，可以用上述组中值作为各组的代表值。事实上，各组单位的分布不一定满足以上条件，因而组中值仅仅是各组一般水平的近似值。

在组距式分配数列中，若首末两组的上下限都存在时称为闭口组，若首组缺下限或末组缺上限时称为开口组。在表2－3中，第一组只有上限 4 000 元，最后一组只有下限 25 000 元。开口组的组距常常用相邻组的组距近似代替，在表 2－3 中，第一组组距为 2 000 元，最后一组组距为 16 000。开口组的组中值＝上限－邻组组距/2（缺下限），或＝下限＋邻组组距/2（缺上限），在表 2－3中，第一组的组中值为 3 000 元，最后一组的组中值为 33 000 元。组距数列中各组的组距既可以相等，也可以不相等，各组组距相等的组距式分配数列称为等距分配数列，如表 2－4 所示；各组组距不相等的组距式分配数列称为异距分配数列，如表 2－3 所示。

（2）组距数列的编制

在编制组距式分配数列的过程中，应根据统计研究的目的和资料的分布特点确定是作等距分组编制等距分配数列，或作异距分组编制异距分配数列。如果分组的目的是为了直接比较各组次数或分析对比各组的指标，即可采用等距分组，编制等距分配数列；如果分组的目的在于从数量上区分性质不同的总体，或者存在某一特定的目的或要求，则应采用异距分组，编制异距分配数列。另外，要正确选择分组标志，合理确定组数、分组界限。下面以等距分组为例说明组距分配数列的编制。

【例】 按百分制记分，某班 30 位学生《会计学》考试成绩（分）资料如下：

92　85　78　51　63　88　60　71　87　70
56　97　80　68　77　75　64　72　89　87
98　81　95　83　79　83　76　89　72　86

第一步，将上述资料（成绩：分）按数值的大小顺序排列如下：

51　56　60　63　64　68　70　71　72　72
75　76　77　78　79　80　81　83　83　85
86　87　87　88　89　89　92　95　97　98

经过初步加工，从顺序化的变量值中可以观察全距（全距＝98－51＝47 分）和变量值分布的集中趋势，从变量数列的排列中，可看出成绩的分布集中在 70 分～90 分。

第二步，确定组数和组距。编制组距式分配数列必须要确定组距和组数，使分组的结果尽可能反映总体分布的特点。组数的确定和组距有密切联系，组距大则组数少，组距小则组数多，两者成反比。组数和组距的确定，一般是先确定组数，再考虑组距。组数的确定应该反映所分析现象的内容和变量值分布特征。如上例中，在 60 分的数量界限的基础上分为不及格、及格、中等、良好、优秀五个类型，即分为 5 组，则组距（I）＝R/K（R 为全距，K 为组数），即组距＝（98－51）/5＝9.4；为了计算方便，组距宜取整数，因此组距为 10。在具体确定组距时，应使所分组能体现组内资料的同质性和组与组之间的差异性。

第三步，确定组限与组中值。确定组限与组中值应遵守以下原则：①以分布比较集中的变量值确立为中心位置，然后再根据组距的大小确定上、下限，尽可能使总体各单位在组内分布均匀，以满足组中值计算的假定条件。②确定组限要遵守一个基本原则，即按此分组后，标志值在各组的变动能反映事物质的变化，即要使同质的单位在同一组内。第一组的下限不能大于最小变量值，应小于或等于最小变量值，但不宜过小。最末一组的上限不得小于最大变量值，应大于或等于最大变量值，但不能过大。在选取各组上、下限时，也应尽可能使组中值恰为整数，以便减少计算工作量。

由于变量分为连续型变量与离散型变量，因此，组限的确定也有所不同。对连续型变量分组，由于相邻两组的上限与下限通常以同一个数值表示，每一组的上限同时是下一组的下限，为了避免总体单位分配频数的混乱，原则上是将到达上限值的单位数计入下一组内，即坚持“上限不在内”的原则。在表2－4中，刚好60分的同学应计入下一组，即计入60～70分这一组。这一处理原则不仅能使计算方法统一，而且这些数字也往往正是事物发生质变的量的界限，如60分刚好是成绩及格与不及格的数量界限。对于离散型变量分组，则相邻两组的上限与下限通常是以两个不同整数值表示，相邻两组的上、下限可以不重合。例如，企业按工人数分组可分为以下各组：200人以下、201～400人、401～600人、601～1 000人、1 001人以上。这是一般的表示方法，也可以按“上限不在内”的原则按重叠式组限分组，如上面的工人人数可分为：200人以下、200～400人、400～600人、600～1 000人、1 000人以上等。

第四步，计算频数，编制变量数列。各组的组限确定后，就应根据资料计算各组变量值所包含的总体单位数，即频数。现将30个学生考试成绩的资料编制变量数列，见表2－4。

表2－4　某班学生《会计学》考试成绩

成　绩（分）	人　　数	
	频数（人）	频率（%）
50～60	2	6.7
60～70	4	13.3
70～80	9	30.0
80～90	11	36.7
90～100	4	13.3
合计	30	100.0

(3) 分配数列的表示法

描述总体各单位在总体中的分布情况可以编制变量分布数列，以统计表的形式表现，也可以将分配数列用图形表现。

①累计频数表。将变量数列各组的次数和比率逐组累计相加而成累计次数（或频率）分布，它表明总体在某一标志值的某一水平上总共包含的总体次数和比率。编制变量数列，以统计表来表示分配数列，仅只能反映每一组的频数。在表 2－4 中，70～80 分的学生有 9 人，成绩不到 80 分的有几人、占全班学生的比重是多少？80 分以上的有几人、占全体学生人数的比重是多少？分别就频数和频率进行累计，编制累计频数（或频率）表就能回答以上问题。累计频数和频率有两种计算方法，如表 2－5 所示的累计频数（或频率）表。

向上累计，或称较小制累计，是将各组次数和比率，由变量值小的组向变量值大的组逐组累计。每组累计的频数、频率表明各组上限以下共包含的总体次数和比率有多少，即小于该组上限变量值的频数有多少。在表 2－5 中，第三组的累计频数为 15 人，表明全班 80 分以下的有 15 人，占全班人数的 50%。

向下累计，或称较大制累计，是指由变量值大的组向变量值小的组逐组进行累计。每组的累计频数（频率）表明大于该组下限变量值的频数（频率）有多少。在表 2－5 中，第三组的向下累计频数为 24 人，表明全班 70 分以上的有 24 人，占全班总人数的 80%。由此可见，将频数、频率进行累计，可以概括地反映总体各单位的分布特征。

表 2－5　某班学生《会计学》考试成绩分布

成绩（分）	人数		向上累计		向下累计	
	频数（人）	频率（%）	频数（人）	频率（%）	频数（人）	频率（%）
50～60	2	6.7	2	6.7	30	100.0
60～70	4	13.3	6	20.0	28	93.3
70～80	9	30.0	15	50.0	24	80.0
80～90	11	36.7	26	86.7	15	50.0
90～100	4	13.3	30	100.0	4	13.3
合计	30	100.0	—	—	—	—

②分配数列图形表示法。用统计图形表示分配数列常用的有直方图、折线图和曲线图三种图形。此外，还可用饼形图（如图 2－1 所示）、环形图等多种图形表示。

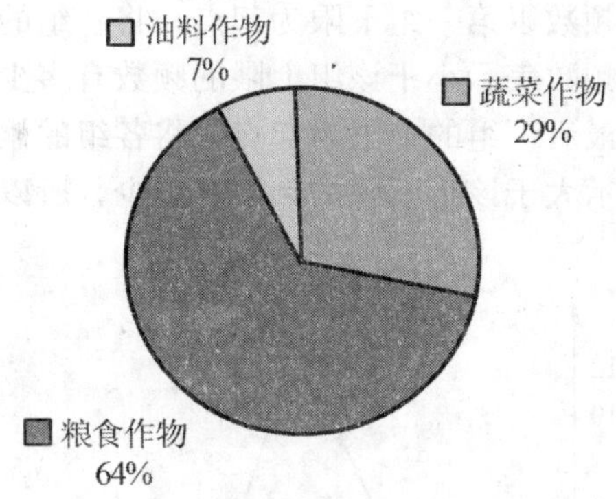

图 2－1　某地区某年主要农作物种植面积统计图

A. 直方图。它是表示分配数列的最基本的一种图形。直方图中的横轴表示各组的组限，纵轴表示频数（或频率）。按分布在各组的频数或频率确定各组在纵轴上的坐标，依据各组组距的宽度与频数（频率）的高度绘制成直方图。根据表 2－5 的资料所绘制的直方图如图 2－2 所示。

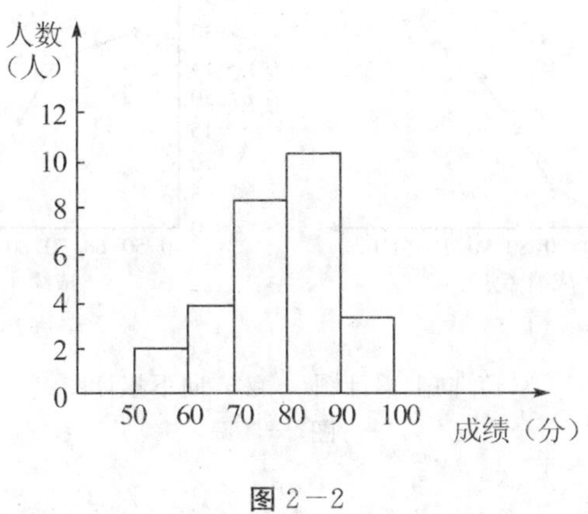

图 2－2

说明：直方图的纵轴常从零开始，横轴可以选择从任何合适的位置开始；

如果是不等距数列，在绘制图形时，应将不等距变换为等距。

B. 折线图。它是指将直方图每个长方形顶端中点（即组中值）用直线连接所形成的图形，如图 2－3 所示。累计频数图仍是以横坐标为变量值，纵坐标为频数。向上累计频数以第一组下限为起点，将各组的累计频数落在各组的上限。因该组的累计频数表示小于该组上限的频数有多少，所以从下限开始绘制。向下累计频数以最后一组的上限为起点，将各组的累计频数落在各组的下限，因该组的频数表示大于该组下限的频数有多少，所以从上限开始绘制，如图 2－4 所示。

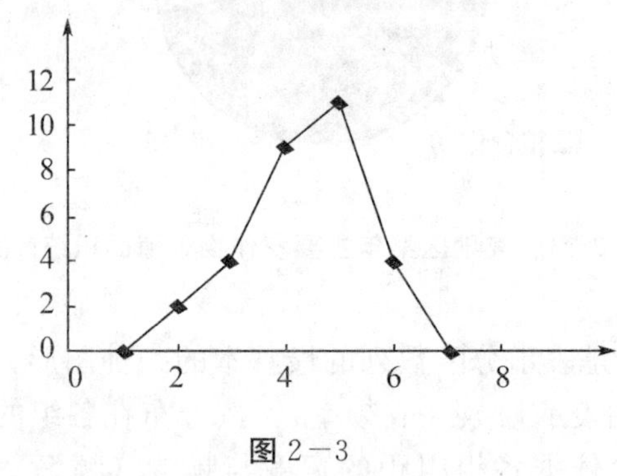

图 2－3

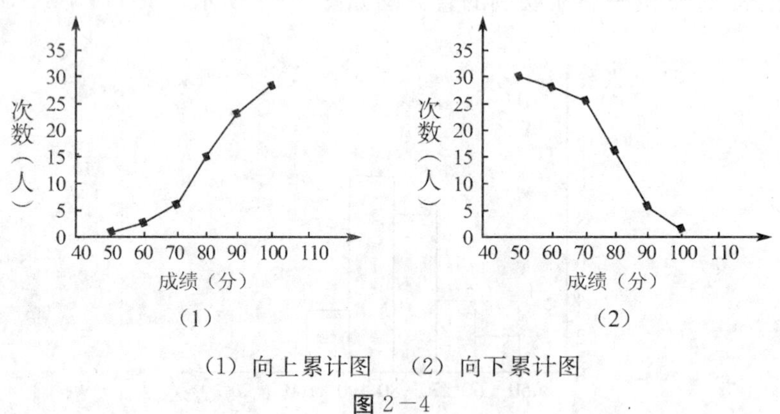

（1）向上累计图　（2）向下累计图

图 2－4

C. 曲线图。它是当组数趋于无限多时折线图的一种极限描绘，也可以将绘制折线图时的点用曲线连接，如图 2－5、图 2－6、图 2－7 所示。

③分配数列图形的主要形状。各种不同性质的社会经济现象表现为不同的分配数列，主要有钟形分布、U形分布、J形分布三种类型。

A. 钟形分布。这种分布的特征是“两头小，中间大”，即靠近中间的变量值出现的次数较多，愈往两端的变量值出现的次数愈少，其分布图形如一口古钟。钟形分布有3种形式：正态分布（对称分布）、左偏分布、右偏分布。在社会经济中，多数现象的频数分布都属钟形分布（如图2－5所示）。

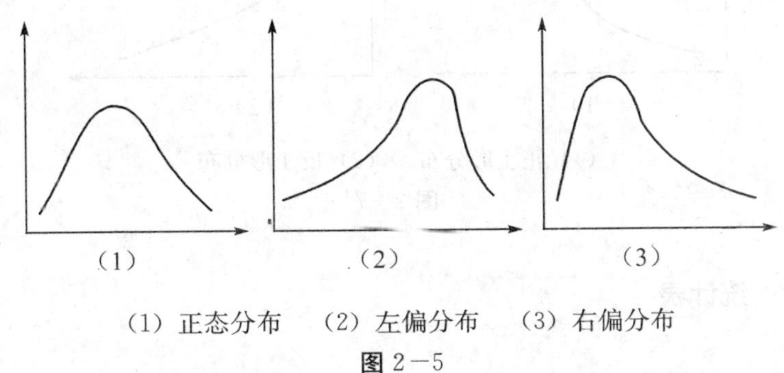

（1）正态分布　（2）左偏分布　（3）右偏分布

图2－5

B. U形分布。其分布特征正好与钟形分布相反，这种分布的特征是“中间小，两头大”，即愈靠近中间的变量值出现的次数愈少，愈往两端的变量值出现的次数愈多，其图形与英文字母U相似。如人口死亡率按年龄分布，婴儿死亡率较高，随着年龄的增长死亡率渐降，青壮年死亡率最低，到了老年死亡率又增高（如图2－6所示）。

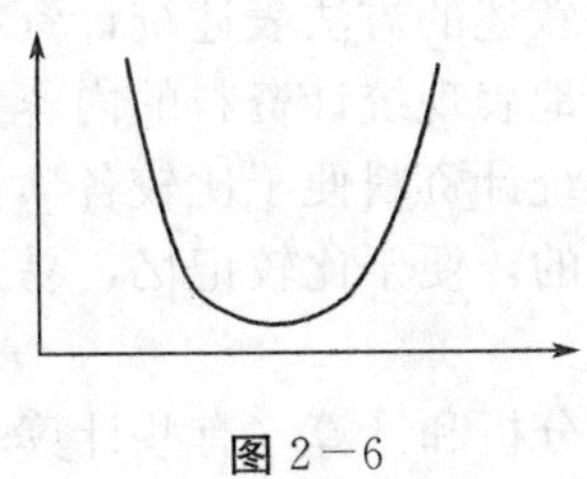

图2－6

C. J形分布。这种分布特征是“一边大，一边小”，其图形如英文字母J。J形分布又分为正J形和反J形两种分布形式，正J形分布是指次数随着变量值的增大而增加，反J形分布是指频数随着变量值的增大而减少（如图 2－7 所示）。

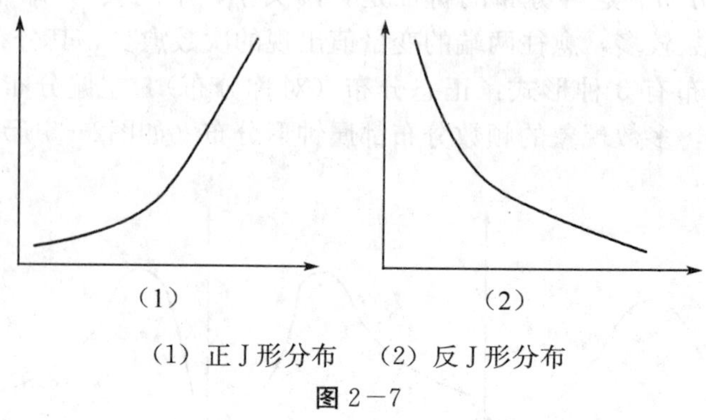

（1）正J形分布　（2）反J形分布

图 2－7

2.2.4 统计表

2.2.4.1 统计表的概念及作用

将统计调查得到的说明总体数量特征的数据经过汇总整理后，按照一定的顺序填列在一定的表格内，便是统计表。统计表除列出统计汇总所得的总量指标外，还可列出相对指标和平均指标，反映一系列系统化的统计资料。

统计表是表现统计资料整理结果的基本形式，利用统计表表现资料具有如下作用：

第一，采用统计表表达统计资料是最简明的。统计表能使大量的统计资料系统化、条理化，比用文字叙述的方法表述统计资料更紧凑、简明、醒目，使人一目了然，因而能更清晰地表现统计资料的内容。

第二，利用统计表表达统计资料便于比较各项目之间的关系。统计表的各项指标都是按逻辑秩序排列的，便于比较记忆，易于发现规律，观察数量之间的相互联系。

第三，利用统计表便于分析和计算（有些计算表比用公式更简易、明了），所以，统计表又是统计分析的工具。

第四，利用统计表易于检查数字的完整性（是否有遗漏）和正确性。

2.2.4.2 统计表的结构

从统计表的内容看，所有的统计表都是由主词和宾词两部分构成的。主词是我们所要研究的总体及其各个组成部分，排列在表的左边，列于横行；宾词是说明总体的统计指标，排列在表的右边，列于纵栏（如表2－6所示）。

总标题

表 2－6 2008 年我国国内生产总值

	国内生产总值（亿元）	比重（%）
第一产业	34 000	11.31
第二产业	146 183	48.62
第三产业	120 487	40.07
合计	300 670	100.00

横标题　纵栏标题　数字资料

数据来源：中华人民共和国国家统计局网站 2009 年 1 月 23 日公布。

从构成要素看，统计表包括以下几个部分。

（1）总标题

总标题是统计表的名称，简明、扼要地说明全表的主要内容和主要内容发生的时间与地点，一般都位于表的上端中央。

（2）纵栏和横行标题

统计表自左到右平行的行次称为横行，自上而下垂直的栏次称为纵栏。横行与纵栏的标题，是说明横行和纵栏指标内容的，又称标目，即横标目与纵标目，一般位于表的最左方与上方。

（3）数字资料

数字资料是用来说明总体的各种综合指标，数字资料的表现形式可以是总体的单位数，也可以是标志值的合计数，或者是平均数、相对数等。

此外，统计表还应有必要的附注，注明资料来源等。

2.2.4.3 统计表的种类

统计表按总体是否分组和分组的程度不同，分为简单表、简单分组表、复合分组表。

（1）简单表

简单表即主词栏未作任何分组的统计表。简单表一般有两种形式，一种是按调查单位的先后顺序排列的统计表（如表 2－7 所示），另一种是按调查时间顺序排列的统计表（如表 2－8 所示）。

表 2－7　某公司所属企业某年产值

企业名称	产值（万元）
甲	3 500
乙	4 900
丙	3 200
⋮	⋮
⋮	⋮

表 2－8　我国参加基本养老保险人数

年份（年）	人数（万人）
1989	5 710.3
1990	6 166.0
1991	6 740.3
⋮	⋮
2004	16 352.9
2005	17 487.9
2006	18 766.3
2007	20 107.0
2008	21 860.0

（2）简单分组表

简单分组表是将表的主词部分按某一标志分组的统计表。利用分组表可以反映现象间的内部结构（如表 2－9 所示）。

表 2－9　2008 年我国人口构成情况

分类	人口数（万人）	比重（%）
城镇	60 667	45.7
乡村	72 135	54.3
男性	68 357	51.5
女性	64 445	48.5
0～14 岁	25 232.4	19
14～65 岁	96 547	72.7
65 岁以上	11 022.6	8.3
全国总人口	132 802	100.00

资料来源：年鉴图书网。

(3) 复合分组表

复合分组表是将表的主词部分按两个或两个以上的标志分组后层叠排列的统计表。复合分组能纵向反映现象的变化。

编制统计表主要是结合统计研究任务和要求确定设置必要的宾词指标。宾词指标的设计与统计表内容的繁简关系密切，大致有两种设计方式：一种是宾词指标的简单设计，将宾词指标作平行配置，即每一项指标的数字资料都是彼此独立整理的；另一种是宾词指标的复合设计，把各项指标结合起来，互相层叠配置，分层排列（与复合分组相似）。

2.2.4.4 编制统计表的原则

统计表的表述应力求做到简明、清晰、准确、醒目，便于人们阅读、比较和分析。编制统计表时应注意以下几点：

第一，统计表的标题（包括总标题和分标题）应简明确切，概括地反映全表的基本内容。总标题应标明资料所属的地区和时间，纵、横各栏的排列要注意表述资料的逻辑系统，反映现象的内在联系。

第二，表中主词各行和宾词各栏的排列，一般应先局部后整体或先整体后局部。若没有必要列出所有项目时，一般先列总体，后列其中一部分重要项目。

第三，表中必须注明数字资料的计量单位。若全表只有一种计量单位时就写在表的右上方。如果表中需分别对各项指标注明单位时，横行的计量单位可以专设“计量单位”一栏；纵栏的计量单位可与纵栏标题写在一起，加括号后标在纵栏标题之下。

第四，表中各栏数字应整齐填写，对准位数。当数字为0或因太小略而不计时，要写上0。不应有数字的空格用符号“－”表示。当缺乏某项资料时用符号“…”表示，以免使人误为漏项。表内还应列出合计数，便于核对和运用。

第五，对于栏数较多的统计表，通常应编序号。主词栏和计量单位栏用甲、乙等文字标明；宾词各栏用1，2，3…标明栏号。

第六，统计表的表式一般是开口式，即表的左右两端不画纵线，表的上下通常用粗线封口。

第七，必要时，在统计表的下端加注解，说明资料来源等。

2.3 综合指标

通过对调查数据整理之后形成三大统计指标。本节主要介绍总量指标和相对指标，平均指标在第三章中介绍。

2.3.1 总量指标

总量指标是反映某种社会经济现象在一定时间、地点条件下达到的水平或规模的综合指标，是统计资料汇总的直接结果。总量指标是以绝对数的形式表示的，也称之为统计绝对数或绝对指标。例如，2008 年我国国内生产总值（GDP）为 30.07 万亿元，财政收入达到 6.13 万亿元，城镇居民人均可支配收入为 15 781 元，农村居民人均纯收入为 4 761 元，这些数字都是总量指标。

2.3.1.1 总量指标的种类

（1）时期指标和时点指标

总量指标按反映的时间状况不同，分为时期指标和时点指标。时期指标是反映社会经济现象在一定时期内发展结果的统计指标，如产品产量、产值、投资总额。时点指标是表明社会经济现象在某一时点上达到的水平或所处状态的统计指标，如人口总数，银行存款、贷款余额等。

时期指标和时点指标具有不同的特点：

第一，时期指标可以累计。时期指标的数值是连续计数的，时期指标数值涉及的时间为一区间（如 1 年、1 月等），它表明现象在这一时间区间内所发生的总量，如一月的总产值是一月中每天产值的累计。时期指标各时期的数值相加可以说明较长时期内社会经济现象发生的总量。对于时期指标，必须明确规定其所属时间范围。时点指标却不能累计相加，各时点数值相加是没有意义的。时点现象从时间上观察是间断发生的，时点指标的数值是间断计数的，它的每一个数值是表示现象发展到一定时点上所处的水平，其指标数值所涉及的时间为一时点（瞬间），它反映现象在某一时刻上所达到的水平，对于时点指标必须明确其所属的时刻。例如，物资库存量是指某一时点储存的数量，不同时点上物资库存量不能相加。又如，年末的职工人数，是指年初的职工人数经过一年的增减变动后到年底时拥有的职工人数。

第二，时期指标数值的大小受现象活动过程时期长短的制约，时间愈长，数值愈大（或愈小）；反之就愈小（或愈大），如一个企业一年的总产值必然大于一月的总产值。因此，在应用时期总量指标时，应明确统计数字所属的时期范围，时期指标在进行比较分析时要注意指标所涉及时间长度的一致性。时点指标数值的大小与时间的间隔长短无直接关系，不一定存在时点之间的间隔愈长其指标数值愈大，如年末的库存物资的数量不一定比某一月末的数量多。对时点总量指标，要注意它的“时刻”特性。

（2）总体单位总量和标志值总量

按所反映内容不同，总量指标分为总体单位总量和标志值总量。总体单位总量是总体单位数的加总，它说明总体本身规模的大小；标志值总量则是总体单位各标志值的加总。例如，某班 30 名学生某月生活费共计 2.4 万元，其中前者为总体单位总量，后者为标志值总量。

2.3.1.2　总量指标的计算及计量单位

（1）统计总量指标应注意的问题

总量指标的计算应注意现象的同类性，即只有同类现象才能计算总量。比如，计算工业产品产量时，不能把不同类的产品简单加总，粮食产量、原煤产量、电视机产量就不能简单相加。总量指标的计算还必须明确每项总量指标的涵义。比如，在计算工业总产值、净产值和增加值时，只有明确这些指标的社会经济范畴，然后才能正确计算这些总量指标。另外，总量指标的计算还必须做到计量单位一致，即同类现象的总量指标，其计量单位必须一致才能加总。

（2）总量指标的计量单位

总量指标必须计量准确，单位统一。总量指标的计量单位是由事物的性质和研究的任务决定的，主要有实物单位、价值单位、时间单位。

实物单位是根据事物的自然属性和外部特征而采用的计量单位，如汽车产量以“辆”为单位、粮食产量以“吨”或“公斤”为单位、人口以“人”为单位、自行车以“辆”为单位、棉布以“米”为单位、木材以“立方米”为单位、电机容量以“千瓦”为单位等。有些实物量采用双重或多重单位，即采用两种或两种以上的计量单位表明某一种事物的数量。例如，内燃机用“辆/马力”计量，既说明辆数，又说明功能大小的马力数；船舶以“艘/（吨·马力）”表示；货运量以“吨公里”计量，它是货运量（吨）与货运的里程（公里）乘积的结果；工人劳动时间以“工日”计量，是工人人数（人）与时间（小时、日、月数）乘积的结果；发电量以“千瓦时（度）”等为计量单位。

价值单位是指用货币作为价值尺度来计量社会物质财富，即用货币来表示的计量单位。如固定资产投资额、国内生产总值等以货币表示，价值单位较之实物单位具有更广泛的综合性。

时间单位是指以时间来表示的计量单位，如工人工作时间、机器设备运转时间等。时间单位以小时、日、月等计算。

2.3.2 相对指标

2.3.2.1 相对指标的概念和作用

相对指标又称相对数，是指社会经济现象中两个有联系的指标数值对比的比率，说明现象发展变化的程度、强度和总体结构等。2008 年上半年，我国城镇居民可支配收入 8 065 元，同比增长 14.4%，扣除价格因素，实际增长 6.3%；我国农村居民人均现金收入 2 528 元，同比增长 19.8%，扣除价格因素，实际增长 10.3%。[①] 资料中除 8 065 元和 2 528 元为总量指标外，其余均为相对指标。

相对指标的作用表现在以下几个方面：

第一，利用相对指标可以具体表明社会经济现象之间的联系，更深入地揭示所研究现象的特征。例如，某国家某年国内生产总值 246619 亿元，比上年增长 11.4%。分产业看，第一产业增加值 28910 亿元，增长 3.7%；第二产业增加值 121381 亿元，增长 13.4%；第三产业增加值 96328 亿元，增长 11.4%。第一产业增加值占国内生产总值的比重为 11.7%，与上年持平；第二产业增加值比重为 49.2%，比上年增加 0.3 个百分点；第三产业增加值比重为 39.1%，比上年减少 0.3 个百分点。从季度看，一季度增长 11.1%，二季度增长 11.9%，三季度增长 11.5%，四季度增长 11.2%。

第二，利用相对指标，使原来不便于直接对比的事物具有比较的共同基础。例如，生产不同产品的企业不能直接比较其生产经营水平的好坏；生产产品类型相同但生产规模大小不同的工业企业，不能直接用其实现的利润和税金总额比较企业经济效益的高低和对社会贡献的大小。但是，通过计算产值利润率（即每百元产值提供的利润）、产值发展速度等相对指标，就有了共同的比较基础，便能比较企业经营水平的高低、经济效益的优劣和对社会贡献的大

① 源自 2008 年 7 月 17 日北京国际新闻中心召开的新闻发布会，发言人：李晓超。

小了。

2.3.2.2　相对指标的表现形式

相对指标的表现形式有两种，一种是名数，另一种是无名数。名数主要用于强度相对指标，如人口密度以“人/平方公里”计量。无名数是一种抽象化的数值，常用系数、倍数、番数、成数、百分数、千分数表示。

2.3.2.3　相对指标的种类和计算方法

相对指标根据研究的目的、任务和作用不同，主要包括计划完成相对指标、结构相对指标、比较相对指标、比例相对指标、动态相对指标、强度相对指标六种。

（1）结构相对指标

结构相对指标是指在对总体进行分组的基础上，以总体的部分数值与总体全部数值对比，得到各部分数值占总体数值的比重。结构相对数表明总体内部的构成状况及分布特征。其计算公式为：

$$结构相对指标=\frac{总体中部分数值}{总体全部数值} \tag{2.1}$$

该公式中分子的指标数值包含在分母的指标数值中，在同一总体中，各部分（组）结构相对指标（比率）相加的总和等于100％或1，如表2－10所示；公式中分子与分母指标不能互换位置。

表 2－10　2008 年我国保险公司原保险保费收入

	保费收入（亿元）	比重（％）
寿险业务	6 658.4	68
健康险	585.5	6
意外险	203.6	2.1
财产险业务	2 336.7	23.9
合计	9 784.2	100.0

资料来源：新华网 2009 年 1 月 21 日。

专栏 2－2　恩格尔系数

1857 年，世界著名的德国统计学家恩格尔阐明了一个定律：随着家庭和个人收入增加，收入中用于食品方面的支出比重将逐渐减小。这一定律被称为恩格尔定律，反映这一比重的值称为恩格尔系数。其公式表示为：

恩格尔系数（%）＝食品支出总额/家庭或个人消费支出总额×100%

国际上常常用恩格尔系数衡量一个国家和地区人民生活水平的状况。根据联合国粮农组织提出的标准，恩格尔系数在59%以上为贫困，50%～59%为温饱，40%～50%为小康，30%～40%为富裕，低于30%为最富裕。

我国在运用这一标准进行国际和城乡对比时，要考虑不可比因素，如消费品价格比价不同、居民生活习惯的差异，以及由社会经济制度不同所产生的特殊因素等。对于这些不可比因素在分析和比较时应相应剔除。另外，在观察历史情况的变化时要注意，恩格尔系数反映的是一种长期的趋势，而不是逐年下降的绝对倾向，它是在熨平短期的波动中求得长期的趋势。

恩格尔定律主要表述的是食品支出占总消费支出的比重随收入变化而变化的趋势，揭示了居民收入和食品支出之间的相关关系，用食品支出占消费总支出的比重说明经济发展、收入增加对居民生活消费的影响程度。

众所周知，吃是人类生存的第一需要，在收入水平较低时，吃在消费支出中必然占有重要地位。随着收入的增加，在食物需求基本满足的情况下，消费的重心才会开始向穿、用等其他方面转移。因此，一个国家或家庭生活越贫困，恩格尔系数就越大；反之，生活越富裕，恩格尔系数就越小。

(2) 比较相对指标

比较相对指标是用同一时期处于不同空间（不同地区、不同部门和不同单位）的同类现象的数量对比说明同类事物在不同条件下的差异程度。其计算公式如下：

$$\text{比较相对指标}=\frac{\text{甲空间某类指标数值}}{\text{乙空间同类指标数值}}\times 100\% \qquad (2.2)$$

比较相对指标分子与分母可以互换，可以用百分数或几比几表示，在经济工作中常用这种比较方法。

（3）比例相对指标

比例相对指标是指总体内部各组成部分之间的数量对比。其计算公式如下：

$$\text{比例相对指标}=\frac{\text{总体中某一部分数值}}{\text{总体中另一部分数值}} \tag{2.3}$$

比例相对指标常以几比几的形式表示，也可以用百分数、倍数表示。在统计分析中常用比例相对指标，如第一、二、三次产业的比例，投资与消费的比例等。

比例相对指标也有反映总体结构的作用，它同结构相对指标有密切联系。比例相对指标所反映的比例关系属于一种结构性的比例。在统计工作中，为了研究比例关系，往往结合使用比例相对指标和结构相对指标。例如，2008 年我国国内生产总值中三次产业的比例为 11.31%：48.62%：40.07%就是一种结构性比例。

比例相对指标与结构相对指标也有区别。结构相对指标是总体内的部分数值与总体全部数值之比，所以，母项包括了子项；比例相对指标是总体内部各个组成部分之间的数量对比，母项与子项没有包含关系。

（4）动态相对指标

动态相对指标是指同一总体同类指标在不同时期的数值对比。其计算公式如下：

$$\text{动态相对指标}=\frac{\text{报告期数值}}{\text{基期数值}}\times 100\% \tag{2.4}$$

公式中作为比较标准的时期称为基期，所要分析的时期（分子）称为报告期。动态相对指标用以表明现象在时间上的发展变动程度及方向，一般用倍数或百分数表示。动态相对指标基期的确定应根据统计研究目的的不同而定，可以是上一时期（年、季、月），也可以是某一特定的时期。利用动态相对指标可实现纵向对比，分析现象在不同时间上的发展变动程度。动态相对指标的分子和分母不能互换，否则其作用不能实现。

（5）强度相对指标

强度相对指标是指两个有联系的不同总体，性质不同的总量指标对比形成的相对指标。强度相对数用来说明现象发展的强度、密度及普遍程度。其公式为：

$$强度相对数=\frac{某一总体指标数值}{另一性质不同但有联系的总体指标数值} \tag{2.5}$$

公式中分子与分母数值都是总量指标，分子与分母是存在内在经济联系的两种现象。例如，某国家某年人口总数为 13.2129 亿人，国内生产总值为 24.66 万亿元，人均国民生产总值为：

$$人均\ GDP=\frac{246\ 600\ 亿元}{13.2129\ 亿人}=18\ 664\ （元/人）$$

强度相对指标的计量单位一般用子项和母项指标数值的计量单位复合计量，如人口密度（人/平方公里）；对于少数分子与分母计量单位相同的强度相对指标，则用百分数（%）或千分数（‰）表示，如人口出生率、资金利税率、百元工资收储率等。在计算强度相对数时，应根据现象性质和统计研究目的选用适当的指标作为比较基础（即分母数值），特别应注意分子与分母指标间是否存在联系。比如，用粮食产量和人口总量对比得到人均粮食产量；若将钢产量和土地面积对比，分子与分母是无联系的两个总量指标，二者对比的结果无任何经济意义。

有一些强度相对指标的分子和分母指标可以根据需要互换，这便产生了强度相对指标的正指标和逆指标。比如，反映某城市商业网点密度，用商业机构数（个）除以城市人口数，计算得到每千人中拥有的商业机构数（个/千人）（正指标）；也可以用城市人口数除以商业机构数（个），计算得到每个商业网点服务的居民人数（千人/个）（逆指标）。

（6）计划完成相对指标

计划完成相对指标是用来检查、监督计划执行情况的相对指标，用来表明一定时期某种社会经济现象计划任务完成程度的相对指标，又称计划完成百分比。计划完成相对数是由实际完成数与计划任务数对比计算的，一般用百分数（%）表示。

①计划任务数为绝对数、平均数时，其计算公式如下：

$$计划完成相对指标=\frac{实际完成数}{计划任务数}\times 100\% \tag{2.6}$$

公式中分子数值是对已发生的实际状况统计而得的资料，分母数值是为实现某项目标而规定的任务。用公式计算出来的相对数表示计划的完成程度，而子项数值减母项数值的差额（正或负）则表明计划执行的绝对效果 。例如，某企业计划规定全年的总产值应达到 3 500 万元，实际为 4 300 万元，则该企业计划完成相对指标为 122.86%，超额 22.86%完成计划任务，实际产值比计划增加了 800 万元。

②计划任务数为相对数时，有两种情况：

一种情况是计划任务规定应该完成的百分比。其公式为：

$$计划完成相对指标=\frac{实际完成百分比}{计划完成百分比}\times 100\% \quad (2.7)$$

比如，某企业计划规定某年产品合格率为 97.3%，计划执行的结果该年度产品合格率为 98.6%。其计划完成相对指标为：

$$计划完成相对指标=\frac{98.6\%}{97.3\%}\times 100\%=101.3\%$$

另一种情况是计划任务数以提高百分比（或降低百分比）形式出现。此时，分子、分母必须考虑原有基数（上年实际水平为 100%）。比如，某企业计划本期比上期劳动生产率提高 3%，实际提高了 5%，则劳动生产率计划完成情况指标为：

$$计划完成相对指标=\frac{100\%+5\%}{100\%+3\%}\times 100\%=101.9\%$$

计算结果表明，该企业超额 1.9%完成劳动生产率提高任务。

又如，某企业计划某年生产成本比上年降低 5%，实际降低了 7%，其计划完成相对指标为：

$$计划完成相对指标=\frac{100\%-7\%}{100\%-5\%}\times 100\%=97.9\%$$

计算结果表明，该企业超额 2.1%完成生产成本降低任务。

③检查短期（一年）计划任务执行情况有两种情况：一种是当实际完成数与计划数时期长短相同时，以年度实际完成数与年度计划任务数相比，其结果说明年度计划执行的总结果；另一种是当实际完成数与计划数的时期长短不相

同时，则以某一段时间内的累计实际完成数与全期计划数相比，说明计划执行进度情况。

④中长期计划任务执行情况的检查。根据客观现象的性质不同，中长期计划的计划任务数有的是规定全期应完成的计划总量，有的只规定计划期末应达到的水平，因而有两种不同的检查方法。

第一种，水平法。如果只规定计划期末应达到的水平，则采用水平法检查计划执行情况。如汽车产量计划、农作物产量计划、社会商品零售总额计划等，均可采用水平法测定长期计划执行情况。其计算公式为：

$$计划完成程度=\frac{计划期末实际达到的水平}{计划期末计划规定的水平} \tag{2.8}$$

按水平法检查长期计划执行情况，只要计划期内有连续一年（不管是否在一个日历年度内，只要连续 12 个月即可）的指标数值达到计划规定的最后一年的水平，余下的时间即为提前完成计划任务的时间。

第二种，累计法。如果计划指标是按计划期内总额下达的，则用累计法检查计划完成情况。其计算公式为：

$$计划完成程度=\frac{计划期全期累计实际完成数}{计划期全期累计计划完成数} \tag{2.9}$$

按累计法检查长期计划执行情况，从计划执行之日起累计至完成计划任务时剩余的时间即为提前完成计划任务的时间。

2.3.3 平均指标

平均指标是反映总体单位标志值的代表性指标，它等于总体单位标志值总量除以总体单位总量，即：

$$平均指标=\frac{总体单位标志值总量}{总体单位总量} \tag{2.10}$$

平均指标的分子、分母存在绝对的依存关系，分母是分子的承担者，分子完全依附于分母。因为平均指标的分子与分母指标的性质是不相同的，故容易与强度相对数混淆，在判断二者时应严格区分。

平均指标的有关内容在第三章详细介绍。

2.3.4 计算和运用相对指标应注意的问题

在对社会经济现象的认识和分析中，通常需要计算和运用相对指标。对相对数的计算和运用要注意以下问题：

第一，在计算相对数时要正确选择对比的基数，否则其结果不能说明问题，如在计算比较相对数和动态相对数时，正确选择分母非常重要。

第二，在计算相对数时要注意分子和分母的可比性。指标的可比性关键是指标的口径，即分子与分母指标在指标概念、时间和空间上的一致性。

第三，相对指标与相对指标结合运用，如将比例相对数与动态相对数结合运用可寻求第一、第二、第三产业的恰当比例；将结构相对数与动态相对数结合运用可观察积累与消费的较佳比例等。

第四，相对指标与总量指标结合运用。相对指标是抽象数值，它抽象其对比值（基数）的绝对数的大小。现实中，一个大的相对数可能是由两个较小的绝对数对比得到的，也可能是由两个较大的绝对数对比得到的。因此，现实中有必要将二者结合运用。

[习题]

一、思考题

1. 什么是统计调查？简述统计调查的要求及作用。

2. 统计调查主要有哪几种分类？什么是全面调查与非全面调查？区分它们的标准是什么？

3. 什么是经常性调查与一次性调查？

4. 什么是普查？简述普查有何主要作用、普查时必须注意的问题。

5. 什么是统计报表？简述统计报表有何特点。

6. 简述抽样调查及其特点。

7. 简述重点调查及其特点。

8. 简述典型调查及其特点。

9. 三种非全面调查有什么不同？

10. 什么是统计整理？统计整理在统计工作中有何重要意义？统计整理包括哪些主要内容？

11. 统计分组的关键是什么？统计分组的基本作用是什么？

12. 按数量标志分组各组的界限如何确定？

13. 什么是分配数列？分配数列有哪些基本种类？简述分配数列的构成要素。

14. 如何求组距数列的组中值？

15. 累计次数的两种方法和各组累计次数所表明的意义是什么？

16. 简述总量指标及其作用。

17. 总量指标有哪些种类？时期指标与时点指标各有什么特点？

18. 相对指标的作用是什么？

19. 相对指标有哪些？简述各种相对指标的涵义及计算方法。

20. 结构相对数与比例相对数有何区别？

21. 试比较相对数和动态相对数的区别。

22. 说明强度相对数与平均数的区别，强度相对数的正指标与逆指标的区别。

23. 计算和应用相对指标应注意哪些问题？

二、计算题

1. 按百分制记分，某班 30 位同学《会计学》考试成绩（分）如下：

92　85　78　51　63　88　60　71　87　70
56　97　80　68　77　75　64　72　89　87
90　81　95　76　79　73　76　79　72　86

要求：(1) 将这 30 名学生成绩按等距分组编制统计表。

(2) 说明每一组的上下限、组中值。

(3) 绘制分配数列的直方图、折线图、累计频数分布图。

2. 某企业当年计划产值为 1 080 万元，计划完成程度为 110%；当年产值计划比上年增长 8%，试计算当年的实际产值比上年增长的百分数。

3. 某企业某年计划单位产品成本比上年降低 2%，实际成本比上年降低 5%，问该厂单位产品的成本降低计划是否完成（用计算数字说明）。

4. 某商店当年计划销售收入比上年提高 20%，实际销售收入为上年的 1.5 倍，试计算当年销售收入的计划完成程度。

5. 某企业某年产值资料如下表，试计算表中所缺数字。

产品	总产值（万元）		比重（%）		计划完成相对数（%）
	计划	实际	计划	实际	
甲					
乙		289.8			103.5
合计	800				104

3. 变量数列的分布特征

变量数列的分布特征一般表现为集中趋势与离中趋势，即数列各变量值的集中水平与分散程度。变量数列集中的中心值便是数列的平均指标。不同社会经济现象在不同的已知条件下，根据需要可用不同的方法计算数列的平均指标，即数值平均数（算术平均数、几何平均数、调和平均数等）和位置平均数（中位数、众数等）。平均数是一种代表性指标，它的代表性大小需要用变异指标来衡量。变异指标反映数列各数据分散程度（离开中心值的程度），包括全距、平均差、方差或标准差、变异系数。

3.1 变量数列集中趋势的测度

大部分社会经济现象的发展变化呈现明显的集中趋势，其集中的中心值便是平均指标。平均数能反映数列的一般水平，它对数列中各数据具有一定的代表性。对一组具有明显集中分布特征的数列，我们常常考虑其集中的中心位置（或中心水平）在什么地方，用什么数值可以代表这个中心水平。在本节中我们将介绍两个重要的测度数列中心位置的指标：数值平均数和位置平均数。

在测度数列的中心位置时，如果根据数列中每一个变量值计算而得到的平均值称为数值平均数，如果以某数值在数列中所处的特殊位置而确定的平均值（中心值）便是位置平均数。前者包括算术平均数、几何平均数、调和平均数等，后者包括中位数和众数等。

3.1.1 数值平均数

最常用的度量中心位置的方法是数值平均。人们常提到的“平均”一般指数值平均。

3.1.1.1 算术平均数

(1) 简单算术平均数

算术平均数是最基本的、最常用的平均数形式。

简单算术平均数是指在数列未经过整理之前，将一组原始数据用简单算术求和的方法求其总量，再除以该组数据的个数，即标志值总量除以总体单位总量。设 x_i 为数列中某项数值，n 为数列的项数，$\bar{x}$ 为算术平均数，其公式表示为：

$$\bar{x}=\frac{\sum_{i=1}^{n}x_i}{n}=\frac{\sum x}{n} \tag{3.1}$$

【例】 某高校统计学专业学生暑假和寒假期间在某咨询公司进行社会实践。该公司按业务多少（或业务繁忙情况）付周薪，其具体情况如下：

暑假期间每人周薪（元/人·周）：

200　200　200　840　200

200　300　350　700　350

寒假期间每人周薪（元/人·周）：

200　200　840　350　300

300　200　200　950　200

暑假期间共有 10 位同学（$n=10$）参加社会实践，周薪总和是 3 540 元，其算术平均数为：

$$\bar{x}_1=\frac{3\,540}{10}=354\text{（元）}$$

同理，寒假期间参加社会实践同学的周薪的算术平均数为：

$$\bar{x}_2=\frac{3\ 740}{10}=374\text{（元）}$$

简单算术平均数的大小受每个标志值的大小的影响。

（2）加权算术平均数

就理论上而言，所有算术平均数都是加权算术平均数。如果每一个数值在数列中只出现一次，则其权数为1，这时在计算算术平均数时，应该用简单算术平均值，即

$$\bar{x}=\frac{\text{各变量值总量}}{\text{数列项数}}$$

在原始数列经过整理后形成的分配数列中，当某一数值在数列中出现多次，且各数值在数列中出现的次数不相等时，计算算术平均数应以该数值在数列中出现的次数为权数计算加权算术平均数。

加权算术平均数的计算公式如下：

$$\bar{x}=\frac{\sum xf}{\sum f} \tag{3.2}$$

式中，$\bar{x}$ 为加权算术平均数，x 为变量数列各变量值，f 为各组权数。

【例】 某保险公司业务员年收入的整理资料如下：

表3－1　某保险公司业务员年收入

每人年收入（万元）	人数（人）	组中值（x）	xf
1以下	2	0.5	1
1～3	5	2	10
3～5	25	4	100
5～7	30	6	180
7～9	6	8	48
9以上	2	10	20
合计	70		359

$$\bar{x}=\frac{\sum xf}{\sum f}=\frac{359}{70}\approx 5.129\text{（万元/人）}$$

计算加权算术平均数应注意以下几个问题：

①加权算术平均数的大小受两个因素的影响，即受各个变量值大小和权数大小的影响。

某班两组同学的《高等数学》考试成绩见表 3－2。

表 3－2　某班学生《高等数学》考试成绩

成　绩（分）	人　数（人）	
	甲组	乙组
30	1	3
60	5	5
80	4	2
合　计	10	10

$$\bar{x}_{甲}=\frac{\sum xf}{\sum f}=\frac{30\times1+60\times5+80\times4}{10}=\frac{650}{10}=65\text{（分）}$$

$$\bar{x}_{乙}=\frac{\sum xf}{\sum f}=\frac{30\times3+60\times5+80\times2}{10}=\frac{550}{10}=55\text{（分）}$$

两组变量相同、人数总量相同，因各组权数（人数）不同使两组平均数不等，可见平均数的大小除了受变量值影响外，还受各组权数的影响。

②简单算术平均数的计算方法是加权算术平均数计算方法的特例。当各组权数相等时，权数失去了权衡变量值轻重的作用，尽管理论上应该用加权算术平均法（存在权数），实际上可用简单算术平均的方法计算。

表 3－3　某班学生《统计学》考试成绩

成绩（分）	人数（人）		
	男	比重（%）	女
(1)	(2)	(3) ＝ (2) /50	(4)
60 以下	5	10	10
60～70	5	10	10
70～80	20	40	10
80～90	15	30	10
90 以上	5	10	10
合　计	50		50

根据表 3－3 的资料，有：

$$\bar{x}_{女}=\frac{\sum xf}{\sum f}=\frac{\sum 10x}{10n}=\frac{\sum x}{n}$$

$$=\frac{55\times10+65\times10+75\times10+85\times10+95\times10}{10+10+10+10+10}$$

$$=\frac{10\ (55+65+75+85+95)}{10\ (1+1+1+1+1)}=\frac{375}{5}=75\text{（分）}$$

③同一资料用频数或频率作权数计算平均数时，其结果相等，即：

$$\bar{x}=\frac{\sum xf}{\sum f}=\sum x\times\left(\frac{f}{\sum f}\right)$$

根据表 3－3 的资料，以第（2）栏的频数为权数：

$$\bar{x}=\frac{\sum xf}{\sum f}=77\text{（分）}$$

以第（3）栏的频率为权数：$\bar{x}=\sum x\times\left(\frac{f}{\sum f}\right)=77$（分）

④当各变量值为平均数或相对数计算平均数时，常用加权算术平均法。这时，应根据经济现象间的内在联系正确确定其权数（权数的含义有所拓展），才能使计算结果有经济意义。

【例】 某上市公司三个分公司产品质量的有关资料见表 3－4，求三个分公司的平均一级品率。

表 3－4　某上市公司有关资料

	一级品率（%）	总产值（万元）	一级品产值 xf
一公司	90	300	270
二公司	80	500	400
三公司	84	200	168
合计		1 000	838

在该例中，各分公司的一级品率为变量（x），总产值具有权数（f）的意义，此时，一级品率乘以总产值（xf）有经济意义——一级品产值。由于各分公司的权数不相等，故不能用简单算术平均法计算。这时：

$$\bar{x}=\frac{\text{一级品总产值}}{\text{所有等级产品的总产值}}=\frac{\sum xf}{\sum f}=\frac{838}{1\ 000}=83.8\%$$

（3）算术平均数的数学性质

算术平均数的数学性质在统计学的理论研究和实际应用中具有非常重要的作用。

①各变量值与算术平均数的离差之和等于零，即：

$$\sum(x-\bar{x})=0$$

证明：$\sum(x-\bar{x})=\sum x-n\bar{x}=\sum x-n\cdot\frac{\sum x}{n}=0$

算术平均数的这一性质表明，算术平均数是变量数列的中心值，变量数列中每一个变量值与中心值之间的正离差和负离差相等，这一性质在统计分析中具有重要的作用。

②变量数列中各变量值与算术平均数的离差平方之和为最小，即：

$$\sum(x-\bar{x})^2=\text{最小值}$$

证明：设 x_0 为任一值，$x_0=\bar{x}+C$，$C=x_0-\bar{x}$

则：

$$\begin{aligned}\sum(x-x_0)^2&=\sum[x-(\bar{x}+C)]^2\\&=\sum[(x-\bar{x})-C]^2\\&=\sum(x-\bar{x})^2-2C\sum(x-\bar{x})+nC^2\\&=\sum(x-\bar{x})^2+nC^2\end{aligned}$$

因 $nC^2\geqslant 0$，故 $\sum(x-x_0)^2\geqslant\sum(x-\bar{x})^2$，故 $\sum(x-\bar{x})^2=\text{最小值}$。

算术平均数的这一性质被称为最小平方原理。该性质揭示了用算术平均数作为反映变量数列一般水平的代表性数值是最佳的。

③对 x 和 f 作变化使其数值变小，可降低计算难度。即：

各变量减（或加）任意常数 x_0 后所计算的平均数加上（或减去）x_0，等于原数列的平均指标。

$$\left[\sum(x-x_0)f/\sum f\right]+x_0=\bar{x}$$

各组权数缩小（或扩大）任意倍（A），计算的平均数不变。

$$\sum\left[x(f/A)/\sum(f/A)\right]=\sum xf/\sum f=\bar{x}$$

④两独立同质变量代数和的算术平均数等于各变量算术平均数的代数和，即：

$$\overline{x+y}=\bar{x}+\bar{y}$$

如果 x 变量与 y 变量之间在取值上不相互影响，即 x 与 y 为两个独立变量。假定 x 变量有 5 个数值，y 变量有 4 个数值，则变量两两配对求和便有 $5\times4=20$ 项，这 20 项的平均值应等于 x 数列各变量值平均数与 y 数列各变量值平均数之和。该性质还可推广到有限的 N 个变量。

证明：假设变量 x 有 M 个值，变量 y 有 N 个值，

$$\overline{x+y}=\frac{\sum_{i=1}^{M}\sum_{j=1}^{N}(x+y)}{M\times N}=\frac{\sum_{i=1}^{M}\sum_{j=1}^{N}x+\sum_{i=1}^{M}\sum_{j=1}^{N}y}{M\times N}$$

$$=\frac{N\sum_{i=1}^{M}x+M\sum_{j=1}^{N}y}{M\times N}=\frac{\sum_{i=1}^{M}x}{M}+\frac{\sum_{j=1}^{N}y}{N}=\bar{x}+\bar{y}$$

由于变量 $x+y$ 有 $M\times N$ 项，所以直接求 $\overline{x+y}$ 比较麻烦，利用算术平均数的这一性质将会大大简化计算过程。

⑤两个独立同质变量乘积的算术平均数等于各变量算术平均数的乘积，即：

$$\overline{x\times y}=\bar{x}\times\bar{y}$$

证明：假设与性质（4）相同，

$$\overline{x\times y}=\frac{\sum_{i=1}^{M}\sum_{j=1}^{N}x\times y}{M\times N}=\frac{\sum_{i=1}^{M}x\times\sum_{j=1}^{N}y}{M\times N}=\bar{x}\times\bar{y}$$

利用该性质可以简化实际工作中繁琐的计算。

3.1.1.2　几何平均数

当社会经济现象是流水生产线，即后一工序以前一工序的产品为原材料时可用几何平均法。当各变量值之间是相互衔接的，即社会经济现象各变量值的连乘积具有经济意义时才能用几何平均法。

几何平均数为 n 个数值连乘积的 n 次方根，可分为简单几何平均数和加权几何平均数。

（1）简单几何平均数

未分组的数据可以用简单几何平均法计算。其公式如下：

$$G=\sqrt[n]{x_1x_2\cdots x_n} \tag{3.3}$$

式中，G 为几何平均数，n 为数列的项数，x 为各变量值。

利用对数简化上式，将使几何平均数计算更简便。公式两边同时取对数，得：

$$\log G=\frac{1}{n}(\log x_1+\log x_2+\cdots+\log x_n)=\frac{1}{n}\sum\log x_i$$

查反对数表便可得 G 的值。

【例】某服装厂要经过剪裁、缝纫、绣花三道连续作业的生产线，三个车间产品的废品率分别为：10%、4%、1%，求平均废品率。

计算几何平均数的前提是各数据的乘积有经济意义，故不能直接将各车间的废品率进行几何平均，将废品率转化为合格品率后问题便得以解决。三个车间的合格品率分别为：

合格品$_1$/总投入	合格品$_2$/合格品$_1$	合格品$_3$/合格品$_2$
90%	96%	99%

平均合格品率为：

$$G=\sqrt[3]{90\%\times96\%\times99\%}=\sqrt[3]{合格品_3/总投入}$$

平均废品率为：$\sqrt[3]{90\%\times96\%\times99\%}-1$

【例】 表 5－1 的资料显示，某国家 5 年 GDP 可比价增长速度分别为 9.3%、10.1%、9.9%、11.1%、11.4%，求 GDP 的平均每年增长率。

GDP 年增长率是增加量除以基期水平，直接将各年增长率相加或相乘均无经济意义，只有将增长率加上 100%换算为发展速度后才能用几何平均法计算，故：

$$G=\sqrt[5]{109.3\%\times110.1\%\times109.9\%\times111.1\%\times111.4\%}=110.4\%$$

即，该国 GDP 可比价平均每年增长 10.4%。

(2) 加权几何平均数

当数列各变量值存在权数，必须用加权几何平均法。加权几何平均法的公式为：

$$G=\sqrt[f_1+f_2+\cdots+f_n]{x_1^{f_1}\cdot x_2^{f_2}\cdot x_3^{f_3}\cdots\cdot x_n^{f_n}}$$

公式两边同时取对数，得：

$$\log G=\frac{1}{N}(f_1\log x_1+f_2\log x_2+\cdots+f_n\log x_n)=\frac{1}{N}\sum f_i\log x_i$$

$$N=\sum f_i$$

【例】 某家长小孩教育费用存款，其年利率按复利计算。不同时期利率不同，有 2 年年利率为 5%，有 4 年为 7%，有 7 年为 9%，有 5 年为 11%。求这笔存款的平均年利率。

因为各时期的年利率不同，应该运用加权几何平均法计算。

$$平均年利率=年平均本利率-100\%$$

$$年平均本利率=\sqrt[\sum f]{\prod X^f}$$

$$=\sqrt[(2+4+7+5)]{1.05^2\times1.07^4\times1.09^7\times1.11^5}=108.65\%$$

平均年利率=108.65%-100%=8.65%

3.1.1.3 调和平均数

在实际工作中，常会遇到只有各组标志值总量而缺少总体单位数的变量数列资料，无法直接按算术平均法计算平均数，需用算术平均数计算方法的变形形式——调和平均法计算平均水平。

调和平均数的计算方法包括简单调和平均法和加权调和平均法。

我们可从以下例子分析调和平均数的计算方法。

【例】 某商品有 3 种不同的规格，单价与销售额资料见表 3-5，求这三种不同规格商品的平均单价。

表 3-5 某商品的销售资料

商品类型	单价（元/件） x	销售额（元） $m=xf$	销售量（件） $m/x=f$
A	45	2 700	60
B	38	2 736	72
C	22	1 936	88
合计	—	7 372	220

$$\text{平均单价}=\frac{\sum\text{销售额}}{\sum\frac{\text{销售额}}{\text{单价}}}=\frac{\sum m}{\sum\frac{m}{x}}=\frac{7\,372}{220}=33.51\ (\text{元/件})$$

可见，加权（m 为权数）调和平均数的公式如下：

$$H=\frac{m_1+m_2+\cdots+m_n}{\frac{m_1}{x_1}+\frac{m_2}{x_2}+\cdots+\frac{m_n}{x_n}}=\frac{\sum m}{\sum\frac{m}{x}} \tag{3.4}$$

式中，H 为调和平均数。

当 $m_1=m_2=\cdots=m_n$ 时，加权调和平均法公式变为简单调和平均法，即

$$\sum m/\sum\frac{m}{x}=m\times n/m\sum\left(\frac{1}{x}\right)\ =n/\sum\frac{1}{x} \tag{3.5}$$

上式为简单调和平均数的计算公式。

又：

$$n/\sum\frac{1}{x}=\frac{1}{\sum\left(\frac{1}{x}\right)/n}$$

调和平均数又称倒数平均数，它是以各变量的倒数求得的算术平均数的倒数。

$$\sum m/\sum \frac{m}{x}=\sum xf/\sum(\frac{xf}{x}) =\sum xf/\sum f=\bar{x}$$

可见，调和平均数是算术平均数的变形。当未知权数 f 时，用调和平均法；当未知（xf）的结果时，用算术平均法。

【例】 某市场 3 种大闸蟹（大、中、小），每公斤的价格分别为 120 元、100 元和 80 元，各买 1 公斤，问平均每公斤多少钱？如果每种蟹各买 100 元，平均每公斤多少钱？

如果每种蟹各买 1 公斤，则用算术平均法：

$$\bar{x}=\frac{120+100+80}{3}=100\text{（元/公斤）}$$

若每种蟹各买 100 元，求平均每公斤的价格时，用调和平均法：

$$H=\frac{100+100+100}{\frac{100}{120}+\frac{100}{100}+\frac{100}{80}}=97\text{（元/公斤）}$$

因为大蟹每公斤 120 元，则每 100 元能买 100/120＝0.83 公斤；中等蟹每公斤 100 元，能买 1 公斤；小蟹每公斤 80 元，100 元能买 100/80＝1.25 公斤。每种蟹各买 100 元，共买了 0.83＋1＋1.25＝3.08 公斤，每公斤的价格为 300/3.08＝97 元/公斤。

以上分析可见，几何平均数、算术平均数和调和平均数都有不同的特点及应用场合，采用哪种方法计算平均数，应根据研究对象的性质和现有的资料进行选择。

专栏 3－1　职工平均工资

2009 年第一季度全国城镇单位在岗职工平均工资为 7 399 元，比上年同期增加 875 元，同比增长 13.4%，同比增幅回落 4.9 个百分点。

平均工资最高的三个行业是：金融业 16 048 元，信息传输、计算机服务和软件业 13 972 元，科学研究、技术服务和地质勘察业 11 604 元。平均工资最低的三个行业是：建筑业 5 109 元，住宿和餐饮业 5 125 元，水利、环境和公共设施管理业 5 855 元，最高行业与最低行业平均工资之比为3.1∶1。

城镇单位在岗职工工资统计范围未包括城镇的私营企业和个体工商户。工资总额包括所有劳动报酬，不论是否计入成本，不论是以货币形式还是以实物形式支付。工资总额统计的是个人税前工资，包括个人交纳的养老、医疗、住房等个人账户的基金。

——中国劳动人事网 2009 年 4 月 29 日

3.1.2 位置平均数

3.1.2.1 中位数

中位数是指将变量值按大小顺序排列后在全部观测数据中居中的数值，即有 50%个数据大于或等于中位数，有 50%个数据小于或等于中位数。在实际操作中，我们将数据按从大到小降序排列或按从小到大升序排列均可。如果数据的个数是奇数，则居中位置的数就是中位数；如果数据的个数是偶数，则将中间的两位数平均后便得到中位数。

本章第一节中寒假周薪数据可排列为：

200 200 200 200 200 300 300 350 840 950

该组数据的个数是 10，为偶数，所以第 5 和第 6 个数据的平均值就是该组的中位数，即：

$$\frac{200+300}{2}=250$$

对于原始数列，中位数的位置（次）为$\frac{n+1}{2}$，其对应的数值为中位数；分配数列的频数较大，一般而言，中位数的位置可用简化式$\frac{\sum f}{2}$求得。

对组距数列求中位数常用下限或上限公式计算，即：

$$\text{下限公式：} m_e=L+\frac{\frac{\sum f}{2}-S_{m-1}}{f_m}\cdot d \qquad (3.6)$$

$$\text{上限公式：} m_e=U-\frac{\frac{\sum f}{2}-S_{m+1}}{f_m}\cdot d$$

式中，m_e 为中位数，L 表示中位数所在组的下限，U 表示中位数所在组的上限，S_{m-1}表示中位数所在组之前各组的累计频数（频数由小的标志值向大的标志值累计），S_{m+1}表示中位数所在组之后各组的累计频数（频数由大的标志值向小的标志值累计），f_m表示中位数所在组的频数，d表示组距。

【例】某班男学生身高资料见表3－6。

表3－6　某班男学生身高情况

身高（cm）	人数（人）	累计频数（人）	
		向　上	向　下
155以下	0	0	46
155～165	6	6	46
165～175	30	36	40
175～185	7	43	10
185以上	3	46	3
合　计	46	/	/

①由中间点位置$\frac{\sum f}{2}=\frac{46}{2}=23$人，可确定中位数在165～175cm之间。

②23人落在第三组的人数为：$\frac{46}{2}-6=17$。

③17人在该组内的标志值为：

因为组距为175－165＝10（cm），全组次数为30人，设在30人中，17人拥有的标志值为x，按比例推算得：

$$\frac{10}{30}=\frac{x}{17},\ x=\frac{17\times10}{30}=\frac{17}{3}\approx5.67\ \text{(cm)}$$

④中位数为：165＋5.67＝170.67（cm）。

即：$m_e=165+\frac{\frac{46}{2}-6}{30}\times10\approx170.67$（cm）

用上限公式计算，其结果相等：

$$m_e=175-\frac{\frac{46}{2}-10}{30}\times10\approx170.67\ \text{(cm)}$$

3.1.2.2　众数

众数是指一个数列中出现次数最多的数，即数列中出现频数最大的变量值。如果一组数据中每个数据出现次数大致相等，则不存在众数。

在第一节暑假周薪和寒假周薪中为找出数列中的众数，我们首先要知道每个数据出现的频数。暑假周薪每个数据的频数为：

周薪	200	300	350	700	840
频数	4	2	2	1	1

因为 200 的频数是 4，最大，所以暑假周薪的众数是 200。

同理，寒假周薪的频数分布情况为：

周薪	200	300	350	840	950
频数	5	2	1	1	1

寒假周薪数列的众数也为 200。

需要指出的是，一个数列中的众数可能不止一个。如果有两个或更多的数据分布较集中或有较高频数时，可确定众数和次众数，这时用该数列作的图形存在多个“峰”。

与中位数相同，对组距数列求众数需用下限或上限公式计算，即：

$$\text{下限公式：} m_0 = L + \frac{\Delta_1}{\Delta_1 + \Delta_2} \cdot d;$$

$$\text{上限公式：} m_0 = U - \frac{\Delta_2}{\Delta_1 + \Delta_2} \cdot d \qquad (3.7)$$

式中，m_0 为众数，L 为众数所在组的下限，U 为众数所在组的上限，Δ_1 为 m_0 所在组频数与其前一组频数之差，Δ_2 为 m_0 所在组频数与其后一组频数之差，d 为组距。

根据表 3－6 的资料，众数为：

$$m_0 = L + \frac{\Delta_1}{\Delta_1 + \Delta_2} \cdot d = 165 + \frac{30-6}{24 + (30-7)} \times 10 = 171 \text{ (cm)}$$

用上限公式和下限公式计算结果相同。

当 $\Delta_1 = \Delta_2$ 时，众数等于组中值。

如果分配数列是按不等距分组，不能直接判断众数组。此时，应将不等距分配数列转化为标准组距分配数列，才能将各组频数对比而得出众数所在的组，并按标准组距分配数列求 Δ_1 和 Δ_2。

3.1.3 平均数之间的关系

数值平均值、中位数、众数都是常用的度量变量数列中心值的指标，它们之间的区别见表 3−7。

表 3−7　中心位置度量指标比较

度量指标	定　义	暑假周薪数列	寒假周薪数列
数值平均	数据总和除以数据个数	354	374
中位数	标志值按顺序排列后居中位置的数据	250	250
众数	出现次数最多的数据	200	200

由表 3−7 可以看出，两数列的数值平均数都大于中位数和众数。这是因为数值平均数受数列中极端值（个别人高薪）的影响很大。数值平均值受极端值（特别大或特别小的值）的影响较大，故在这三种平均数中，算术平均数要么为最大值，要么为最小值，而中位数的值居中。所以，存在极端值的数列，用中位数衡量数列的集中趋势较好。

从图 3−1 中可以看出数值平均数与中位数和众数之间的关系。

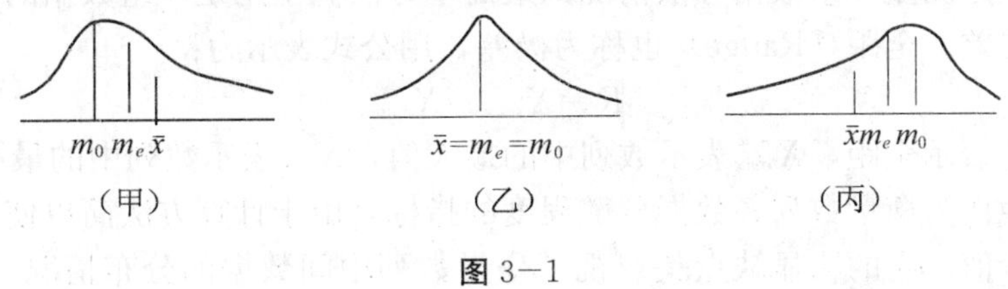

图 3−1

图（甲）为右偏（正偏），这时 $\bar{x}>m_e>m_0$。

图（丙）为左偏（负偏），这时 $\bar{x}<m_e<m_0$。

图（乙）为标准正态分布，它是以众数为中心两边对称的，这时 $\bar{x}=m_e=m_0$。

实际运用中，应结合表或图判断其关系，分析某种平均数比其他平均数大或小。

3.2 标志变异指标

数列中各数据越分散，作为反映数列中心值的平均数的代表性就越差，均值的应用范围就越有限，运用价值就越小；反之，平均数的代表性越好，均值的应用范围越广，运用价值就越大。如何衡量数据的分散程度，说明均值的应用有非常重要的实际意义。

标志变异指标是反映总体各单位标志值之间的差异（分散）程度的指标。标志变异指标越大，各种标志值之间的差异越大，平均数的代表性越小；反之，标志变异指标越小，各标志值之间的差异越小，平均数的代表性越大。

常用的标志变异指标有以下几种。

3.2.1 全距

全距是测量一组数据分散情况的最简单方法。全距是一组数据的最大值与最小值之差。全距（Range）也称为极差，用公式表示为：

$$R = X_{\max} - X_{\min} \tag{3.8}$$

式中，R 表示全距，$X_{\max}$表示数列中的最大值，$X_{\min}$表示数列中的最小值。

全距作为衡量数列各数据分散程度的指标，由于计算方法简单使其有一定的应用价值，它的明显缺点是忽视了变量数列中间数据的分布情况。具体讲，全距取决于数列的最大值与最小值，受数列中极端值的影响特别大。全距仅能表示变量的变动范围，不能反映变量数列内部数据的分布情况。相同社会经济现象的两个数列，当数列项数（n）增大，其中含有极端值的可能性就会大大增加。此外，不同项数的两个数列不能用全距的大小比较两个数列各变量值之间的分散程度。

【例】 网络时代的到来，大学生们对此反应不一，有的成了“网虫”整天沉迷于上网，有的却对此兴趣不大。以下是某学校两个宿舍同学们某周上网时间（小时）的调查数据：

甲室学生： 0　26　28　34　29　28　27　30

乙室学生：14　23　19　25　34　16　20　22

甲、乙两室的全距为：

$$R_{甲室}=34-0=34\text{（小时）}$$

$$R_{乙室}=34-14=20\text{（小时）}$$

尽管甲室的全距大于乙室的全距，但甲室主要因为有一位同学没有上网，而其他同学均花了较多时间上网，且上网时间分布比较均匀；而乙室虽然全距较小，但同学之间上网时间的差距比较大，这说明用全距衡量数列各标志值变异程度有局限性。

3.2.2 平均差

平均差（Average Deviation 或 Mean Deviation）是各观测值与平均数（或中位数）之差的绝对值的算术平均数。平均差的计算公式如下：

$$AD=\frac{\sum|X_i-\overline{X}|}{N}=\frac{\sum|d_i|}{N} \tag{3.9}$$

平均差可消除全距计算中的两个弊端。平均差公式中（$X_i-\overline{X}$）考虑了数列中的各项数据，解决了全距中不能反映中间项分布是否均匀的问题；平均差公式中除以项数 N，使不同项数的两个数列可以进行对比。

【例】某装配车间共有装配工人 200 人，随机抽取 10 人调查，得到工人日装配数量（件）为：5，7，7，8，8，8，8，10，11，12。求该样本的平均差。

该样本的算术平均数为：

$$\overline{X}=\frac{\sum X}{N}=\frac{84}{10}=8.4\text{（件/人）}$$

该样本的平均差为：

$$\begin{aligned}AD&=\frac{\sum|X_i-\overline{X}|}{N}\\&=\frac{3.4+1.4+1.4+0.4+0.4+0.4+0.4+1.6+2.6+3.6}{10}\\&=1.56\text{（件）}\end{aligned}$$

当样本数量很大且资料经过分组时，使用加权平均法计算平均差，其公式为：

$$AD=\frac{\sum|X_i-\overline{X}|\cdot f}{\sum f} \tag{3.10}$$

式中，f 为权数，即各组数据的个数。

如果对整个装配车间进行全面调查，资料整理见表 3－8。

表 3－8　某装配车间工人日装配资料

日装配件数(件)	工人数 f(人)	组中值 $\overline{X}$(件)	$X\cdot f$	$\lvert X-\overline{X}\rvert\cdot f$
4～6	25	5	125	93.75
6～8	40	7	280	70.00
8～10	85	9	765	21.25
10～12	35	11	385	78.75
12～14	13	13	195	63.75
合计	200	—	1 750	327.50

则：
$$\overline{X}=\frac{\sum X\cdot f}{\sum f}=\frac{1\,750}{200}=8.75\text{（件）}$$

总体平均差为：
$$AD=\frac{\sum\lvert X_i-\overline{X}\rvert\cdot f}{\sum f}=\frac{327.50}{200}=1.64\text{（件）}$$

3.2.3　方差与标准差

为了避免平均差中绝对值在计算上的麻烦，一个合理而且有用的方法是对离差的平方求均值，然后求其平方根，即均方根差（标准差）。

$$\sigma=\sqrt{\frac{\sum_{i=1}^{N}d_i^2}{N}}=\sqrt{\frac{\sum_{i=1}^{N}(X_i-\overline{X})^2}{N}}=\sqrt{\frac{\sum(X-\overline{X})^2}{N}}\tag{3.11}$$

式中，$\dfrac{\sum_{i=1}^{N}(X_i-\overline{X})^2}{N}$为方差。

当资料分组整理成分配数列时可使用加权法求标准差，其公式为：

$$\sigma=\sqrt{\frac{\sum(X-\overline{X})^2\cdot f}{\sum f}}\tag{3.12}$$

$$\sigma^2=\frac{\sum(X-\overline{X})^2\cdot f}{\sum f}$$

【例】某小组同学《统计学》的考试成绩（分）见表 3－9。

表 3－9　某小组同学《统计学》考试成绩（分）

成绩（分）X	人数（人）f	$X\times f$	$(X-\overline{X})^2 f$
80	3	240	27
82	1	82	1
83	1	83	0
85	1	85	4
91	1	91	64
合　计	7	581	96

则：

$$\overline{X}=\frac{\sum Xf}{\sum f}=\frac{581}{7}=83\text{（分）}$$

$$\sigma^2=\frac{\sum(X-\overline{X})^2\cdot f}{\sum f}=\frac{96}{7}\approx 13.71\text{（分）}$$

$$\sigma=\sqrt{\frac{\sum(X-\overline{X})^2\cdot f}{\sum f}}=\sqrt{13.71}=3.7\text{（分）}$$

在统计推断中，计算数据分散程度的指标时常考虑变量的自由度，即公式 3.11 中分母数据个数 N 改为 $N-1$。当我们知道 N 和数列的平均值，便知 $\sum_{i=1}^{N} X_i$。因为：

$$\sum_{i=1}^{N} X_i=N\overline{X}$$

当已知 $\sum X_i$，则只要知道 N 个数据中的 $N-1$ 个数据便知道剩下的 1 个数据。因此，剩下的一个数据是不能“自由”变动的，即在均方根差的运算中只有 $N-1$ 个自由度。把 N 换成 $N-1$ 后常用 S_x 和 S_x^2 表示，即

$$S_x^2=\frac{\sum_{i=1}^{N}(X_i-\overline{X})^2}{N-1}$$

$$S_x=\sqrt{\frac{\sum_{i=1}^{N}(X_i-\overline{X})^2}{N-1}}$$

无疑，当 N 很大时，S_x 和 σ 的值趋于相等。因此，用统计方法分析经济现象时可不考虑自由度，常用公式 3.12。

【例】运用某装配车间 10 个工人的资料（见表 3－10）求样本的标准差。

表 3－10　某装配车间部分工人的资料

X_i	5	7	7	8	8	8	8	10	11	12
$X_i-\overline{X}$	−3.4	−1.4	−1.4	−0.4	−0.4	−0.4	−0.4	1.6	2.6	3.6
$(X_i-\overline{X})^2$	11.56	1.96	1.96	0.16	0.16	0.16	0.16	2.56	6.76	12.96

$$\sum_{i=1}^{N}(X_i-\overline{X})^2=38.40\text{（件）}$$

$$S_x=\sqrt{\frac{\sum_{i=1}^{N}(X_i-\overline{X})^2}{N-1}}=\sqrt{\frac{38.4}{10-1}}=2.07\text{（件）}$$

3.2.4　标志变异系数

如果两组数据的计量单位相同，且平均值相等时，可以利用标准差比较这两组数据的离散程度。但是，当两组数据的计量单位不同或均值不等时，不能直接用全距、平均差或标准差比较两组数据的离散程度，此时应该用变异系数指标（V）。根据需要可求全距系数、平均差系数和标准差系数，最常用的是标准差系数，其公式如下：

$$V=\frac{\sigma}{\overline{X}}\times 100\% \tag{3.13}$$

式中，σ 为标准差，$\overline{X}$ 为平均值。

两组数据（4，5，6，7，8）与（40，50，60，70，80）的标准差分别是 1.58 和 15.8，如果仅用标准差衡量，显然第二组数据的分散程度较大。但是，由于两组数据的均值不同，分别为 6 和 60，单纯由标准差判断数据的分散程度便不科学。代入公式，两组数据的变异系数为：

$$V_1=\frac{1.414}{6}=0.235=23.5\%$$

$$V_2=\frac{14.14}{60}=0.235=23.5\%$$

实际上，两组数据的变异系数 V 都是 0.235，即两组数据的分散程度是相同的。

以上衡量数列各变量值之间差异程度大小的4个指标中，最常用的是方差或标准差，可以避免平均差和全距的局限性；最科学、最准确的是变异系数。当两个数列的计量单位不同或平均数不等时，必须用变异系数衡量数列各标志值之间的差异程度。

3.2.5 标志变异指标在经济分析中的应用

标志变异指标反映某一数列中各标志值之间的差异，在经济分析中可以用它来衡量投资风险。标志值之间差异越大，数列的波动越大，投资风险便越大，反之亦然。

衡量投资风险的方法一般有两种，即差率和概率法。

差率（极差系数）是指投资各期收益的最大值与最小值之差除以平均收益，即差率＝（最大收益－最小收益）/平均收益。

对投资风险的定量分析常用概率法。当预测了不同行业或公司的收益率及发生的可能性时，便可用概率法计算期望收益率及投资风险的大小。

【例】一位投资者用10万元投资两种股票，并对其进行历史资料的分析、现期市场调查及预测，有关资料见表3－11。要求分别计算投资甲、乙两种股票的期望收益率和投资风险的大小。

表3－11　两种股票的投资回报率和概率资料

甲股票（x）		乙股票（y）	
回报率（%）x_i	概率（%）p_i	回报率（%）y_i	概率（%）p
−5	10	−10	20
0	60	0	40
8	30	10	30
		15	10

甲股票：$E(x) = \sum x_i p_i = (-0.05) \times 0.1 + 0 \times 0.6 + 0.08 \times 0.3$

$= 0.019$

$D(x) = \overline{x^2} - (\overline{x})^2$

$= (-0.05)^2 \times 0.1 + 0^2 \times 0.6 + (0.08)^2 \times 0.3 - (0.019)^2$

$= 0.0018$

标准差 $\sigma_x=\sqrt{D(x)}=0.0425$

$E(10x)=10E(x)=10\times0.019=0.19$（万元）

$10\sigma_x=10\times0.0425=0.43$（万元）

乙股票：$E(y)=\sum y_i p_i$

$=(-0.1)\times0.2+0\times0.4+0.1\times0.3+0.15\times0.1$

$=0.025$

$D(y)=\overline{y^2}-(\overline{y})^2$

$=(-0.1)^2\times0.2+0^2\times0.4+(0.1)^2\times0.3+(0.15)^2\times0.1-(0.025)^2$

$=0.0066$

标准差 $\sigma_y=\sqrt{D(y)}=0.0812$

投资额为 10 万元时：

$E(10y)=10E(y)=10\times0.025=0.25$（万元）

$10\sigma_y=10\times0.0812=0.81$（万元）

以上分析可知，投资乙股票比投资甲股票的平均收益率高，但风险也比投资甲股票大。

标志变异指标中最常用的标准差是反映一个数列中各变量对于该数列自身的平均数的离差（离散程度），当要反映不同数列各变量之间的联系（或共变性）时需用协方差，即：

协方差：$Cov(x,y)=\sum(x-\overline{x})(y-\overline{y})/n$

显然，当 $x=y$ 时，协方差变为方差，即 $Cov(x,y)=D(x)$。

在以后章节相关系数的计算中也会用到协方差。

在上例中，如果两种股票回报率之间的协方差 $Cov(x,y)$ 为 -0.0024，该投资者分散投资，即两种股票各投资 5 万元，其期望收益率和投资风险又如何呢？

新的投资组合为：$z=5x+5y$

$E(z)=5E(x)+5E(y)=5\times0.019+5\times0.025=0.22$（万元）

$D(z)=D(5x+5y)$

$=25\times[D(x)+D(y)+2Cov(x,y)]$

$=25\times(0.0018+0.0066-2\times0.0024)=25\times0.0036=0.09$

标准差 $\sigma_z=\sqrt{0.09}=0.3$（万元）

从以上分析可知，分散投资方式收益较大，投资风险较小。

3.2.6 方差的数学性质

方差存在许多数学性质，在此，我们只介绍几个常用的数学性质（也是本书其他章节要用到的）。

第一，变量数列的方差等于各变量平方的平均数减去该数列平均数的平方，即：

$$\sigma^2=\overline{x^2}-(\overline{x})^2$$

其中：

$$\overline{x^2}=\frac{\sum x^2}{n}，或\quad \overline{x^2}=\frac{\sum x^2 f}{\sum f}$$

$$(\overline{x})^2=\left(\frac{\sum x}{n}\right)^2，或\quad (\overline{x})^2=\left(\frac{\sum xf}{\sum f}\right)^2$$

因为：

$$\sigma^2=\frac{\sum(x-\overline{x})^2}{n}$$

$$\begin{aligned}\frac{\sum(x-\overline{x})^2}{n}&=\frac{\sum x^2}{n}-\frac{\sum 2x\overline{x}}{n}+\frac{\sum\overline{x}^2}{n}\\&=\overline{x^2}-2\overline{x}^2+\overline{x}^2\\&=\overline{x^2}-\overline{x}^2\end{aligned}$$

故：

$$\sigma^2=\overline{x^2}-(\overline{x})^2$$

第二，总体方差等于各组内方差的平均数加上各组之间的组间方差，即：$\sigma^2=\overline{\sigma_i^2}+\delta^2$。其中，$\sigma_i^2$ 为第 i 组的组内方差，δ 为组与组之间的方差。

在抽样调查中，为了使样本有较好的代表性，实践中常采用类型抽样，即将同一总体（研究对象）分为若干组（类型），然后从各组中抽取样本。用这种方法抽取的样本代表性较佳。在这种抽样方式中要计算抽样误差时便会用到方差的加法定理。

如果对某储蓄所一天的存款业务按存款额的多少分组（以居民一年期的定期存款为研究对象），有关资料见表 3－12。

表 3－12　某储蓄所一天的存款业务

	存款额(万元)	离　差	$(x-\overline{x_i})^2$
一组	0.6	−0.1	0.01
	0.7	0	0
	0.8	0.1	0.01
	0.7	0	0
合计	$\overline{x_1}=0.7$	0	0.02
二组	1.6	0	0
	1.1	−0.5	0.25
	1.5	−0.1	0.01
	1.8	0.2	0.04
	2.0	0.4	0.16
合计	$\overline{x_2}=1.6$	0	0.46
三组	3.0	−1	1
	3.5	−0.5	0.2
	5.5	1.5	2.25
合计	$\overline{x_3}=4$	0	3.5

各组内方差为：

$$\sigma_1^2=\frac{0.02}{4}=0.005\text{（万元）}$$

$$\sigma_2^2=\frac{0.46}{5}=0.092\text{（万元）}$$

$$\sigma_3^2=\frac{3.5}{3}\approx 1.167\text{（万元）}$$

组内方差的平均数为：

$$\overline{\sigma_i^2}=\frac{0.005\times 4+0.092\times 5+1.17\times 3}{4+5+3}\approx 0.332\text{（万元）}$$

组间方差（总体平均数＝1.9）为：

$$\delta^2=\frac{\sum(\overline{x}_i-\overline{x})^2 f}{\sum f}$$

$$=\frac{(0.7-1.9)^2\times4+(1.6-1.9)^2\times5+(4-1.9)^2\times3}{4+5+3}$$

$$=\frac{19.44}{12}=1.62\text{（万元）}$$

所以总体方差为：0.332＋1.62＝1.952（万元）

第三，在 $y=a\pm bx$ 中，如果 a，b 为常数，x，y 为变量，则有：$\sigma_y^2=b^2\sigma_x^2$。在相关与回归分析中，相关系数 $r=b\frac{\sigma_x}{\sigma_y}$，如果 x 与 y 为函数关系，即 $r=1$，那么 $1^2=b^2\frac{\sigma_x^2}{\sigma_y^2}$，故 $\sigma_y^2=b^2\sigma_x^2$。

3.3 成　　数

3.3.1 成数的概念

本节的成数概念不同于无名数计量单位中的成数。本节的成数是统计学上的一个特征值，常用于抽样调查。成数是指数列中具有某种特性或属性的单位数占全部单位数的比重，反映总体中具有某种属性或特征的单位“是”或不具有某种属性或特征的单位“非”在总体中的构成。成数特征值的大小，代表具有某种性质或属性的单位在总体中重复出现的程度，即频率。成数值越大，说明具有这一属性的单位在整个总体中所起的作用越大；反之，成数值越小，说明具有某种属性的单位在整个总体中所起的作用越小。

3.3.2 是非标志的平均数

数列中全部单位（N）可以分为具有某种性质（“是”）的单位（N_1）和不具有某种性质（“非”）的单位（N_2）两部分。设 P 表示数列中具有某种性质的单位数占全部单位数的比重，即 $P=\frac{N_1}{N}$；Q 表示数列中不具有某种性质的单位数占全部单位数的比重，即 $Q=\frac{N_2}{N}$，则：

$$P+Q=\frac{N_1}{N}+\frac{N_2}{N}=\frac{N_1+N_2}{N}=1$$

$$(N_1+N_2=N)$$

P、Q 是代表“是”与“非”标志出现的频率，假设用“1”表示数列中具有某种性质的单位的标志表现，用“0”表示数列中不具有某种性质的单位的标志表现，则“是”、“非”标志的平均数为：

$$\bar{x}=\frac{\sum x\cdot f}{\sum f}=\sum x\cdot\frac{f}{\sum f}=1\times P+0\times Q=P$$

计算结果表明，“是”、“非”标志的平均数等于数列中具有某种性质的单位的成数（P）。可见，成数是一种特殊的平均数，用这一平均数（P）乘以总体单位数（N）可以得到数列中具有“是”这种属性的单位数，即：

$$NP=N\cdot\frac{N_1}{N}=N_1$$

3.3.3 是非标志的方差和标准差

由加权方差公式（利用上面的计算结果），可得到是非标志的方差和标准差，即：

$$\begin{aligned}\sigma^2&=\frac{\sum(x-\bar{x})^2f}{\sum f}\\&=\frac{(1-P)^2N_1+(0-P)^2N_2}{N_1+N_2}\\&=\frac{(1-P)^2N_1}{N}+\frac{P^2N_2}{N}\\&=(1-P)^2P+P^2Q\\&=(1-P)^2P+P^2(1-P)\\&=(1-P)\cdot P[(1-P)+P]\\&=P(1-P)\end{aligned}$$

$$\sigma=\sqrt{PQ}=\sqrt{P(1-P)}$$

当 $P=Q$ 时，σ^2 与 σ 为最大值，即当 $P=Q=0.5$ 时，成数的方差或均方差为最大值。

[习题]

一、思考题

1. 理解下列概念：

算术平均数、调和平均数、几何平均数、中位数、众数、全距、平均差、标准差、方差、变异系数、成数。

2. 比较算术平均数、调和平均数和几何平均数之间的关系，并说明各种平均数的适用场合。

二、计算题

1. 某年级学生每月消费情况见下表，试求其平均数、中位数及众数。

金额（元）	人数（人）
500 以下	20
500～600	35
600～700	70
700～800	40
800 以上	25

2. 某股份公司在 3 个城市的分公司产品质量状况见下表。

股份公司	计划		实际	
	一级品率(%)	一级品产值（万元）	一级品率(%)	全部产品产值（万元）
一公司	95	25	94	40
二公司	90	30	95	45
三公司	98	55	98	70
合计		110		155

（1）分别计算计划和实际的平均一级品率；

（2）计算全部产品产值的计划完成程度。

3. 某钢厂的流水生产线有前后衔接的 5 道工序，产品的合格率分别为 80%，85%，87%，95%，90%，求整个流水生产线的平均合格率。

4. 某国家某年各产业 GDP 资料见下表（按可比价计算），计算全年 GDP 增长速度（计算合计栏）。

产业	GDP（亿元）	与上年相比 GDP 增长（%）
一产业	11 800	3.5
二产业	67 419	11.3
三产业	51 400	10.5
合　计	130 619	

5. 某投资者的投资理财情况见下表，求投资组合的平均收益率。

证券种类	年收益率（%）	投资额所占比重（%）
国债	4	20
股票	15	50
债券	6	30

6. 根据历史资料及现期市场情况，预测所要投资的两家上市公司股票的收益率和概率见下表。

A公司		B公司	
收益率（%）	概率（%）	收益率（%）	概率（%）
8	15	4	10
11	20	6	10
12	45	10	50
13	20	18	30

（1）分别计算投资两家上市公司股票的期望收益率。

（2）为了避免投资风险，应投资哪一家上市公司的股票？

（3）一位风险偏好型投资者会选择哪一家上市公司的股票进行投资？

7. 某辖区 15 个企业的有关资料见下表，求平均每个企业的计划完成程度。

计划完成程度（%）	企业数（个）	计划任务（万元）
90～100	5	100
100～110	8	800
110～120	2	100
合　计	15	1 000

8. 两位投资者各自用 10 万元投资相同一家上市公司的股票，第一位投资者购买股票后因出国 4 年无交易记录（分红自动到账），第二位投资者每年底分红后交易一次，即股利新投资为该股票。该股票这四年的年收益率分别为 4.5%、2.1%、25.5%、1.9%（注：有送股的年份折合为现金后计算其收益率）。

（1）求两位投资者的年平均收益率。

（2）哪一位投资者 4 年总收益最大?

9. 某地区某年中小企业贷款情况见下表。

企业平均贷款额（万元）	小型企业个数（个）	中型企业贷款额（万元）
10 以下	5	0
10～30	30	200
30～50	50	800
50～70	20	2 400
70～90	10	640
90 以上	4	1 000
合计	119	5 040

（1）分别计算中、小型企业每个企业平均贷款额。

（2）分别用中、小型企业的标准差系数说明各企业之间贷款的差异程度。

10. 下表是全国主要城市近年来 GDP 的有关数据。

城市	GDP（亿元）		
	2006 年	2007 年	2008 年
上海	10 266	11 765	13 698
北京	7 870	9 120	10 488
广州	6 068	7 108	8 215

城市	GDP（亿元）		
	2006 年	2007 年	2008 年
深圳	5 814	6 850	7 806
苏州	4 820	5 796	6 701
天津	4 359	5 140	6 354
重庆	3 486	4 160	5 096
杭州	3 441	4 130	4 781
无锡	3 360	3 805	4 400
青岛	3 207	3 750	4 436
佛山	2 927	3 588	4 300
成都	2 870	3 323	3 901
东莞	2 682	3 301	3 710
宁波	2 864	3 291	3 964
南京	2 774	3 207	3 775
武汉	2 624	3 080	3 960
沈阳	2 596	3 055	3 855
大连	2 568	3 005	3 858
济南	2 185	2 578	3 017
哈尔滨	2 094	2 500	2 800
郑州	2 002	2 350	3 002
石家庄	2 064	2 569	2 770
长春	1 934	2 501	2 588
长沙	1 791	2 200	3 000
福州	1 660	2 005	2 296
西安	1 450	1 750	2 190
昆明	1 203	1 520	1 600
南昌	1 185	1 400	1 650

资料来源：各城市统计局和互联网。

（1）分别求出三个时期各城市之间 GDP 的标准差。

（2）思考在该案例中是否能用标准差来衡量 GDP 的区域差异。

（3）由定量分析结果进行定性分析，三个时期各城市之间 GDP 差异变动程度指标给我们什么启示？

4. 抽样估计

统计研究的目的是分析说明某一现象总体的数量特征。如果我们所搜集的资料是研究对象的全面调查资料，可以直接计算总体的平均数（均值）、标准差等指标，并用之描述总体的特征。但实际工作中，我们所搜集的大多数是非全面调查资料，这就需要利用非全面调查资料对总体的数量进行估计。抽样估计就是利用抽样调查所取得的样本资料对总体数量特征进行科学估计与推断的一种统计方法。本章需重点掌握：抽样估计的意义和一般步骤；抽样方案设计的基本原则和主要内容；抽样误差的概念；抽样平均误差的概念和计算；抽样极限误差的概念和计算；总体均值及其相应总量指标的区间估计；总体比率及其相应总量指标的区间估计；必要抽样数目的计算公式；各种抽样组织方式及运用。

4.1 抽样估计的基本概念

4.1.1 抽样估计的意义和一般步骤

4.1.1.1 抽样估计的意义

抽样估计是按随机原则从总体中抽取一部分单位进行调查，并以调查结果对总体数量特征作出具有一定可靠程度的估计与推断，从而认识总体的一种统计方法。抽样估计旨在估计总体的数量特征，但首先要取得样本资料。样本大小不同，或抽取样本的方法不同，对总体进行估计与推断的方法和结果也不相同。所以，抽样估计不仅是对现象总体进行科学估计与推算的一种统计方法，也是一种收集统计资料的方法，因此也称为抽样调查。

抽样调查是一种非全面调查。由于抽样单位数通常只占总体单位数的很小一部分，因而与全面调查相比，抽样调查具有省时和省力且调查可以更深入、更细致等优越性。与其他非全面调查相比，抽样调查具有以下特点：

第一，抽样调查按随机原则从总体中抽取调查单位。所谓抽样的随机原则，是指总体中每个单位都有相同的机会（或概率）被抽中，某单位被抽中或不被抽中纯属偶然，既不受调查者主观愿望的影响，也不受被调查者合作态度的干扰。

第二，抽样调查的结果可以估计和推断总体的有关数量特征。例如，抽查一批产品中的一小部分，检查其质量状况便可以用之推断这批产品的质量；在家计调查中，只要我们对某市居民户随机抽取一部分，对其收支状况进行调查就可以推断该市所有居民家庭的生活水平。

第三，抽样调查以概率论和数理统计为理论基础，所以，抽样推断的结果具有一定的可靠程度，其抽样误差也是可以估计和控制的。

以上几个特点是紧密联系的，推断总体是其目的，而达到这个目的的前提是按随机原则抽样。由于样本是总体的一部分，所以样本结构与总体结构相似，样本指标与总体指标相近；正因为样本只是总体的一部分，所以样本结构与总体结构通常是有差异的，样本指标与总体指标也就有差异，即存在抽样误差。因为抽取样本是随机的，所以抽样误差也是随机的。但根据概率论中的大数定律和中心极限定理可知，当抽样数目充分多时，频率趋于概率，样本频率分布趋近于其概率分布，即趋近于总体频率分布。所以，抽样数量越多，样本结构越接近总体结构，抽样误差越小，用样本指标推断总体指标越准确。虽然不同样本有不同的抽样误差，但抽样误差的变化是有规律的。所以，可以估计抽样误差的大小，并可采取适当措施将其控制在允许范围内，从而使得用样本推断总体有一定的可靠程度。

由于抽样调查具有其他调查方法无法相比的优越性，它在社会经济工作中得到了广泛的应用。归纳起来，以下几种情况常常采用抽样调查：

第一，在不可能进行全面调查的情况下采用抽样调查。对于无限总体，不可能进行全面调查，如要了解某市空气污染情况；对于总体单位特别多的有限总体，实际上也只能当作无限总体来观察，如森林中树木的可采伐量，常常是抽取一些样本林区来调查并据之进行推断；对于有破坏性的产品质量检查，如电子元件的寿命、罐头食品的质量等也只能抽一小部分样品进行检查，并以此推断总体产品的质量。

第二，在没有必要进行全面调查的情况下，可采用抽样调查。比如，居民家计调查、城镇个体工商户经营状况调查、电视台节目收视率调查、居民对某类商品的购买意向调查等等，没有必要耗费大量的人力、物力和时间去全部逐一登记，只需随机抽查一小部分总体单位就可推断总体情况。用这一方法推断总体状况，虽然会存在一定的抽样误差，但只要我们对其精确度要求不是特别高，便能满足需要。

第三，在来不及进行全面调查的情况下，可采用抽样调查。全面调查范围大，覆盖面广，所需的时间长。实际工作中常常需要快速取得总体的估计资料，如收获季节需取得（估计）该农产品产量资料时，常常采用抽样法迅速取得所需资料；又如物价监督部门检查企业有无违反物价规定的情况，也常常采用抽样调查。

第四，为了对全面调查资料进行补充或修正，也可采用抽样调查。普查范围广、耗费大，故很长时间才进行一次。为了连续观察现象发展变化的过程和规律性，两次全面调查（普查）之间可进行抽样调查。例如，我国每 10 年进行人口普查，其间可进行必要的人口抽样调查（抽样比例约 1%）。抽样调查也可从内容上补充全面调查。如美国人口普查时使用长表和短表两种调查表，短表调查项目少，人人都要登记；长表在短表基础上增加更多项目，只供全国一小部分人口登记。这实际上就是在普查的同时进行抽样调查，既保证基本资料全面、准确，又可利用有限的时间和经费使调查内容更深入、更详尽。此外，全面调查由于范围广，容易产生重复和遗漏登记现象，发生登记性误差的可能性大。因此，一般在全面调查之后，要进行一次抽样复查，用抽样资料与相同范围内的全面调查资料对比，计算修正系数，并用之修正全面调查资料。比如，根据全面调查资料，某集团公司拥有固定资产原值16.851亿元，随机抽查其下属的5个单位，查得固定资产原值为2.1734亿元，而这5个单位在全面调查时登记的固定资产原值为2.2861亿元，从而可计算修正系数为2.1734/2.2861=0.9507，即认为全面调查数据的差错率为4.93%，修正后该企业集团固定资产原值为16.851×0.9507=16.02亿元。

4.1.1.2 抽样估计的一般步骤

(1) 设计抽样方案

任何一项大规模的统计调查，都必须首先设计调查方案，抽样调查更不例外。这是因为除了一般统计调查的目的、内容、时间、登记、汇总以及调查经费等问题之外，抽样调查还必须弄清楚在什么范围内抽样、抽多少、怎么抽以及估计什么、怎样估计等问题。所以，必须首先制定一个科学的、周密的抽样方案，作为整个抽样调查工作的统一依据，以确保抽样调查工作的顺利进行，并取得满意的效果。

(2) 抽取样本单位

抽样调查只对总体中被抽中的那部分单位即样本单位进行调查登记。所以，在收集资料之前，还需明确所要调查登记的具体单位。由于抽样的随机性，对于同一总体，可抽取许许多多不同的样本。但一般的抽样估计只需抽出一个样本进行调查、估计。样本单位的抽取，必须严格按照抽样方案中对抽样数目、抽样方法和抽样组织方式等有关规定进行。若抽样不科学，样本的代表性不能得到保证，抽样估计的质量也就不能得到保证。

(3) 收集样本资料

收集样本资料就是指根据抽样方案所规定的调查项目、调查表式、调查时间和方式，对样本单位进行调查登记。在调查过程中，不能遗漏样本单位或调查项目，也不能随意更换抽中的样本单位。

(4) 整理样本资料

所收集的资料是各个样本单位的资料，零散、不系统，为了据以推断总体特征，就需先进行加工整理即进行数据处理。其具体内容包括对样本资料进行审查、编码、录入、分组汇总以及计算样本指标。

在抽样估计中，总体指标称为总体参数。一个总体常常有多个总体指标，它们从不同角度反映了总体分布的基本状况和主要特征。研究目的一经确定，总体便被确定了，所以总体指标的值是确定的；但又是未知的，需要用样本资料来估计。通常，所要估计的总体指标有总体平均数 $\overline{X}$、总体比率 P（或成数）、总体标准差 σ 或方差 σ^2 以及总体标志总量或总体中某一部分单位总数等。

样本指标又称估计量或统计量，是根据样本单位的标志值计算的，用以估计和推断总体指标的综合指标。常用的样本指标有样本平均数 $\bar{x}$、样本比率（即样本成数）p、样本标准差 S 或样本方差 S^2 等。它们的计算方法与总体指标的计算方法相同。

（5）推断总体指标

根据样本资料计算抽样误差。如果抽样误差能满足抽样方案的要求，则样本对总体的代表性是可以接受的，样本信息可以用于估计与推断总体指标。在此基础上可对总体的特征进行分析说明，得出结论并提供分析报告。

4.1.2 抽样估计的基本概念

4.1.2.1 全及总体和抽样总体

从统计调查的范围看，我们通常将所研究对象的全体称为全及总体，简称为总体。从全及总体中抽取一部分单位所构成的总体称为抽样总体，又称为样本。抽样推断就是用样本的数量特征来估计总体的数量特征。一般来说，全及总体的单位数用 N 表示，抽样总体的单位数用 n 表示。当研究目的一旦确定，全及总体也就相应确定，而从全及总体中抽取的抽样总体则是不确定的。

4.1.2.2 全及指标和样本指标

根据全及总体计算的综合指标称为全及指标。它可以有全及平均数（用 $\overline{X}$ 表示）、全及成数（用 P 表示）、全及方差（用 σ^2 表示）。根据抽样总体计算的综合指标称为抽样指标即样本指标。同样，样本平均数用 $\bar{x}$ 表示，样本成数用 p 表示，样本方差用 S^2 表示。在抽样估计中，全及指标是固定的量，而样本指标则是随机变量。

4.1.2.3 抽样方法

抽样方法可分为重复抽样和不重复抽样两种。

重复抽样是指要从总体的 N 个单位中抽取单位数为 n 的样本，每次抽出一个单位记录其特征后，再放回总体中参加下一次抽选，这样连续抽 n 次即得到所需样本。也就是说，采用重复抽样，同一总体单位都有可能被重复抽中

(即一个总体单位可以在同一样本中出现两次或两次以上),而且每次抽取是独立的,每次都是从 N 个总体单位中抽取,即每个单位被抽中的概率均为$\frac{1}{N}$。

不重复抽样是指从总体中随机抽出一个单位登记其数量特征后不再放回总体中,下一个样本单位再从余下的总体单位中抽取,这样连续抽取 n 次。采用不重复抽样方法,同一总体单位不可能被再次抽中(即同一样本中没有重复出现的总体单位),而且每次抽取不是独立的,上次抽取结果要影响下次抽选的结果,每次抽取是在不同数目的总体单位中进行的,即每个单位被抽中的概率是不相同的。

抽样方法不同,样本代表性也有所不同,抽样误差也就不同。与重复抽样相比,不重复抽样由于样本单位无重复,样本单位在总体中更均匀地分布,从而样本结构更能与总体结构近似。因此,不重复抽样所得样本对总体的代表性较大,抽样误差较小。但当总体单位数很大而抽样比例很小时,二者差别甚微(这点还将在下节中详细阐明)。对社会经济现象进行调查,一般没有必要把一个单位抽出来调查登记几次,所以现实生活中常常采用不重复抽样。

4.1.2.4 抽样组织方式

基本的抽样组织方式有简单随机抽样、分层抽样、等距抽样和整群抽样四种。

简单随机抽样,又称纯随机抽样,它是对总体单位逐一编号,然后按随机原则直接从总体中抽出若干单位构成样本。其抽取样本单位的常用方式有抽签法、利用随机数表取数法和计算机取数法。简单随机抽样对总体单位不进行任何划分或排队,完全按随机原则直接抽取样本单位,使总体中每个单位都有均等的机会被抽中。它是最基本、最简单的抽样组织方式,其他抽样组织方式都是在它的基础上演变而来的。所以,本章将着重介绍简单随机抽样的抽样误差和抽样估计。但在实际应用中,简单随机抽样的运用有较大的局限性。因为当总体单位很多时,对总体单位逐一编号是很复杂的,而且有可能使中选单位在总体中分布不够均匀,从而使得样本代表性较差。因此,大规模的抽样调查中,简单随机抽样一般不单独使用,而是与其他抽样组织方式结合运用。

分层抽样又叫分类抽样或类型抽样,它是按与调查目的有关的某个主要标志将总体单位划分为若干层(类、组),然后从各层(类、组)中按随机原则分别抽取一定数目的单位构成样本。如城市职工收入调查,可按行业(或部门)将全部职工分类,再从各行业(或部门)中分别抽取若干职工进行调查。

分层抽样是统计分组法与抽样原理的结合，可以提高样本的代表性。这是因为事先将差异较大的总体划分成若干内部差异较小的类型（子总体），各类中都抽取样本单位，从而使样本单位的分布更接近总体单位的分布。此外，分层抽样还可以深化对现象的认识，并且能满足分层次管理的需要。这是因为总体的每一层都可以视为一个子总体，而从一个子总体中抽取的样本单位形成样本，整个样本由若干子样本构成，从而分层抽样不仅能利用整个样本资料推断总体指标，也能利用各子样本资料推断相应子总体的指标数值。

等距抽样也叫机械抽样或系统抽样，它是先将总体单位按某一标志排队，计算出抽样间隔，并在第一个抽样间隔内随机确定一个抽样起点，再按固定的顺序和间隔抽取样本单位。假如总体有 N 个单位，要从中抽 n 个样本单位，可先将总体单位依次排队，计算出抽样间隔距离 $k=N/n$，再从第一个至第 k 个单位的范围内随机确定抽样起点（即第一个样本单位），之后每隔 k 个单位抽取一个样本单位。比如，调查某校学生的学习成绩，可将全部学生按学号排队，然后每隔一定数量的学生抽一名学生进行调查。等距抽样最显著的优越性是能提高样本单位分布的均匀性，样本代表性较强。一般说来，样本单位的抽取工作也比较容易开展，所以等距抽样在实际工作中应用十分广泛。按排队标志与调查内容的关系来分，等距抽样分为无关标志排队等距抽样和有关标志排队等距抽样两种。二者的抽样起点的确定方式和抽样效果不同。

整群抽样也叫集团抽样，它是将总体全部单位分为若干部分（每一部分称为一个群体，简称群），然后按随机原则从中抽取一部分群体，抽中群体的所有单位构成样本。整群抽样对抽中群体内的所有单位进行全面调查，而未抽中群体的单位一概不调查。比如，居民家计调查或人口抽样调查，常常以一个乡（或街道）的所有住户或所有人口为一群，并对抽中乡（或街道）的住户或人口进行全面调查。又如，要从某天 8 小时内生产的产品中抽取 1/12 进行质量检查，可按 5 分钟内生产的产品为一群，将全天生产的产品分为 96 个群体，再从中随机抽 1/12 即 8 个群体进行检查。前面几种抽样组织方式都是从总体中逐个地抽取调查单位，而整群抽样却是整群地抽取样本单位。所以，整群抽样只需对各群体进行编号，而不需要对各总体单位编号，这就大大简化了抽样组织工作；并且，由于样本单位比较集中，便于集中力量调查，也便于组织和管理。总之，整群抽样是一种简单、方便又节省人力、物力、财力和时间的抽样组织方式，实践中应用十分广泛。但也应注意，由于样本单位比较集中，样本单位在总体中的分布不够均匀。所以，在其他条件相同的情况下，整群抽样的样本代表性可能较差。为了保证样本有足够的代表性，就要适当多抽一些样本单位。

以上几种基本的抽样组织方式，各有不同的特点和运用的前提条件，也有不同的抽样调查结果，适用于不同的场合。在实际工作中，选择何种抽样组织方式主要应考虑调查对象的性质特点、对调查对象的了解程度（抽样框的特点）、抽样误差的大小以及人力、财力和物力的状况等方面。一般地说，比较复杂的抽样组织方式如分层抽样、按有关标志排队等距抽样等有较小的抽样误差，但需要花费较多的人力、物力、财力，而且必须事先掌握总体各单位的有关信息，以便适当地分组或排队；相反，较为简单的抽样组织方式抽样误差较大，但耗费较少，事先不需要了解总体的很多信息。实际工作中，通常较灵活地将两种或多种抽样组织方式结合使用，使抽样工作更简便、更灵活或使抽样误差更小。如分层抽样与等距抽样结合形成分层等距抽样，即先按与调查目的有关的主要标志将总体分成若干层（类），在各层内采用等距抽取样本单位。这种方式集中了分层抽样和等距抽样之所长，抽样效果佳，当然也要求事先掌握较多的信息。

此外，对大规模的抽样调查，总体单位很多而且分布面广，从总体中直接抽取样本单位很困难，也不便收集样本资料，这就需要采用多阶段抽样。多阶段抽样指分两个或两个以上的阶段来完成抽取样本单位的过程。如我国的城市职工家计调查采用三阶段抽样：先抽选调查城市，再从抽中城市中抽取基层单位，最后从抽中的基层单位中抽取调查户。多阶段抽样可根据需要和可能，将几种抽样组织方式结合运用。一般在前面阶段选择分层抽样或按有关标志排队等距抽样，而在后面阶段采用简单随机抽样或无关标志排队等距抽样。

4.1.2.5 确定抽样数目

抽样数目即样本容量，是指样本中含有的总体单位数。抽样数目的多少，与抽样误差及调查费用有直接的关系。如果抽样数目过大，虽然抽样误差很小，但调查工作量增大，耗费的时间和经费太多，体现不出抽样调查的优越性；反之，如果抽样数目太小，虽然耗费少，但抽样误差太大，抽样推断就会失去价值。所以，抽样设计中的一个重要内容就是要确定适当的抽样数目。

抽样组织方式不同，抽样数目的确定也有不同的要求。如果是分层抽样，不仅要确定整个样本的单位数，还应确定各层的抽样数目。如果是整群抽样，就应确定样本群数。如果是多阶段抽样，就要确定各个阶段的抽样数目。后面将具体介绍抽样数目的计算公式。

4.1.3 抽样误差

4.1.3.1 抽样误差的概念

统计调查的误差，是指调查所得结果与实际数值之间的差异。在抽样调查中，误差的来源有两大类。其一是登记性误差，即在调查过程中由于主、客观原因引起的登记、汇总或计算等方面的差错而造成的误差。另一类是代表性误差，是由于样本结构与总体结构不同（即就被研究标志而言，样本单位的构成与总体单位的构成不一致），样本不能完全代表总体而产生的样本指标与总体指标之间的误差。代表性误差又有系统误差和随机误差两种。系统误差是指没有严格按照随机原则抽样而使样本指标数值系统地高于或低于相应总体指标数值，如抽样框不科学、有意多选较好或较差的单位等，都会造成样本指标的系统误差。随机误差又称偶然性误差，是指按随机原则抽样而产生的误差。由于样本单位是随机抽取的，样本结构与总体结构之间的差异也是随机的，样本指标与总体指标之间的误差是随样本的不同而不同的随机变量。抽样估计中所研究的抽样误差就是指这种随机误差，即由于抽样的随机性而产生的样本指标与总体指标之间的代表性误差。

登记性误差在任何一种统计调查中都可能产生。系统误差是在用非全面调查资料推断总体指标时存在，如用重点调查或典型的结果推断总体指标通常都存在系统误差。在抽样调查中，登记性误差和系统偏差都可以避免，而抽样误差则是不可避免的，但可以计算并加以控制。在计算抽样误差时，常常假设不存在登记性误差和系统偏差。

例如，现有 A，B，C，D 四个工人构成的总体，他们的日产量分别为 22，24，26，28 件。由此可计算，这四个工人日产量的平均数（总体平均数）为 25 件，总体方差 σ^2 为 5，标准差 σ 为 2.236 件。若从中随机抽取 2 人进行调查，采用重复抽样，共有 16 个可能样本。各样本平均数和抽样误差即样本平均数与总体平均数之离差（$\bar{x}-\bar{X}$）见表 4－1。

表 4－1　重复抽样的样本平均数及其离差（抽样误差）

样本序号	样本单位	样本平均数	离差（$\bar{x}-\bar{X}$）	离差平方（$\bar{x}-\bar{X})^2$
1	AA	22	－3	9
2	AB	23	－2	4
3	AC	24	－1	1
4	AD	25	0	0
5	BA	23	－2	4
6	BB	24	－1	1
7	BC	25	0	0
8	BD	26	1	1
9	CA	24	－1	1
10	CB	25	0	0
11	CC	26	1	1
12	CD	27	2	4
13	DA	25	0	0
14	DB	26	1	1
15	DC	27	2	4
16	DD	28	3	9
合计	—	400	0	40

若采用不重复抽样，则只有 12 个可能样本，去掉表 4－1 中有重复样本单位的四个样本 AA，BB，CC，DD 即可。

由表 4－1 可知，样本平均数是随样本的不同而不同的随机变量，所以抽样误差也是随样本的不同而不同的随机变量，它可正可负，时大时小；但从所有可能样本来看，抽样误差总和为零，即所有可能样本平均数的均值等于总体平均数，即 $400/16=25=\bar{X}$。实际中，总体指标是未知的，事先也不知道抽中哪一个样本，因此每次抽样的实际抽样误差是无法计算的。但就整个抽样调查而言，所有可能的样本指标与总体指标的平均离差则可以根据抽样分布规律来确定。抽样调查中所提到的抽样误差，一般是指从所有可能样本来考察的抽样平均误差。

4.1.3.2 抽样平均误差

由于所有可能样本的平均数与总体平均数之间的抽样误差总和为零，所以抽样平均误差并不是指所有可能样本的抽样误差的算术平均数。为了测定变量值与其均值的平均变异程度，我们使用了标准差这一概念。所有可能的样本平均数的均值就是总体平均数，所有可能的样本比率的均值就等于总体比率。所以，统计上把所有可能样本的样本指标（样本平均数 $\bar{x}$ 或样本成数 p）的标准差定义为抽样平均误差，用以测定样本指标（样本平均数或比率）与总体指标（总体平均数或比率）的平均误差程度，并记为 μ。平均指标的抽样平均误差记为 $\mu_{\bar{x}}$，比率的抽样平均误差记为 μ_p。

$$\mu_{\bar{x}}=\sqrt{\frac{\sum(\bar{x}-\overline{X})^2}{\text{可能样本个数}}}$$
$$\mu_p=\sqrt{\frac{\sum(p-P)^2}{\text{可能样本个数}}} \tag{4.1}$$

标准差反映了变量值与其中心（平均数）的平均偏离程度，衡量平均数对各变量值的代表性大小。同理，抽样平均误差概括地反映了所有可能的样本指标（样本平均数 $\bar{x}$ 或样本比率 p）与其中心（总体指标 $\overline{X}$ 或 P）的平均误差程度，衡量样本对总体的代表性大小。抽样平均误差越小，样本对总体的代表性越大；反之亦然。

根据表 4－1 可计算得：

$$\mu_{\bar{x}}=\sqrt{\frac{\sum(\bar{x}-\overline{X})^2}{\text{可能样本个数}}}=\sqrt{\frac{40}{16}}=1.581\text{（件）}$$

计算结果说明，采用重复抽样，16 个可能样本的平均日产量与总体平均日产量的平均误差为 1.581 件。

不重复抽样则有：

$$\mu_{\bar{x}}=\sqrt{\frac{\sum(\bar{x}-\overline{X})^2}{\text{可能样本个数}}}=\sqrt{\frac{20}{12}}=1.291\text{（件）}$$

采用不重复抽样，12 个可能样本的平均日产量与总体平均日产量的平均误差为 1.291 件。

实际工作中的总体单位数很多，可能样本个数非常大（比总体单位数 N 大得多），不可能也没有必要把所有的可能样本都抽出来。通常只能抽取一个样本来观察并据以推断总体，而且总体指标 $\overline{X}$ 和 P 也是未知的，所以不可能按上述定义公式来计算抽样平均误差。数理统计中阐明，抽样平均误差与总体标准差σ（或方差σ^2）、抽样数目n及抽样方法等因素有关，即抽样平均误差可按以下公式计算。

在重复抽样条件下：

$$\mu_{\bar{x}}=\sqrt{\frac{\sigma^2}{n}}=\frac{\sigma}{\sqrt{n}}$$
$$\mu_p=\sqrt{\frac{\sigma_p^2}{n}}=\sqrt{\frac{P(1-P)}{n}} \tag{4.2}$$

在不重复抽样条件下：

$$\mu_{\bar{x}}=\sqrt{\frac{\sigma^2(N-n)}{n(N-1)}}$$
$$\mu_P=\sqrt{\frac{P(1-P)(N-n)}{n(N-1)}} \tag{4.3}$$

在上例中，已知$N=4$，$n=2$，总体方差$\sigma^2=5$，总体标准$\sigma=2.236$。不用抽出所有可能样本，也可根据上述公式计算抽样平均误差。

重复抽样条件下：

$$\mu_{\bar{x}}=\sqrt{\frac{\sigma^2}{n}}=\sqrt{\frac{5}{2}}=1.581\text{（件）}$$

不重复抽样条件下：

$$\mu_{\bar{x}}=\sqrt{\frac{\sigma^2(N-n)}{n(N-1)}}=\sqrt{\frac{5\times(4-2)}{2\times(4-1)}}=1.291\text{（件）}$$

现实中总体单位数N通常很大，$(N-1)\approx N$，所以不重复抽样条件下的抽样平均误差一般按下列公式计算：

$$\mu_{\bar{x}}=\sqrt{\frac{\sigma^2}{n}(1-\frac{n}{N})}$$
$$\mu_P=\sqrt{\frac{P(1-P)}{n}(1-\frac{n}{N})} \tag{4.4}$$

在上述公式中，σ或$\sqrt{P(1-P)}$是总体标准差，但实际工作中这一资料是未知的。

计算抽样平均误差时通常采用下列代替指标：

第一，用样本标准差代替总体标准差。

第二，用以前（近期）的总体标准差或同类地区同类现象的总体标准差代替所研究总体的标准差。若同时有多个可供参考的标准差数值时，应选其中最大者。对于比率 P，因其标准差 $\sigma_P=\sqrt{P(1-P)}$，在 $P=0.5$ 时为最大，所以，在有多个可供选择的标准差数值时，应选其中最接近 0.5 的比率。其目的在于使我们对抽样误差的估计有更大的把握程度。

由抽样平均误差的计算公式可知，影响抽样平均误差大小的因素有：

第一，总体标准差 σ（即总体各单位的差异程度）。在其他条件相同的情况下，总体标准差越大，抽样误差越大；反之，抽样误差越小。

第二，样本单位数 n。在其他条件相同的情况下，样本单位数越多，抽样误差越小；反之，抽样误差越大。但样本单位数的增加与抽样误差的减少并不是等比例的。若其他条件不变，在重复抽样条件下，抽样平均误差与样本单位数的平方根成反比。

第三，抽样方法。不重复抽样的抽样平均误差公式比重复抽样多了系数 $\sqrt{(N-n)/(N-1)}$ 或 $\sqrt{1-n/N}$，这个系数称为不重复抽样误差修正系数。由于这个系数总是大于 0 而小于 1 的，所以，在其他条件相同的情况下，不重复抽样的抽样误差总是小于重复抽样的抽样误差。但当 N 很大而 n 相对较小（即抽样比例 n/N 很小）时，$\sqrt{1-n/N}$ 接近于 1，此时，重复抽样与不重复抽样的抽样平均误差相差甚微。因此，实际工作中当抽样比例很小时，不重复抽样的抽样误差常采用重复抽样的公式计算。

第四，抽样组织方式。抽样组织方式不同，抽样误差也不同。本节所介绍的是最基本的抽样组织方式——简单随机抽样的抽样误差，其他抽样组织方式的抽样误差将在第三节中介绍。

4.1.3.3 抽样极限误差

现实中，随机抽哪一个样本是不可确定的，抽样误差也是无法计算的，只能用抽样平均误差来代替。而某一次具体抽样的实际抽样误差可能为正也可能为负，其绝对值可能大于平均误差也可能小于平均误差。一般情况下，我们又只进行一次具体抽样。因此，我们不能只研究抽样平均误差，还必须研究某一次具体抽样的抽样误差的可能范围，这就需要引入抽样极限误差这一概念。

抽样极限误差是指一定概率下抽样误差的可能范围，也称为允许误差。用 $\Delta_{\bar{x}}$、Δ_p 分别表示平均数和比率的抽样极限误差，则这一概念可以用以下不等式表示：

在一定概率下，$|\bar{x}-\bar{X}|\leqslant\Delta_{\bar{x}}$；$|p-P|\leqslant\Delta_p$。

上式表明，在一定概率下可认为样本指标（$\bar{x}$ 或 p）与总体指标（$\bar{X}$ 与

P）的误差绝对值不超过 $\Delta_{\bar{x}}$ 或 Δ_p。抽样极限误差是抽样误差的可能范围而非完全肯定的范围，这个可能范围的大小是与可能性的大小，即概率紧密联系的。在抽样估计中，这个概率叫置信度，习惯上称之为可信程度、把握程度或概率保证程度等，用 $F(t)$ 表示。显然，在其他条件不变的情况下，抽样极限误差越大，相应的概率越大。抽样估计时，我们总是希望估计的误差尽可能小(即估计的精确度高)，并且估计的把握程度也尽可能大。但事实上这两者往往是相矛盾的，在其他条件不变的情况下，提高估计的把握程度，会增大允许误差（使估计精度降低)；缩小允许误差（提高估计的精确度)，则会降低估计的把握程度。可见，若误差范围太大，则估计精确度太低，这时尽管估计的把握程度非常接近 100%，抽样估计本身也会失去意义；反之，若把握程度太低(即错误估计的可能性太大)，尽管误差范围很小，估计结果也无多大作用。所以，实际中应根据具体情况，可先确定一个合理的把握程度再求相应的允许误差，或先确定一个允许误差范围再求相应的把握程度。二者之间的具体联系可根据样本指标的抽样分布来确定。

在样本容量足够多的情况下，无论总体分布形式如何，样本平均数 $\bar{x}$ 服从或渐近服从正态分布，且该正态分布的均值为总体平均数 $\bar{X}$，其标准差就是抽样平均误差 $\mu_{\bar{x}}$（见抽样平均误差的定义)，从而，$(\bar{x}-\bar{X})/\mu_{\bar{x}}$ 服从或渐近服从标准正态分布。因此，若给定 $F(t)$，可由标准正态分布表查得 t，使得 $(\bar{x}-\bar{X})/\mu_{\bar{x}}$ 在区间（$-t$，t）的概率为 $F(t)$，也即

$$\frac{|\bar{x}-\bar{X}|}{\mu_{\bar{x}}} \leqslant t$$

的概率为 $F(t)$，即

$$|\bar{x}-\bar{X}| \leqslant t\mu_{\bar{x}}$$

由此可见，给定概率 $F(t)$，抽样极限误差 $\Delta\bar{x}$ 可按如下公式确定：

$$\Delta_{\bar{x}} = t\mu_{\bar{x}} \tag{4.5}$$

同理，根据比率的抽样分布理论，在样本容量足够多的情况下，样本的分布趋近于均值为总体比率 P、标准差为 μ_p 的正态分布，$(p-P)/\mu_p$ 趋近于标准正态分布。因此，给定概率 $F(t)$，可查正态分布表得 t，使 $(p-P)/\mu_p$ 落入区间（$-t$，t）上的概率为 $F(t)$。故比率的抽样极限误差公式为

$$\Delta_p = t\mu_p \tag{4.6}$$

上式中，t 称为概率度，它与概率 $F(t)$ 一一对应，可查正态分布表而得到。最常见的是：$F(t)$ 为 0.6827，0.9545 及 0.9973，相应的 t 分别为 1，2，

3，即样本指标与总体指标之间的允许误差分别等于抽样平均误差的1倍、2倍和3倍。

【例】某企业生产某种产品的工人有1 000人，某日采用不重复抽样从中随机抽取100人调查他们的当日产量，样本人均产量为35件，产量的样本标准差为4.5件。试以0.9545的置信度估计平均产量的抽样极限误差。

解：$S=4.5$，$n=100$。故

$$\mu_{\bar{x}}=\sqrt{\frac{S^2}{n}\left(1-\frac{n}{N}\right)}=\sqrt{\frac{4.5^2}{100}\times\left(1-\frac{100}{1\,000}\right)}\approx 0.43$$

又已知$F(t)=0.9545$，则$t=2$，

$$\Delta_{\bar{x}}=t\mu_{\bar{x}}=2\times 0.43=0.86$$

【例】某厂对一批产品的质量进行抽样检验，采用重复抽样抽取样品200只，样本优质品率为85%。试计算当把握程度为90%时优质品率的允许误差。

已知：$n=200$，$p=0.85$，$F(t)=0.90$，$t=1.645$，

$$\mu_p=\sqrt{\frac{P(1-P)}{n}}=\sqrt{\frac{0.85\times 0.15}{200}}\approx 0.025\,2=2.52\%$$

$$\Delta_p=t\mu_p=1.645\times 2.52\%=4.15\%$$

4.2 抽样估计

抽样估计是指根据样本提供的信息对总体的某些数量特征进行估计或推测。用来估计总体的样本指标叫估计量或统计量，总体指标叫总体参数，所以对总体数量特征的抽样估计也叫参数估计。参数估计可分为点估计和区间估计。

4.2.1 点估计

点估计也称定值估计，它是指直接以样本指标估计总体指标。如对某企业工人日产量进行抽样调查，样本平均每人每日产量为35件，由此推断该企业工人的人均日产量为35件；从某批产品中抽5%进行检验，样本优质品率为85%，由此估计这批产品的优质品率为85%。这些都是对总体平均数或比率作出的点估计。

要估计总体某一指标，并非只能用一个样本指标，而可能有多个样本指标可供选择，即对于同一总体参数可能会有不同的估计量，究竟其中哪个估计量是总体参数的最优估计量呢？评价估计量的优劣常用下列三个标准：

第一，无偏性。无偏性是指样本指标的均值应等于被估计总体指标。不同的样本有不同的估计值，虽然从一个样本来看，估计值与总体真实值之间可能有误差，但从所有样本来看，估计值的平均数等于总体参数的真实值，即平均说来，估计是无偏的。

第二，有效性。有效性是指作为优良的估计量，除了满足无偏性外，其方差应比较小。这样才能保证估计量的取值能集中在被估计的总体参数的附近，对总体参数的估计和推断更可靠。如 θ_1，θ_2 都是参数 θ 的无偏估计量，而 θ_1 具有较小方差，则 θ_1 比 θ_2 有效。

第三，一致性。一致性是指当 $n\rightarrow\infty$时，估计量概率收敛于总体参数的真实值，即随着样本单位数 n 的增大，样本估计值将在概率意义下越来越接近于总体真实值。

有时我们不一定能找到完全符合以上标准的优良估计量，但总是希望所采用的估计量尽可能符合或接近这些标准。样本平均数作为总体平均数的估计量、样本比率作为总体比率的估计量，都具有上述优良性质。所以，通常用样本平均数估计总体平均数，用样本比率估计总体比率，即总体平均数和比率的点估计为：

$$\bar{x}=\hat{\bar{X}}，\ p=\hat{P} \tag{4.7}$$

对总量指标的点估计，也就是用总体单位总数 N 去乘以样本平均数 $\bar{x}$ 作为相应的总体标志总量 $N\bar{X}$ 的估计量，或用 N 乘以样本比率 p 作为总体中具有某种属性的单位总数 NP 的估计量，即：

$$N\hat{\bar{X}}=N\bar{x}，\ N\hat{P}=Np$$

如在上节的例一中，抽样调查结果是该企业人均产量为 35 件，该企业工人总数为 1 000 人，则该企业当日的总产量的点估计值为 $N\bar{x}=1\ 000\times35=35\ 000$ 件。

在上节的第二例中，对某批产品进行质量检验，样本优质品率为 85%，若这批产品共有 2 000 件，则可作出点估计：这批产品中优质产品大约有 $2\ 000\times85\%=1\ 700$ 件。

作为总体方差（或标准差）的估计量，样本方差（或标准差）不具备无偏性，但它是渐近无偏的，即当 $n\to\infty$ 时，样本方差的均值趋近于总体方差的真实值。因此，在大样本条件下（样本容量足够多）通常用样本方差 S^2、标准差 S 分别作为总体方差 σ^2、总体标准差 σ 的估计量。即大样本时，总体方差和标准差的点估计为：

$$\hat{\sigma}^2 = S^2, \quad \hat{\sigma} = S$$

点估计的优点是简单、具体、明确。但由于样本的随机性，从一个样本得到的估计值往往不会恰好等于实际值，总有一定的抽样误差。而点估计本身无法说明抽样误差的大小，也无法说明估计结果有多大的把握程度。

4.2.2 区间估计

区间估计就是根据样本指标和抽样极限误差以一定可靠程度推断总体指标的可能范围。区间估计不是指出被估计总体指标的确切数值，而是它的可能范围。这种估计方法不仅以样本指标为依据，而且考虑了抽样误差的大小，也能说明估计结果的把握程度。

由于样本是总体的一部分，因此，总体指标的范围是在样本指标为中心、抽样极限误差为波动范围的区间内。

4.2.2.1 总体均值及其相应总量指标的区间估计

上节中曾指出抽样极限误差 $\Delta_{\bar{x}}$ 的概念可表示为：在一定概率下，$|\bar{x}-\bar{X}| \leqslant \Delta_{\bar{x}}$。由于总体指标是确定的，样本指标是随机变量，所以上述不等式也就是指：在一定概率下，样本平均数会落入以 $\bar{X}$ 为中心、以 Δ_x 为半径的对称区间，即：

$$\text{prob.} \quad \{\bar{X}-\Delta_{\bar{x}} \leqslant \bar{x} \leqslant \bar{X}+\Delta_{\bar{x}}\} = F(t)$$

上式表示，样本平均数 $\bar{x}$ 这一随机变量的取值在 $\bar{X}\pm\Delta_{\bar{x}}$ 范围内的概率等于 $F(t)$。抽样调查的目的是用样本指标去推断未知的总体指标，所以上式可变换为：

$$\text{prob.} \quad \{\bar{x}-\Delta_{\bar{x}} \leqslant \bar{X} \leqslant \bar{x}+\Delta_{\bar{x}}\} = F(t)$$

所以，给定 $F(t)$ 时，总体平均数的置信区间为：

$$\bar{x}-\Delta_{\bar{x}} \leqslant \bar{X} \leqslant \bar{x}+\Delta_{\bar{x}} \tag{4.8}$$

在对总体平均数进行区间估计的基础上，可进一步算出相应的总量指标——总体标志总量的置信区间，即用总体单位总数 N 分别乘以总体平均数的区间下限和区间上限，便得到总体标志总量的区间范围：

$$N(\bar{x}-\Delta_{\bar{x}}) \leqslant N\bar{X} \leqslant N(\bar{x}+\Delta_{\bar{x}})$$

4.2.2.2　总体比率及其相应总量指标的区间估计

根据比率的抽样极限误差定义，在一定概率下，

$$|p-P| \leqslant \Delta_p$$

这表示若给定概率 $F(t)$，则有

$$\text{prob.}\quad \{p-\Delta_p \leqslant P \leqslant p+\Delta_p\} = F(t)$$

所以，给定 $F(t)$ 时，比率 P 的区间估计为：

$$p-\Delta_p \leqslant P \leqslant p+\Delta_p \tag{4.9}$$

与总体比率相应的总量指标——总体中某一部分单位总数的置信区间为：

$$N(p-\Delta_p) \leqslant Np \leqslant N(p+\Delta_p)$$

【例】 对一批电子元件 10000 只进行耐用性能检查，按不重复抽样方式随机抽取 2%的元件，测试结果的分组资料见表 4-2。

表 4-2　电子元件抽样资料

耐用时间（小时）	电子元件数量（件）
950 以下	3
950～1000	9
1 000～1 050	20
1 050～1 100	54
1 100～1 150	70
1 150～1 200	34
1 200 以上	10
合　计	200

①试以 99.73%的把握程度估计这批电子元件的平均耐用时间的区间范围。

②该行业规定：元件平均耐用时间不足 1000 小时为不合格品，并规定整批产品的不合格率超过 10%时该批产品不能出厂。在 95%的把握程度下，这批产品可否出厂？并估计不合格品的数量区间。

解：第一个问题是总体均值的区间估计。由于总体均值的范围和样本均值与抽样极限误差有关，因此，先计算这两个指标。

样本平均耐用时间：

$$\bar{x}=\frac{\sum xf}{\sum f}=\frac{221\ 050}{200}=1\ 105.25\text{（小时/件）}$$

样本标准差：

$$\sigma=\sqrt{\frac{\sum(x-\bar{x})^2 f}{\sum f}}=\sqrt{\frac{764\ 487.5}{200}}=61.826\text{（小时）}$$

抽样平均误差：

$$u_x=\sqrt{\frac{\sigma^2}{n}\left(1-\frac{n}{N}\right)}=\sqrt{\frac{61.826^2}{200}\times\left(1-\frac{200}{10\ 000}\right)}=4.33\text{（小时）}$$

抽样极限误差 $\Delta x=tu_x$ 由于要求有 99.73%的把握程度，因此$F(t)=0.9973$。查表得 $t=3$，所以：

$$\Delta_x=3\times4.33=12.99\text{（小时）}$$

总体均值的区间为：

$$\bar{x}-\Delta_x\leqslant\bar{X}\leqslant\bar{x}+\Delta_x$$

$$1\ 105.25-12.99\leqslant\bar{X}\leqslant1\ 105.25+12.99$$

$$1\ 092.26\leqslant\bar{X}\leqslant1\ 118.24$$

即有 99.73%的把握程度估计，这批电子元件的平均耐用时间的区间在 1 092.26～1 118.24 小时之间。

第二个问题是总体比率的区间估计，也应先计算样本指标：样本不合格率（由于在样本中耐用时间不足 1000 小时的元件为 12）。

$$p=\frac{12}{200}=6\%$$

样本平均误差：

$$u_p=\sqrt{\frac{p\ (1-p)}{n}\left(1-\frac{n}{N}\right)}$$

$$=\sqrt{\frac{0.06\times(1-0.06)}{200}\left(1-\frac{200}{10\ 000}\right)}$$

$$=1.66\%$$

抽样极限误差：

$$\Delta_p=t\cdot u_p$$

因为 $F(t)=0.95$ 所以：$t=1.96$。

$$\Delta_p=1.96\times1.66\%=3.25\%$$

总体比率（成数）的区间为：

$$6\% - 3.25\% \leqslant p \leqslant 6\% - 3.25\%$$
$$2.75\% \leqslant p \leqslant 9.25\%$$

即有95%的把握可以认为这批元件的不合格率在2.75%至9.25%之间，该区间的上限9.25%<10%，所以，在95%的把握程度下可认为这批产品的不合格率不超过10%，按照行业规定，产品可以出厂。

在上述不合格率的区间基础上可进一步推得相应的总量指标，即不合格品数量的区间：

$$N(p-\Delta_p) \leqslant Np \leqslant N(p+\Delta p)$$
$$10\,000 \times 2.75\% \leqslant Np \leqslant 10\,000 \times 9.25\%$$
$$275 \leqslant Np \leqslant 925$$

即在95%的把握程度下可认为这批产品中不合格品的数量在275件到925件的区间内。

【例】为了解某市职工的收入，采用重复抽样抽取了900名职工，通过调查和收集资料计算，这1 000名职工的平均年收入为2万元，年收入的标准差为90元，试以95.45%的把握推断该市职工年收入的区间。

因为 $\bar{x}=20\,000$，$\sigma=90$，$n=900$　$F(t)=0.9545$，$t=2$

所以 $\Delta_x = t \cdot \mu_x = t \times \frac{\sigma}{\sqrt{n}} = 2 \times \frac{90}{\sqrt{900}} = 2 \times \frac{90}{30} = 6$

$20\,000 - 6 \leqslant \bar{X} \leqslant 20\,000 + 6$

即年收入的区间在19 994～20 006元之间。

专栏4－1　“地下信贷”三分天下

中央财经大学课题组在国家自然科学基金委员会的资助下，2005年对20个省、82个市（县）、206个乡村、110家中小企业和1 203位个体工商户进行了实地的访问调查，其结果为：目前中国地下信贷规模已近8 000亿元，地下融资规模占正规途径融资规模比重达到了28.07%；考虑误差后，区间为26.67%～29.47%；规模为7 405～8 164亿元，极限误差为1.4%。

中国约有三分之一强的中小企业的融资来自于非正规金融途径，而农户中只有不到50%的借贷来自银行、信用社等正规金融机构，非正规金融途径获得的借贷占农户借贷规模的比重超过了55%。在中国，越是经济不发达地区，对地下借贷的依赖性越强。

“地下金融”是指正规金融以外的金融机构与金融活动，无论是合理的非正规金融，还是带有经济犯罪性质的“黑色金融”，都可以称为“地下金融”。

专家认为，中国长期采取的金融抑制政策，包括汇率、利率管制和政府在金融资源分配中的所有制偏向等因素，是导致地下金融膨胀的重要原因。与此同时，改革开放以来中国日益充足的民间资金供给也成为地下金融发展的“催化剂”。

4.2.3 抽样数目的确定

确定抽样数目是抽样估计的重要内容。确定抽样数目既要满足抽样估计的精确度要求，也要尽可能减少抽样调查的费用。为了提高抽样估计精确度，抽样数目越多越好；而从节约调查费用的角度看，抽样数目则是越少越好。所以，确定抽样数目，应该在满足抽样误差要求的前提下，使抽样数目尽可能少；或在限定调查费用的条件下，使抽样数目尽可能多。通常情况下，根据规定的允许误差来确定必要的抽样数目。所谓必要的抽样数目，就是指为了使抽样误差不超过给定的允许范围至少应抽取的样本单位数目。基于此，可根据抽样极限误差与抽样数目的关系来确定必要的抽样数目。

若采用重复抽样，则抽样极限误差为：

$$\Delta_{\bar{x}}=t\mu_{\bar{x}}=t\ (\sigma/\sqrt{n})$$

因此，若规定在一定概率保证程度下允许误差为 $\Delta_{\bar{x}}$，则可由上式导出必要的抽样数目为：

$$n=\frac{t^2\sigma^2}{(\Delta_{\bar{x}})^2} \tag{4.10}$$

在不重复抽样下：

$$\Delta_{\bar{x}}=t\mu_{\bar{x}}=\sqrt{\frac{t^2\sigma^2}{n}\ \left(1-\frac{n}{N}\right)}$$

$$n=\frac{Nt^2\sigma^2}{N\Delta_{\bar{x}}^2+t^2\sigma^2} \tag{4.11}$$

【例】 某食品厂要检验本月生产的 10 000 袋产品的重量，根据上月资料，这种产品每袋重量的标准差为 25 克。要求在 95.45%的概率保证程度下，平均每袋重量的误差范围不超过 5 克，应抽查多少袋产品？

已知：$N=10\ 000$，$\sigma=25$ 克，$F(t)=95.45\%$

即 $t=2$，$\Delta_{\bar{x}}=5$ 克，在重复抽样条件下：

$$n=\frac{t^2\sigma^2}{(\Delta_{\bar{x}})^2}=\frac{2^2\times 25^2}{5^2}=100\ (袋)$$

同样，根据比率极限误差公式也可计算出满足比率的误差要求所必要的抽样数目。只需将上述公式中的 $\Delta\bar{x}$ 换成 Δ_p、σ^2 换成 $P(1-P)$ 即可。

【例】某企业对一批产品进行质量检验，这批产品的总数为 5 000 件，过去几次同类调查所得的产品合格率为 93%、95%和 96%。为了使合格率的允许误差不超过 3%，在 99.7%的概率下应抽查多少件产品？

已知：$N=5\ 000$ 件，$\Delta_p=3\%$，$F(t)=99.73\%$，即 $t=3$。

由于 $\sigma_p^2=P(1-P)$，根据过去资料，有 3 个合格率的方差，为了保证推断的把握程度，应选其中方差最大值，也就是最接近 50%的比率。本例中应取 $P=93\%$，所以，在重复抽样条件下：

$$n=\frac{t^2P\ (1-P)}{(\Delta_p)^2}=\frac{3^2\times 0.93\times 0.07}{(0.03)^2}=651\ (件)$$

从上述公式和例子可见，必要的抽样数目受以下因素影响：

第一，总体方差 σ^2（或总体标准差 σ）。在其他条件不变的情况下，总体单位的差异程度大，应多抽，反之则可少抽。在抽样之前，既不知道总体方差的实际值，也无样本资料来代替，怎样估计总体方差呢？通常是用以前同类调查的资料代替，或用同类地区的资料代替。若有多个方差数值供参考时，应选其中最大的方差。对于比率的方差，在没有可靠的参考数据时，可取最保守的值 $P=0.5$ 来估计。

第二，允许误差范围 $\Delta_{\bar{x}}$ 或 Δ_p。允许误差增大，意味着推断的精确性要求降低，在其他条件不变的情况下，必要的抽样数目就可减少；反之，缩小允许误差，就要增加必要的抽样数目。

第三，概率保证程度 $F(t)$。在其他条件不变的情况下，要提高推断的概率保证程度，就必须增加抽样数目。

第四，抽样方法。相同条件下，采用重复抽样应比不重复抽样多抽一些样本单位。不过，总体单位数 N 很大时，二者差异很小。所以，为简便起见，实际工作中当总体单位数很大时，一般都按重复抽样公式计算必要的抽样数目。

此外，必要的抽样数目还要受抽样组织方式的影响。由于不同抽样组织方式有不同的抽样误差，所以，在误差要求相同的情况下，不同抽样组织方式所必需的抽样数目也不同。上述公式是简单随机抽样下确定必要抽样数目的公式，其他抽样组织方式下必要抽样数目的计算公式也可根据相应的误差公式来推导。

实际中，做一次抽样调查所要推算的指标有多个，通常是根据最重要的指标的误差来确定必要的抽样数目；也可以同时根据多个指标的误差要求分别计算其必要的抽样数目，再以其中最大者为整个抽样调查必要的抽样数目，因为这样才能确保所有指标的估计都达到规定的误差要求。

4.3 抽样组织方式

简单随机抽样是最基本的抽样组织方式，它只需对总体单位进行编号，而不要求事先掌握总体更多的信息。正因为如此，简单随机抽样的估计效果比较差，大规模的抽样调查中抽样组织工作也不易进行。为了充分利用事先掌握的信息，提高样本的代表性，在简单随机抽样的基础上，产生了分层抽样、等距抽样和整群抽样。

4.3.1 分层抽样

分层抽样是指对每个层都抽取一个子样本，即层与层之间是全面调查。如果各层的子样本指标与相应子总体指标都没有误差（即各层的抽样误差 μ_i 都为0），那么不论各层之间差异如何，整个样本就不存在抽样误差了。可见，分层抽样总的抽样误差取决于各层内的抽样误差 μ_i，而各层内的抽样误差又取决于各层内部的方差和抽样数目。所以，整个分层抽样的抽样误差取决于各层内部方差的平均数$\overline{\sigma_i^2}$和抽样数目。

各层中的抽样比例可以相等也可以不等，因而分层抽样又有等比例分层抽样和不等比例分层抽样两种。不等比例分层抽样常常是根据各层（子总体）的方差大小或调查费用等因素来分配抽样数目，这往往需要事先掌握总体较多的信息，而且其抽样误差的计算也比较复杂。等比例分层抽样只需要事先了解各子总体的规模大小，既直观、简单，也较为合理，因此，实际中常常采用等比例分层抽样。

对于等比例分层抽样，其抽样平均误差的计算公式为：

在重复抽样条件下，$\mu_{\bar{x}}=\sqrt{\frac{\overline{\sigma_i^2}}{n}}$ (4.12)

在不重复抽样条件下，$\mu_{\bar{x}}=\sqrt{\frac{\overline{\sigma_i^2}}{n}\left(1-\frac{n}{N}\right)}$

公式中$\overline{\sigma_i^2}$称为层（组）内方差平均数，即以各层的总体单位数 N_i 为权数，以各层方差 σ_i^2 为变量计算加权平均：

$$\overline{\sigma^2}=\frac{\sum\sigma_i^2 N_i}{\sum N_i}=\frac{\sum\sigma_i^2 N_i}{N}$$

由于总体各层的方差 σ_i^2 通常是未知的，一般用样本资料计算，即$\overline{\sigma_i^2}$等于用样本单位数 n_i 为权数对各子样本方差 S_i^2 加权平均。至于等比例分层抽样条件下成数的抽样平均误差，只需将上述公式中的$\overline{\sigma_i^2}$替换为成数的各组方差平均数 $P(1-P)$ 即可。

由于组内方差平均数小于总体方差，所以分层抽样的抽样平均误差小于简单随机抽样的抽样误差。对于给定的总体，总体方差是一定的，划分层次时应尽量增大层间差异，缩小层内差异。因为层内方差平均数越小，分层抽样的抽样平均误差越小，抽样估计的效果越好。

【例】某高校学生大二上期上网费支出进行等比例分层抽样，调查结果见表4－3。

表4－3　某高校大二学生上网费支出统计表

性别	调查人数（人）	平均支出（元/人）	标准差（元）
男生	40	350	47
女生	80	260	54

根据表中数据，可算出：

样本平均数 $\bar{x}=\frac{\sum\bar{x}_i\cdot n_i}{\sum n_i}$

$=\frac{350\times40+260\times80}{40+80}$

$=290$（元）

层内方差平均数$\overline{\sigma_i^2}=\frac{\sum\sigma_i^2n_i}{\sum n_i}$

$$=\frac{47^2\times40+54^2\times80}{40+80}$$

$$=2\,680.33$$

在重复抽样条件下：$\mu_{\bar{x}}=\sqrt{\frac{\overline{\sigma_i^2}}{n}}=\sqrt{\frac{2\,680.33}{40+80}}=4.726$

若给定置信度为 95，45%，可算出平均每人支出额的抽样极限误差和置信区间：

$$\Delta_{\bar{x}}=t\mu_{\bar{x}}=2\times4.726=9.45\text{（元）}$$

$$290-9.45\leqslant\overline{X}\leqslant290+9.45$$

即该校全年级学生平均每人上网费支出额在 280.55 元到 299.45 元之间。

4.3.2 等距抽样

在排队之后，当抽样起点一经确定，等距抽样的整个样本也就确定了。所以，等距抽样的随机性体现在排队顺序与抽样起点的确定上。根据排队标志的性质不同，等距抽样分为无关标志排队等距抽样和有关标志排队等距抽样两种类型。二者由于排队标志性质不同，抽样起点的确定方式就不同，抽样效果也不同。

4.3.2.1 无关标志排队等距抽样

所谓无关标志排队等距抽样，是指等距抽样据以排队的标志与调查内容没有直接关系。比如，在城市居民家计调查时，将居民户按其居住的街道门牌号排队；产品质量检查按产品生产的时间先后顺序排队，每隔一段时间或每生产一定数量的产品就抽取一单位产品。

按无关标志排队的结果，从所要调查的标志来看，总体单位的排列顺序实际上仍是随机的。所以，其抽样起点 r 可以随机确定，即可以取第一个抽样距离 k 内的任一个总体单位：$l\leqslant r\leqslant k$。这样得到的样本完全遵循了随机原则，不会产生系统偏差。而且，这种抽样效果十分接近简单随机抽样的效果。因此，无关标志排队等距抽样的抽样误差通常是按简单随机抽样的抽样误差公式近似计算的。

4.3.2.2 有关标志排队等距抽样

所谓有关标志排队，是指排队标志与调查内容有密切关系。例如，农产量抽样调查将全部播种面积按当年预计每公顷产量或近三年平均产量排队，职工家计调查按职工工资水平排队等等，都是按有关标志排队。由于排队标志与调查内容有密切关系，排队后，从所要调查的标志来看，总体单位标志值也大致呈顺序排列。所以，有关标志排队等距抽样的抽样起点一般不能随机确定；否则，若在第一个抽样距离内随机地抽取一个标志值较小（较大）的单位作为抽样起点，整个样本势必出现偏低（偏高）的系统偏差。应怎样确定样本单位呢？有以下两种方法。

（1）半距起点等距抽样（中心系统抽样）

半距起点等距抽样是指以第一个抽样距离的一半为抽样起点（$r=k/2$），并每间隔 k 个单位抽一个单位。这些样本单位也就是处于每个抽样距离（相当于各组）中点的总体单位。由于各总体单位标志值大致呈顺序排列，所以这些单位的标志值最能代表所在各组的一般水平，由这些单位组成的样本也就有较高代表性。但这种取样方法大大限制了抽样的随机性。因为在排队之后，确定了抽样数目，就只能抽取一个样本。为了克服这一不足之处，在实践中人们对这种方法进行了改进，于是产生了对称等距抽样。

（2）对称等距抽样

对称等距抽样是指在第一个抽样距离内随机地确定抽样起点 r（$l \leqslant r \leqslant k$），然后以组界［$k$，$2k$，…，$(n-l)k$］为对称点，两两对称地抽取样本单位，如图 4－1 所示（符号◇表示样本单位的位置）。

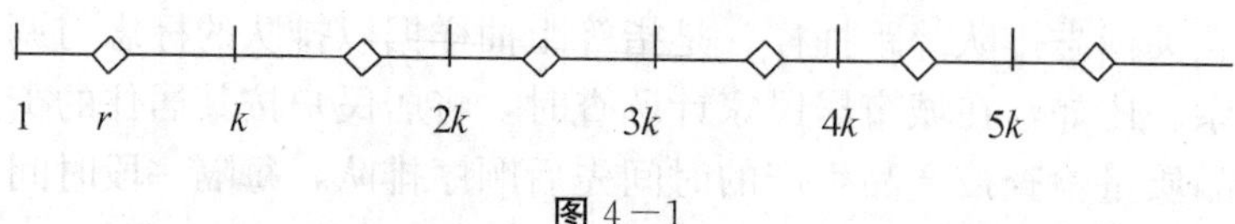

图 4－1

由上可见，在第一组（第 1－k 个单位）内，r 虽然偏小，但第二个样本单位必然偏大；反之，若第一个样本单位 r 偏大，则第二个样本单位必然偏小。以此类推，从整体来看，样本必然能有较好的代表性，同时又能保证抽样的随机性，根据排队结果可以抽取 n 个样本。

有关标志排队等距抽样相当于分层后（将总体分为同等大小的 n 个层），每层只抽取一个调查单位的分层抽样。所以，有关标志排队等距抽样的抽样效果类似于分层抽样，其抽样误差一般按分层抽样的误差公式近似计算。

【例】某村有 16 户农户，小麦播种面积为 130 亩，现欲采用有关标志排队对称等距抽样法，从中抽取 4 户，对全村 16 户的小麦产量进行抽样推断。有关资料见表4－4。

已知：$N=130$，$n=4$，则 $k=\frac{N}{n}=\frac{130}{4}=32.5$（亩）。

在 0～32.5 中，抽取一个随机数 r，设 $r=12.5$，即播种面积累计数中包含 12.5 亩的第 2 号农户为第一个中选单位（用 Δ 表示）；按有关标志排队对称等距抽样方法，依次有：$2k-r=2\times32.5-12.5=52.5$（亩），即播种面积累计数中 52.5 亩的第 6 号农户为第二个中选单位；$2k+r=2\times32.5+12.5=77.5$（亩），即播种面积累计数中 77.5 亩的第 10 号农户为第三个中选单位；$4k-r=4\times32.5-12.5=117.5$（亩），即播种面积累计数中包含 117.5 亩的第 14 号农户为第四个中选单位。

表 4－4　某村播种面积及粮食产量情况

农户编号	平均产量（公斤）	播种面积（亩）	播种面积累计数（亩）
1	820	10	10
△2	805	8	18
3	800	7	25
4	792	13	38
5	788	5	43
△6	785	11	54
7	768	4	58
8	750	2	60
9	739	14	74
△10	737	14	88
11	715	11	99
12	701	10	109
13	688	6	115
△14	672	5	120
15	650	7	127
16	633	3	130
合计	—	130	—

4.3.3 整群抽样

整群抽样是对抽中群体内的单位实行全面调查，所以其样本代表性取决于抽中群体对全部群体的代表性。显然，群体之间差异越大，样本代表性越差；反之，群体之间差异越小，样本代表性越好。假设各群体之间没有差异（即各群体的内部结构完全相同），则样本必然能完全代表整体，抽样误差为 0。可见，整群抽样的抽样误差取决于群间差异程度的大小，而不受各群体内部差异程度的影响。整群抽样的抽样平均误差公式为：

$$\mu=\sqrt{\frac{\delta^2\ (R-r)}{r\ (R-1)}}\approx\sqrt{\frac{\delta^2}{r}\ (1-\frac{r}{R})}$$

上述公式中，R 为总体群数，r 为样本群数，δ^2 为总体的群（组）间方差。通常，总体群间方差未知，用样本群间方差来代替（当样本群数 r 较小时，宜用修正的样本群间方差来估计）。

样本的群间方差为：$\delta^2=\dfrac{\sum(\bar{x}_i-\bar{x})^2}{r}$

整群抽样在划分群体时，应使群间差异尽可能小，使各群体内的总体单位差异尽可能大。

整群抽样对群体的划分可以是人为的，也可以是自然形成的，人为划分群体通常可以要求群体大小相等或接近，如产品分装、职工分班组等。自然形成的群体则往往大小不等，如按街道、乡村划分居民群体等。当群体大小相等或接近时，样本群体的抽取和估计值的计算都比较简单，即样本群体是同等可能地抽取的，作为估计值的样本平均数就等于各样本群体平均数的简单算术平均数。当群体大小悬殊时，作为估计值的样本平均数应等于各样本群体平均数的加权算术平均数（以群体规模为权数）。因此，为简便起见，划分群体时应使各群体所含的总体单位数尽可能相等或接近。

【例】某校为了估计学生每月的生活费，从全校学生（分 500 个寝室）中随机抽取了 30 个寝室的学生进行调查。调查结果为：样本人均生活费为 700 元，样本群间方差为 546 元，则可计算出抽样平均误差为：

$$\mu=\sqrt{\frac{\delta^2}{r}\ (1-\frac{r}{R})}=\sqrt{\frac{546}{30}\times(1-\frac{30}{500})}\approx4.14$$

若给定置信度为 95.45%，则 $t=2$，从而可计算出该校学生人均月生活费的抽样极限误差为 8.11 元，置信区间为（683.78 元，716.22 元）。

[习题]

一、思考题

1. 什么是随机原则？在抽样调查中为什么必须遵循随机原则？

2. 计算抽样平均误差时，如果不知道总体方差 σ^2 和 $P(1-P)$，通常有哪几种解决方法？

3. 为什么有必要确定合理的抽样单位数？

4. 影响抽样数目的主要因素有哪些？

5. 什么是重复抽样和不重复抽样？

6. 抽样误差与一般的调查误差有什么不同？

7. 抽样估计有哪些特点？优良估计的标准是什么？

8. 影响抽样平均误差的主要因素有哪些？

9. 重复抽样的抽样误差为什么大于不重复抽样的抽样误差？

10. 样本与总体有何联系？

11. 抽样极限误差、概率度和抽样平均误差三者之间有何联系？概率度与概率之间有何不同？

12. 试述几种常用的抽样组织形式以及它们的运用场合有何不同。

二、计算题

1. 某茶叶公司销售一种名茶，规定每包规格重量不低于 150 克。现抽取 1%检验，结果见下表：

按每包重量分组（克）	148～149	149～150	150～151	151～152	合计
包数（包）	10	20	50	20	100

要求：试以 99.73%的概率评估：

（1）这批茶叶平均每包重量的范围是否符合规格重量的要求（按重复抽样计算）；

（2）这批茶叶的重量包装的合格率范围。

2. 某高校进行一次英语测验，为了了解考试情况，随机抽选 1%的学生进行调查，所得资料如下：

考试成绩（分）	60以下	60～70	70～80	80～90	90～100
学生人数（人）	10	20	22	40	8

要求：试以95.45%的可靠性估计：

（1）该校学生英语考试的平均成绩；

（2）成绩在80分以上的学生所占的比重。

3. 在2 000名工人中，采取重复抽样方式，随机抽取144名工人的土方工程进行测算，测量结果为每人的平均工作量是5.32立方米，标准差1.5立方米。

要求：

（1）以95%的概率保证程度（$t=1.96$）来推算抽样极限误差；

（2）根据上述条件，如果要求抽样极限误差不超过0.1立方米，$t=1$，应抽多少人调查？

4. 某地区组织职工家计调查，已知职工家庭平均每月每人生活费的标准差为11.5元。

要求：如果可靠程度为0.954 5，极限误差为1元，问应抽取多少户进行调查？

5. 某洗衣机厂随机抽选100台洗衣机进行质量检验，发现有5台不合格。

要求：

（1）试计算以68.27%的概率保证程度推断这批洗衣机的合格率。

（2）若概率保证程度提高到95.45%，则该批洗衣机的合格率将怎样变化？

（3）由此例说明误差范围与概率度之间的关系。

6. 从某县小麦收获面积中随机抽选100公顷，经计算公顷产量标准差为40公斤。

要求：试计算该县小麦平均产量在442.16～457.84公斤的概率保证程度是多少？

7. 就获得广告信息的来源问题，随机访问了300人，其中180人认为他们获得广告信息的主要渠道是电视。

（1）试以95%的把握程度估计，总体人群中认为电视是获得广告信息主要来源的置信区间。

(2) 把握程度为95.45%，极限误差不超过0.04，问样本规模应多大才能达到要求？

8. 某厂对新生产的一批产品的使用寿命进行测试，随机抽选100个零件，测得其平均寿命为2 000小时，标准差为10小时。

要求：试计算

(1) 以0.6827的概率，推断其平均寿命的范围。

(2) 若抽样极限误差减少一半，概率不变，则应抽查多少个零件？

(3) 如果抽样极限误差减少一半，概率提高到0.9545，则又应该抽查多少个零件？通过上述条件变化与计算结果，如何理解样本单位数、抽样极限误差、概率度三者之间的关系？

9. 在纯随机重复抽样中，抽样单位数增加了1倍或者3倍。问：

(1) 抽样平均误差如何变化？

(2) 若抽样单位数减少50%或75%，抽样平均误差又如何变化？

5. 时间数列指标分析

时间数列是统计分析的重要内容之一。通过对不同时期社会经济现象进行动态分析，观察社会经济现象发展变化的规律并预测未来。

利用时间数列，可以计算一系列分析指标，用以描述现象的发展变化动态。本章主要介绍社会经济现象时间数列的绝对数指标（发展水平、增减量），相对数指标（发展速度、增长速度），平均数指标（平均发展水平、平均增减量、平均发展速度和平均增长速度）。

5.1 时间数列概述

5.1.1 时间数列的概念

现实生活中，人们在分析某个企业、公司不同时期的生产经营活动或者整个国民经济的发展变化时，必须不断地观察其经济活动的流向，收集一组不同时期的资料，并对它们作出描述和分析。一系列按时间先后顺序排列的社会经济现象的观测值称为时间数列，比如将中国 2003—2008 年各年的

GDP 及 GDP 增长速度的大致情况排列为表 5－1。

表 5－1　中国 2003—2008 年 GDP 及增长速度

年份（年）	2003	2004	2005	2006	2007	2008
现价 GDP（万亿元）	11.73	15.99	18.39	21.19	25.73	30.07
可比价增长速度（%）	9.3	16.8	10.4	11.6	13	9

注：资料来源于国家统计局网站。

时间数列又称动态数列，它由两个基本要素构成：一是现象所属的时间，如 2003—2008 年；二是现象在各个时间的指标值，即各年 GDP 或增长速度。

5.1.2　时间数列的种类

5.1.2.1　根据编制时间数列的指标的表现形式分类

根据编制时间数列的指标的表现形式不同，可分为绝对数时间数列、相对数时间数列和平均数时间数列。其中，绝对数时间数列是最基本的，而相对数时间数列和平均数时间数列则是根据绝对数时间数列进一步加以计算而得出的派生数列。

(1) 绝对数时间数列

根据绝对数所编制的时间数列称为绝对数时间数列。绝对数时间数列又分为时期数列和时点数列。

①时期数列。根据时期指标所编制的时间数列，称为时期数时间数列，如表 5－1中的年份和 GDP 便构成时期数时间数列。

时期数列有两个特点：第一，数列中的各指标数可以直接相加，相加后有实际意义；第二，数列中的各指标数值的大小与其时期长短有直接关系，即时期越长指标数值越大，或时期越长指标值越小。

②时点数列。根据时点指标所编制的时间数列，称为时点数时间数列，如表 5－2便是时点数时间数列。

时点数列的特点与时期数列正好相反：第一，数列中的各指标数值不能直接相加，相加后无实际意义；第二，数列中的各指标值的大小与各时点间的间隔长短无直接关系，如第 5 年职工人数比第 4 年多，但第 5 年职工人数与第 2

年相等。

表 5－2　某企业各年职工人数

年份	1	2	3	4	5	6
年末职工人数(人)	140	150	146	142	150	148

(2) 相对数时间数列

根据相对数编制的时间数列称为相对数时间数列。在相对数时间数列中，各指标数值是不能相加的，相加后无实际意义。如表 5－1 中时间与可比价增长速度构成相对数时间数列，表中各年的可比价增长速度不能直接相加。

(3) 平均数时间数列

将不同时期的平均数排列便构成平均数时间数列，如将某公司员工不同时期的平均工资排列而形成的时间数列，各个时期粮食的平均每亩产量排列而形成的时间数列等。在平均数时间数列中，各指标数值同样不能相加，相加后无实际意义。

5.1.2.2　根据时间数列所呈现的发展变化规律分类

将时间数列资料作成图，大致有以下几种类型。

(1) 水平型

如果时间数列中的各项指标数值不是有规律地倾向于增加或倾向于减少，而是围绕着某一稳定值上下波动，数列中的任何一个数值高于或低于稳定值上下波动都是一种偶然因素作用的结果，这样的时间数列属于水平型时间数列(如图 5－1 所示)。

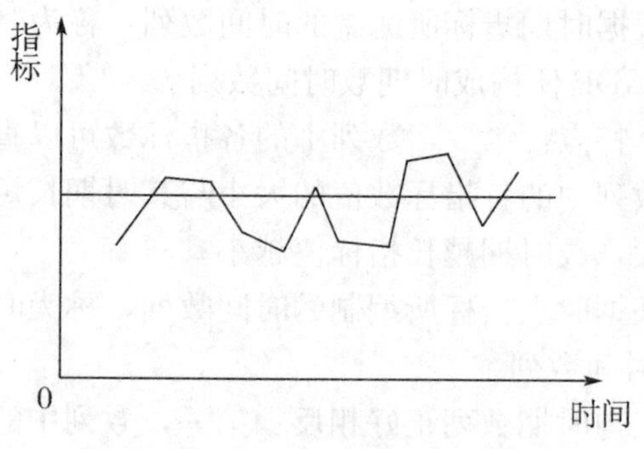

图 5－1　水平型时间数列

（2）趋势型

如果时间数列中的各项指标值随着时间的变化而大体存在着某一共同的趋势，这样的时间数列便属于趋势型时间数列（如图 5－2 所示）。

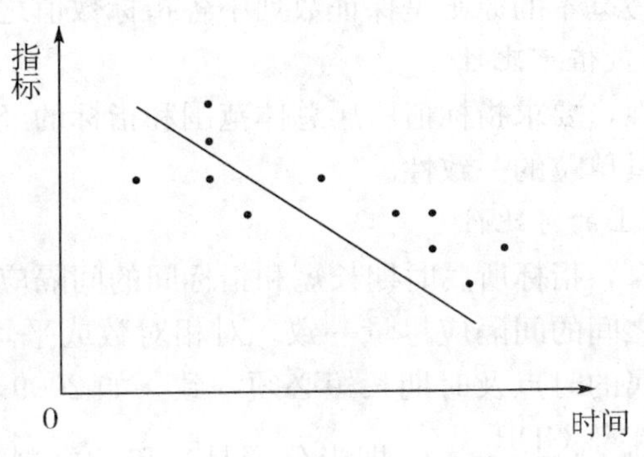

图 5－2　**趋势型时间数列**

（3）季节型

由于某种季节因素或某种风俗习惯的影响，使时间数列中的指标值存在周期性的、规则性的起伏变动，这样的时间数列属于季节型时间数列（如图 5－3 所示）。

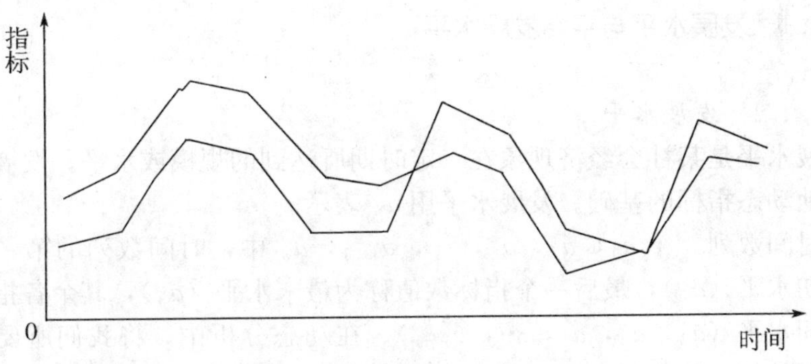

图 5－3　**季节型时间数列**

季节型时间数列的变动周期可以是一年的四季，也可以是一年的 12 个月，可以是几天等。

5.1.3 编制时间数列的原则

编制时间数列最基本的原则是保证数列中各指标数值之间的可比性。

5.1.3.1 指标数值可比性

为了保持可比性，要求指标值所属总体范围和指标的经济内容一致性；指标值计算方法和计量单位的一致性。

5.1.3.2 时间上的可比性

对时期数列而言，指标所属时期长短和指标间的间隔应一致；对时点数列而言，不同时点数之间的间隔应尽量一致。对相对数或平均数时间数列而言，分子与分母指标所属的时点及时期长短必须一致。如 2009 年上半年劳动生产率$=\frac{\text{2009 年上半年 GDP}}{\text{2009 年上半年平均职工人数}}$，即当分子是半年的资料时，分母也应是与之相同的半年的指标，否则该相对数或平均数无意义。

5.2 时间数列具体指标

5.2.1 发展水平与平均发展水平

5.2.1.1 发展水平

发展水平是某社会经济现象在一定时期所达到的规模或水平。发展水平是计算其他动态指标的基础。发展水平用 a_n 表示。

在时间数列 a_0，a_1，a_2，a_3，…，a_{n-1}，a_n 中，时间数列的第一个指标称为最初水平（a_0），最后一个指标数值称为最末水平（a_n），其余各指标数值称为中间水平（a_1，a_2，a_3，…，a_{n-1}）。在动态分析中，将我们所要研究的那一时期的指标称为报告期水平或比较期水平，将用作对比时期的指标称为基期水平。

在表 5－1 中，最初水平 a_0＝11.73 万元，最末水平 a_n＝30.07 万元，其余均为中间水平。若将 2007 年与 2005 年发展水平相比，则 2005 年的发展水平为基期水平，2007 年的发展水平为报告期水平。

5.2.1.2　平均发展水平

平均发展水平是时间数列中各个时期的平均数，表明现象在较长时间内的平均水平。平均发展水平又称“序时平均数”或“动态平均数”。

由于时间数列有不同种类和不同特点，计算序时平均数也可以用不同的方法。

(1) 时期数列计算序时平均数

时期数列计算序时平均数可用简单算术平均法。其计算公式为：

$$\bar{a}=\frac{a_1+a_2+\cdots+a_{n-1}+a_n}{n}=\frac{\sum a_i}{n} \tag{5.1}$$

式中，$\bar{a}$ 代表序时平均数；a_i 代表时期数列各期发展水平（$i=1, 2, 3, \cdots, n$）；n 代表时期数列的项数。

以表 5－1 为例，平均每年 GDP 为：

$$\begin{aligned}\bar{a}&=\frac{\sum a_i}{n}\\&=\frac{11.73+15.99+18.39+21.19+25.73+30.07}{6}\\&=\frac{123.1}{6}=20.52\text{（万亿元）}\end{aligned}$$

(2) 时点数列计算序时平均数

时点数列有连续的（如每日的储蓄存款余额）和不连续的两类。连续时点数列计算序时平均数的方法与时期数列计算序时平均数的方法相同。大多数时点数列为不连续，存在间隔问题，其中既有间隔相等又有间隔不等，它们的计算方法有区别。

①间隔相等不连续的时点数列序时平均数。当间隔相等时，假定所研究现象在两个相邻的点之间的变动是均匀的，这样就可以把相邻两个时点指标数值相加后除以 2，求得两时点之间的序时平均数，以之作为代表值。然后，再根据这些相邻时点之间的代表值，求得整个数列的序时平均数。这种方法叫“简单序时平均法”，亦称“首末折半法”，用公式表示如下：

$$\bar{a}=\frac{\frac{a_0}{2}+a_1+a_2+\cdots+\frac{a_n}{2}}{n};\ \bar{a}=\frac{\frac{a_1}{2}+a_2+\cdots+\frac{a_n}{2}}{n-1} \tag{5.2}$$

式中，n 表示资料的项数。

【例】求下面资料（表 5－3）中第三季度的平均商品库存额。

表 5－3　某企业某年第三季度商品库存额　　单位：万元

日　期	6月30日	7月31日	8月31日	9月30日
商品库存额	100	120	110	104

根据以上资料，第三季度的平均商品库存额为：

$$\bar{a}=\frac{\frac{a_1}{2}+a_2+a_3+\frac{a_4}{2}}{4-1}$$

$$=\frac{\frac{100}{2}+120+110+\frac{104}{2}}{4-1}=110.7\text{（万元）}$$

如果掌握间隔相等的每期期末或期初的资料，则可采用以上公式求序时平均数。

②间隔不等不连续时点数列。当间隔不等时，应该用间隔长度作为权数进行加权求序时平均数，用公式表示如下：

$$\bar{a}=\frac{\frac{a_1+a_2}{2}f_1+\frac{a_2+a_3}{2}f_2+\cdots+\frac{a_{n-1}+a_n}{2}f_{n-1}}{f_1+f_2+\cdots+f_{n-1}} \tag{5.3}$$

【例】 求下面资料（表 5－4）中第二季度的平均职工人数。

表 5－4　某企业某年第二季度职工人数

日　期	4月	6月	7月
月初职工人数(人)	2 000	2 050	2 090

根据以上资料，第二季度的平均职工人数为：

$$\bar{a}=\frac{\frac{a_1+a_2}{2}f_1+\frac{a_2+a_3}{2}f_2}{f_1+f_2}$$

$$=\frac{\frac{2\,000+2\,050}{2}\times 2+\frac{2\,050+2\,090}{2}\times 1}{2+1}$$

$$=\frac{6\,120}{3}=2\,040\text{（人）}$$

③间隔不等、连续及间隔相等、连续的时点数列。前者以间隔时间为权数用加权平均法计算；后者因间隔相等（权数相等），只需用简单平均法计算。

实际工作中这类现象经常遇到。例如，专栏 5－1 中，要判断某小额账户是否应该缴纳 10 元的账户管理费就可用该方法计算。

专栏 5－1　建设银行对小额账户的管理

继建设银行深圳市分行之后，建设银行系统第二家（四川）小额活期储蓄账户进行收费。从 2005 年 7 月 1 日起，对日均存款余额低于 300 元人民币的个人活期存款账户，建设银行将在每年的 7 月 1 日收取 10 元钱的账户管理费，同时按照 0.01％的年利率标准计息（基准活期年利率 0.72％）。

收费意在剔除"睡眠"账户，节约成本，提高服务效率。当时该行有个人活期存款账户近 1 000 万个，日均存款余额低于 300 元的占到了全部账户数量的 68％，但其累计存款余额还不到该行总存款余额的 1％。不过，对在校学生账户等特殊账户暂不收费。

（3）相对数时间数列计算序时平均数

相对数是指两个数值对比的结果，包括计划完成相对数、结构相对数、比例相对数、比较相对数、强度相对数。相对数时间数列计算序时平均数总的原则是：分别找出这些相对数时间数列的分子数列和分母数列，再分别计算这两个数列的序时平均数，最后将这两个序时平均数进行对比，其结果就是相对数时间数列的序时平均数。

设：$\bar{a}$ 代表分子数列的序时平均数、$\bar{b}$ 代表分母数列的序时平均数、$\bar{c}$ 代表相对数时间数列的序时平均数，则计算公式为：

$$\bar{c}=\frac{\bar{a}}{\bar{b}} \tag{5.4}$$

【例】某企业某年第三季度职工人数资料见表 5－5。求第三季度生产工人占全部工人比重的序时平均数。

表 5－5　某企业某年第三季度职工人数

时间	6 月末	7 月末	8 月末	9 月末
(a) 生产工人（人）	435	452	462	576
(b) 全部工人（人）	580	580	600	720
(c) 生产工人比重（％）	75	78	77	80

解：根据以上资料，得：

$$\bar{a}=\frac{\frac{a_1}{2}+a_2+a_3+\frac{a_4}{2}}{n-1}=\frac{\frac{435}{2}+452+462+\frac{576}{2}}{4-1}=473\text{（人）}$$

$$\bar{b}=\frac{\frac{b_1}{2}+b_2+b_3+\frac{b_4}{2}}{n-1}=\frac{\frac{580}{2}+580+600+\frac{720}{2}}{4-1}=610\text{（人）}$$

$$c=\frac{\bar{a}}{\bar{b}}=\frac{473}{610}=77.5\%$$

【例】 某上市公司近几年有关资料见表 5－6。如果规定近三年平均净资产收益率 8%以上公司才有资格增资配股，问该上市公司是否符合这一条件？

表 5－6　某上市公司近几年的有关资料

年份（年）	净资产收益率（%）	年末净资产（万元）
1	5	500
2	4.5	1 500
3	8	2 500
4	11	3 500
合计		

解：净资产收益率为变量 x，各年平均净资产为权数 f。

$$\bar{x}=\frac{\text{年平均收益}}{\text{年平均净资产}}$$

$$=\frac{(45+160+330)\ /3}{\left(\frac{500}{2}+1\,500+2\,500+\frac{3\,500}{2}\right)\ /3}$$

$$=\frac{535/3}{2\,000}=8.9\%$$

平均每年净资产收益率为 8.9%，计算结果表明该公司达到规定要求。

(4) 平均数时间数列计算序时平均数

平均数时间数列有以下两种情况。

①当平均数中分子分母的性质不同时，如不同时期职工的平均收入（分子分母分别为收入和职工），应该运用相对数时间数列计算序时平均数的方法，先分别计算分子数列和分母数列的序时平均数，然后将这两个序时平均数

对比。

②当平均数反映一种社会经济现象与时间的关系（如月平均职工人数）时，只需要用简单平均法或加权平均法。如果间隔相等的平均数时间数列，可用简单平均法。例如，某企业第一季度各月平均工人数分别为 90 人、95 人和 100 人，则第一季度平均工人数为：

$$\frac{90+95+100}{3}=95\text{（人/月）}$$

如果间隔不等的平均数时间数列，则应以时期长度为权数，用加权平均法，如根据表 5－7 的资料计算序时平均数。

表 5－7　某企业某年上半年职工人数

时　间	1月	2～3月	4～6月
平均职工人数（人）	800	700	900

$$\text{解：平均职工人数}=\frac{800\times1+700\times2+900\times3}{1+2+3}$$

$$=817\text{（人/月）}$$

5.2.2　增减量与平均增减量

5.2.2.1　增减量

增减量表明某种现象在一定时期内所增加或减少的绝对数量，它是报告期水平与基期水平之差，即：

$$\text{增减量}=\text{报告期水平}-\text{基期水平} \tag{5.5}$$

由于采用的基期不同，可分为逐期增减量和累计增减量。逐期增减量是报告期水平与前一期水平之差，说明本期水平比上期增减的绝对数量；累计增减量是报告期水平与某一固定时期水平（通常为最初水平）之差，说明本期比某一固定时期增减的绝对数量，即说明在某一段较长时期内总的增减量。这两个指标可表示如下：

逐期增减量：a_1-a_0　a_2-a_1　a_3-a_2　…　a_n-a_{n-1}

累计增减量：a_1-a_0　a_2-a_0　a_3-a_0　…　a_n-a_0

二者的关系为：累计增减量等于相应的逐期增减量之和，即：

$$a_n - a_0 = (a_1 - a_0) + (a_2 - a_1) + (a_3 - a_2) + \cdots + (a_n - a_{n-1}) \tag{5.6}$$

根据表 5−1 的资料计算的增减量见表 5−8。

表 5−8

年份		2003	2004	2005	2006	2007	2008
GDP(万亿元)		11.73	15.99	18.39	21.19	25.73	30.07
增减量	逐期	/	4.26	2.4	2.8	4.54	4.34
	累计	/	4.26	6.66	9.46	14	18.34

5.2.2.2　平均增减量

平均增减量是某现象在一定时期内各时期增减量的平均数。其计算公式为：

$$平均增减量 = \frac{逐期增减量之和}{n-1}$$

$$= \frac{(a_2 - a_1) + (a_3 - a_2) + \cdots + (a_n - a_{n-1})}{n-1} \tag{5.7}$$

或

$$平均增减量 = \frac{累计增减量}{n-1} = \frac{a_n - a_1}{n-1} \tag{5.8}$$

式中，n 表示时间数列的项数。

【例】根据表 5−1 计算，我国 2003—2008 年间平均每年 GDP 增减量为：

$$平均增减量 = \frac{4.26 + 2.4 + 2.8 + 4.54 + 4.34}{6-1} = 3.668（万亿元）$$

或 $$平均增减量 = \frac{30.07 - 11.73}{6-1} = 3.668（万亿元）$$

5.2.3　发展速度与平均发展速度

5.2.3.1　发展速度

发展速度是表明现象发展程度的相对数，它是由两个不同时期发展水平对比而得，说明报告期水平已发展到（或增加到）基期水平的若干倍或百分之几。

$$发展速度 = \frac{报告期水平}{基期水平} \times 100\% \tag{5.9}$$

由于采用的基期不同，发展速度可分为环比发展速度和定基发展速度两种。环比发展速度是报告期水平与前一期水平之比，说明现象逐期发展变化的程度。定基发展速度是报告期与某一固定基期水平（通常是最初水平）之比，说明现象在较长时期内总的发展变化程度。这两种发展速度表示如下：

$$\text{环比发展速度：}\frac{a_1}{a_0}，\frac{a_2}{a_1}，\frac{a_3}{a_2}，\cdots，\frac{a_n}{a_{n-1}}$$

$$\text{定基发展速度：}\frac{a_1}{a_0}，\frac{a_2}{a_0}，\frac{a_3}{a_0}，\cdots，\frac{a_n}{a_0}$$

环比发展速度和定基发展速度的关系表现如下：

第一，各环比发展速度连乘积等于相应的定基发展速度：

$$\frac{a_1}{a_0}\cdot\frac{a_2}{a_1}\cdot\frac{a_3}{a_2}\cdots\frac{a_{n-1}}{a_{n-2}}\cdot\frac{a_n}{a_{n-1}}=\frac{a_n}{a_0}$$

第二，环比发展速度等丁相邻的两个定基发展速度之商：

$$\frac{a_n}{a_{n-1}}=\frac{a_n}{a_0}\div\frac{a_{n-1}}{a_0}$$

5.2.3.2　平均发展速度

根据现象的特点不同，平均发展速度的计算可采用不同的方法，一种是几何平均法（水平法），一种是方程法（累计法）。

(1) 几何平均法（水平法）

水平法的基本要求是：现象从最初水平出发，如果各期都按平均发展速度发展，经过几期后，应达到最末水平 a_n。

设 x 为环比发展速度、$\bar{x}$ 为平均发展速度，根据上述要求，有：

$$a_0\bar{x}^n=a_n \qquad \bar{x}^n=\frac{a_n}{a_0}$$

所以

$$\bar{x}=\sqrt[n]{\frac{a_n}{a_0}} \tag{5.10}$$

式中的$\frac{a_n}{a_0}$是以最末水平和最初水平对比的定基发展速度，即总速度可用 R 表示。

所以上式也可写成：

$$\bar{x}=\sqrt[n]{R} \tag{5.11}$$

根据定基发展速度和环比发展速度的关系，还可写成：

$$\bar{x}=\sqrt[n]{x_1 \cdot x_2 \cdot x_3 \cdot \cdots \cdot x_n}$$
$$=\sqrt[n]{\prod_{i=1}^{n} x_i} \tag{5.12}$$

式中，$\prod$是连乘符号。

根据表 5－9 的资料，平均发展速度为：

$$\bar{x}=\sqrt[n]{\frac{a_n}{a_0}}=\sqrt[5]{\frac{30.07}{11.73}}=120.7\%$$

$$\bar{x}=\sqrt[n]{R}=\sqrt[5]{256.4\%}=120.7\%$$

$$\bar{x}=\sqrt[n]{\prod_{i=1}^{n} x_i}=\sqrt[5]{113.6\% \times 115\% \times 115.2\% \times 121.4\% \times 116.9\%}$$
$$=\sqrt[5]{256.4\%}=120.7\%$$

(2) 方程法（累计法）

设各年的发展速度为 x_1，x_2，…，x_n，各年平均发展速度为 $\bar{x}$，最初水平为 a_0，那么，各年的指标值之和为：

$$a_0\bar{x}+a_0\bar{x}^2+\cdots+a_0\bar{x}^n=\sum_{i=1}^{n} a_i$$

$$\bar{x}+\bar{x}^2+\cdots+\bar{x}^n=\frac{\sum a}{a_0}$$

当各年发展水平为已知时，等式右边为常数，通过解一元高次方程求出 $\bar{x}$，便得到所要求的各年平均发展速度。

5.2.4 增长速度与平均增长速度

5.2.4.1 增长速度

增长速度是说明现象增长程度的相对数，它是增长量与基期水平之比，说明报告期水平比基期水平增加了若干倍或百分之几。

$$增长速度=\frac{增长量}{基期水平} \tag{5.13}$$

或
$$增长速度=发展速度-1 \tag{5.14}$$

由于采用的基期不同，可分为环比增长速度和定期增长速度。环比增长速度是逐期增长量与前一期水平之比，说明现象逐期增长的程度。定期增长速度是累计增长量与某一固定时期水平（通常为最初水平）之比，说明现象在较长时间内总的增长速度。

$$环比增长速度=\frac{逐期增长量}{前一期水平}=环比发展速度-1 \tag{5.15}$$

$$定期增长速度=\frac{累计增长量}{最初水平}=定期发展速度-1 \tag{5.16}$$

依据表 5－1，计算出的发展速度和增长速度见表 5－9。

表 5－9　我国 2003—2008 年 GDP 的发展速度和增长速度

年份		2003	2004	2005	2006	2007	2008
GDP（万亿元）		11.73	15.99	18.39	21.19	25.73	30.07
发展速度（%）	环比	/	113.6	115	115.2	121.4	116.9
	定基	/	113.6	156.8	180.6	219.4	256.4
增长速度（%）	环比	/	13.6	15	15.2	21.4	16.9
	定基	/	13.6	56.8	80.6	119.4	156.4

5.2.4.2　年度化增长率（年率）

增长速度可根据年度数据、月份数据和季度数据计算，其结果分别为年增长率、月增长率和季增长率。实际工作中，如果所观察的时间跨度多于一年或少于一年时要分析增长率的变化趋势，便需要将月或季增长率换算成以年来表示的增长率，从而使各增长率具有相同的比较基础（时间长度），使各增长率具有可比性。

年度化增长率的计算公式为：$G_A=\left(\frac{t_i}{t_{i-1}}\right)^{m/n}-1$　(5.17)

式中，m 为一年中的时期个数，n 为所跨的时期总数，G_A 为年度化增长率。

当月增长率被年度化时，$m=12$；当季增长率被年度化时，$m=4$；以此类推，当 $m=n$ 时，即为年增长率。

【例】①某地区上年 1 月份商品零售总额为 25 亿元，当年 1 月的零售总额为 30 亿元。由于是月份资料，则 $m=12$，上年 1 月到当年 1 月所跨月份总数为 12（$n=12$），故：

$$G_A=\left(\frac{30}{25}\right)^{12/12}-1=20\%$$

②某地区当年 1 季度财政收入为 500 亿元，3 季度财政收入为 550 亿

元。故：

$$G_A=\left(\frac{550}{500}\right)^{4/2}-1=21\%$$

③某地区 2009 年 4 季度 GNP 为 280 亿元，预计 2012 年 4 季度 GNP 为 350 亿元。故：

$$G_A=\left(\frac{350}{280}\right)^{4/12}-1=7.72\%$$

④某地区 2009 年 3 月份 GDP 为 240 亿元，预计 2011 年 6 月份的 GDP 为 300 亿元。故：

$$G_A=\left(\frac{300}{240}\right)^{12/27}-1=10.43\%$$

5.2.4.3　*平均增长速度*

根据表 5－9 的资料计算得到：

$$\begin{aligned}\text{平均增长速度}&=\text{平均发展速度}-1=\bar{x}-1\\&=120.7\%-1=20.7\%\end{aligned}$$

当平均发展速度大于 1 或 100%，平均增长速度为正值，说明现象在该段时期内各期平均而言是增长的；反之，当平均发展速度小于 1 或 100%，平均增长速度为负值，说明现象在该段时期内平均而言是降低的。

【例】某地区近 6 年 GDP 增长率分别为 9.8%、8.8%、7.8%、6.8%、8.8%、10.8%。求该地区 GDP 平均增长速度。

解：由于该地区 GDP 年增长速度是在上年基础上计算的，计算年平均增长速度时不能简单地用增长速度计算算术平均数，而要将增长速度换为发展速度，用几何平均法计算，即：

$$\begin{aligned}G&=\sqrt[6]{109.8\%\times108.8\%\times107.8\%\times106.8\%\times108.8\%\times110.8\%}\\&=1.08792\end{aligned}$$

该地区 GDP 平均每年增长 8.792%。

在计算和应用平均发展速度和平均增长速度时，应注意以下几点：

第一，用水平法计算的平均发展速度只受最初水平和最末水平两个指标的影响。如果两个极端值出现大起大落时，由此计算的平均发展速度缺乏代表性，失去代表性的平均发展速度不能确切地说明实际情况。

第二，用分段平均速度和某段的环比发展速度补充说明总速度。平均速度由总速度计算，它只能笼统地表明现象在较长时期内发展速度的变动趋势，往往会掩盖各阶段或某一阶段的实际发展状况。因此，可用分段速度和某一段环比速度补充说明总的平均发展速度。

第三，相同的时间数列，运用几何法和方程法计算，其结果不同。实际生活中应根据时间数列的变化情况（是否存在特别大或特别小的极端值）选择不同方法，注意各种方法的运用场合。

第四，平均发展速度应与发展水平、增长量、环比发展速度、定基发展速度、增长1%的绝对额等指标结合运用，以求对现象的全面认识。

5.2.5 增长1%的绝对值

速度指标是一种相对数，由于相对数所固有的抽象作用，使得用百分比表示的发展速度和增长速度掩盖了发展水平的高低及它们之间的差异。在低水平基础上的增长速度与高水平基础上的增长速度是不可比的，如表5－10所示。

由于两个企业基期水平不同，乙企业产值增长速度比甲企业高出一倍，但产值增加量却少60万元［（140－100）－（600－500）＝－60］。大的增长率背后隐含小的绝对值，小的增长率背后隐含大的绝对值。

表5－10 甲、乙两个企业有关资料

	甲企业		乙企业	
	产值（万元）	增长率（%）	产值（万元）	增长率（%）
基　期	500	—	100	—
报告期	600	20	140	40

为了寻求具有可比性的指标，便需要将速度指标与水平指标结合，计算增长1%的绝对值指标。

增长1%的绝对值是增长量与增长速度之比，表明现象在基期水平基础上每增长1%所增加的绝对数额。通常它是指环比增长1%的绝对值，即现象的逐期增长量与用百分数表示的环比增长速度之比，或用100除现象的前一期水平而得，即：

$$\text{增长1\%的绝对值}=\frac{\text{逐期增长量}}{\text{环比增长速度}\times 100} \tag{5.18}$$

$$=\frac{a_n-a_{n-1}}{\frac{a_n-a_{n-1}}{a_{n-1}}\times 100}$$

$$=(a_n-a_{n-1})\times\frac{a_{n-1}}{(a_n-a_{n-1})\times 100}$$

$$=\frac{a_{n-1}}{100}$$

可见，增长1%的绝对值等于前期水平的1%。

根据表5－9的资料，计算2008年GDP增长1%的绝对值为：

$$\frac{30.07-25.73}{16.9}=0.257\text{（万亿元）}$$

2008年GDP增长1%的绝对值为：

$$\frac{25.73}{100}=0.257\text{（万亿元）}$$

5.2.6 时间数列中特殊值计算速度指标的思考

当时间数列中的观察值出现零或负数时，不宜用前面的方法计算速度指标（特别是增长率指标）。此时，我们可根据实际经济现象用绝对值或其他变通方法处理这一特殊情况。在此，作者提出自己的观点，有待进一步探讨。

表5－11 某个体户近几年利润资料

时间（年）	1	2	3	4	5	6	7	8
利润（万元）	5	2	0	4	－3	－1	2	－4
发展速度（%）	/	$\frac{2}{5}$	$\frac{0}{2}$	/	$\frac{-3}{4}$	$\frac{(-1)+6}{\|-3\|}$	$\frac{2+2}{\|-1\|}$	$\frac{-4}{2}$
		40	0	/	－75	167	400	－200
增长速度（%）（增加量/基期值）	/	$\frac{-3}{5}$	$\frac{-2}{2}$	/	$\frac{-7}{4}$	$\frac{2}{\|-3\|}$	$\frac{3}{\|-1\|}$	$\frac{-6}{2}$
		－60	－100	/	－175	67	300	－300

如果严格按照本章前面所介绍的方法计算速度指标，要么不符合数学公理（如表5－11中第4年与第3年相比计算发展速度），要么无法解释其实际经济意义（如根据表5－11中第7年与第6年资料计算增长速度为$\frac{3}{-1}=-300\%$）。

第一，以特殊值零或负数为界限，分段计算数列的速度指标，此时不能反映整个数列的发展速度或增长速度。

第二，根据社会经济现象之间的关系，将特殊值转化。如果通过其他途径已知成本指标，用成本＋利润＝产值，将表 5－11 中的利润一栏转化为产值，计算产值的速度和成本的速度，再用第六章的加法模式（或乘法模式）或其他方法得到利润的速度指标。

第三，计算发展速度时，当分母为负数，将原始值变为绝对数后增加的值在报告期里同时增加该值，如将 －3 变为 3 时增加了 6，故在第 6 年原值基础上加上 6，即$\frac{(-1)+6}{|-3|}$。计算增长速度当分母为负数时，可将其变为绝对值（如第 6 年的增长速度为 $2/|-3|$），此时发展速度减 1 等于增长速度的关系仍然存在。

第四，计算速度指标分母为零时不符合数学公理，可不计算该指标。是否可用计算发展速度的变通方法请读者思考，即该表中第 4 年的发展速度为 500%＝（4＋1）/（0＋1）（基期和报告期同时增加 1 个单位的利润）及增长速度为 400%。同样，读者可思考此时怎样计算平均发展速度和平均增长速度。

专栏 5－2　《政府工作报告》中的统计数据

经济发展——2008 年，国内生产总值超过 30 万亿元，比上年增长 9%；全国财政收入达到 6.13 万亿元，增长 19.5%；进出口贸易总额 2.56 万亿美元，增长 17.8%。

人民生活——2008 年全国城镇新增就业 1 113 万人。城镇居民人均可支配收入由 2002 年 7 703 元增加到 2008 年 15 781 元，农村居民人均纯收入由 2 476 元增加到 4 761 元，实际增长 8.4% 和 8%。

社会保障——城镇职工基本养老保障和基本医疗保障参保人数分别增加 1 753 万和 2 028 万人，参加新型农村合作医疗的农民达到 8.14 亿人，参合率为 91.5%。

“三农支持”——2008 年中央财政安排“三农”支出 5 955 亿元，比上年增加 1 637 亿元，比上年增加一倍。

——摘自第十一届人大二次会议《政府工作报告》，2009 年 3 月 5 日

[习题]

一、思考题

1. 编制时间数列应注意哪些问题?

2. 时期数列和时点数列的特点是什么?

3. 平均发展速度为什么不能用算术平均法计算?

4. 时间数列分析指标有哪些?它们之间的关系如何?掌握各分析指标的计算方法。

二、计算题

1. 某储蓄所存款余额资料如下表所示，计算该储蓄所上半年平均每月存款余额。

时间	1月1日	2月1日	3月1日	4月1日	5月1日	6月1日	7月1日
存款余额（万元）	500	480	450	520	550	600	580

2. 某银行7月上旬每天贷款余额（万元）如下，求平均每天贷款余额。

1日	300	6日	200
2日	200	7日	150
3日	300	8日	100
4日	250	9日	50
5日	100	10日	100

3. 某储户在建设银行的小额存折一年中存取2次，分别为去年10月初、今年3月初:

去年7月初存款余额　　350元

去年10月初存款余额　　250元

今年3月初存款余额　　300元

问:银行是否应该收取10元钱的账户管理费?

4. 根据下表资料计算:(1) 上半年平均每月劳动生产率;(2) 上半年劳

动生产率；(3) 第一季度和第二季度平均每月劳动生产率。

月份	1	2	3	4	5	6	7
月初工人数（人）	1 000	1 050	1 090	1 070	1 100	1 120	1 200
总产值（万元）	200	220	300	400	360	380	400

5. 某国家 2008 年财政收入达到 5.13 万亿元，如果从 2009 年起，每年比上年递增 20%，问到 2015 年该国财政收入将达到多少？

6. 甲乙两省某种产品产量资料见下表：

时间（年）	甲省产品产量（吨）	乙省产品产量（吨）
1	4 567	40 044
2	5 361	42 904
3	6 483	45 995
4	7 060	49 100
5	8 716	51 900

试计算：

(1) 甲、乙两省的平均发展速度。

(2) 按这几年的平均发展速度还要多少年甲省可以赶上乙省？

(3) 如果甲省要在 15 年赶上乙省，其平均每年的发展速度应为多少？

7. 某地区近几年经济发展速度指标如下：

时　间	环比发展速度（%）	定基发展速度（%）
1	—	100
2	111	
3	104	
4	104	
5	110	
6		150
7		170
8		191
9		230

计算这段时间的年平均增长速度，指出哪些年份超过了平均增长速度。

8. 某地区几年GDP资料如下：

年份	1	2	3	4	5	6
定期增长速度（%）	/	10	11			80
环比增长速度（%）	/	10		12	13	

（1）计算平均每年增长速度。

（2）哪些年份超过平均增长速度？

9. 根据表中资料，计算所缺数值。

年份	产量（千件）	累积增加量（千件）	定基发展速度（%）	定期增长速度（%）	与上年相比			
					增加量	发展速度（%）	增长速度（%）	增长1%的绝对值
1	50				—	—	—	—
2		5						
3			130					
4				45				
5				50				
6		30						

6. 时间数列影响因素分析

事物总是处于不断运动和发展变化之中。因此，人们认识事物必须着眼于事物的发展变化过程，才能了解事物的过去和现在，才能更准确地预测未来。

事物的发展是多种因素共同作用的结果。本章在分析影响时间数列发展变化因素的基础上，采用科学的方法，测定时间数列受各类因素（长期趋势、季节变动、周期性变动和不规则变动）的影响程度，研究现象发展变化的规律，为预测和决策提供依据。

6.1 时间数列影响因素分析的基本问题

6.1.1 时间数列影响因素分析的步骤

上一章介绍的时间数列分析指标是基于客观现象在不同时间的具体数量表现所进行的绝对量、相对数和平均水平的描述。然而，事物的发展变化是多种因素共同作用的结果，其中有经济因素、自然因素、政治因素等。在这些因素的作用下，客观现象发展变化呈现各种形态，表现出各自的特点。

用某地区马铃薯零售价格的变化（见表 6－1）为例进行研究。

表 6－1　马铃薯零售价格表　　单位：元/公斤

2009 年		1999 年—2009 年	
1 月	1.08	1999 年	0.52
2 月	1.07	2000 年	0.64
3 月	0.92	2001 年	0.55
4 月	0.90	2002 年	0.59
5 月	1.19	2003 年	0.95
6 月	1.48	2004 年	0.64
7 月	2.15	2005 年	0.70
8 月	1.80	2006 年	0.98
9 月	1.29	2007 年	1.36
10 月	1.04	2008 年	1.36
11 月	1.01	2009 年	1.41
12 月	1.00		

表 6－1 左边是 2009 年马铃薯每月零售价格的变化，它表现为夏季高，秋冬季相对较低。因为秋、冬是马铃薯的收获季节，夏天马铃薯供应量减少，价格上涨，每年大致呈现如此规律。

表 6－1 右边是 1999 年至 2009 年马铃薯零售价格的变化。1999 年至 2005 年间，除 2003 年较高外，其余年份价格是比较稳定的，此后表现为大约两倍的急剧上涨。

运用上表马铃薯时间数列的数据，我们可进行如下分析：

第一，描述不同时间马铃薯价格变化的大致形态，如图 6－1 和 6－2 所示。

第二，进一步说明为什么 2009 年各月马铃薯的价格如此变动、哪些因素引起 1999 年至 2009 年马铃薯价格的变动。现实生活中，马铃薯价格的变动受各种因素的影响，它是这些因素共同作用的结果。每年价格冬低夏高的主要原因是受收获季节的影响。另外，2007 年以后价格急剧上涨主要受整体物价上

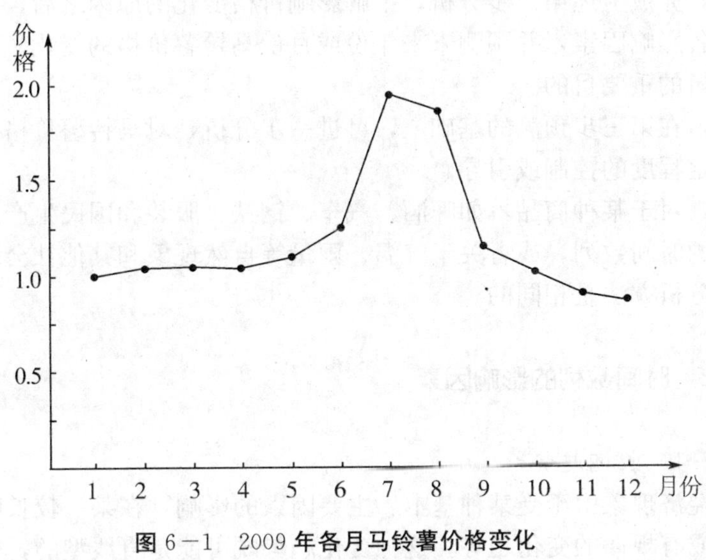

图 6－1　2009 年各月马铃薯价格变化

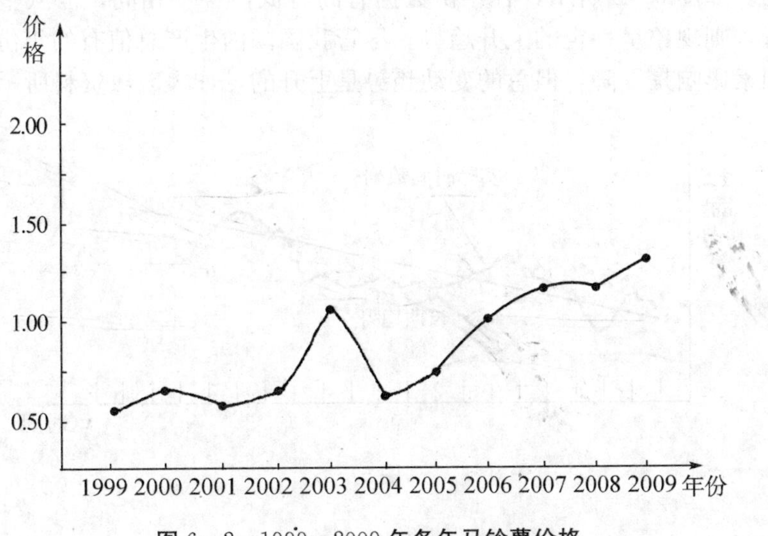

图 6－2　1999—2009 年各年马铃薯价格

扬和消费偏好等因素的影响。可见，时间数列各指标的变化是多因素共同作用的结果。

第三，完成上述第二步分析，了解影响价格变化的原因之后，便可测定时间数列的各影响因素，并预测未来年份或月份马铃薯价格的变化。它是时间数列因素分析的重要目的。

第四，在第三步预测的基础上，可进一步分析，对马铃薯价格变化作出必要的、一定程度的控制或引导。

显然，对于某种商品，如啤酒、汽车、钢铁、服装和国民生产总值等反映经济现象的时间数列，或者关于气温、雨量等自然现象和其他社会现象的时间数列，其分析方法是相同的。

6.1.2 时间数列的影响因素

6.1.2.1 长期趋势

社会经济现象由于受某种基本、主要因素的影响，在某一较长时间内，呈持续稳定或有规律的变化趋势。这种变化趋势既可能是直线型的，也可能是曲线型的。如图 6－3 所示，各年份数据有高有低，各不相同，但从整个时间数列来看，则现象呈稳定的上升趋势。尽管我国国内生产总值有的年份可能由于某些因素影响是下降，但总的变动趋势是上升的，如表5－1资料所示。

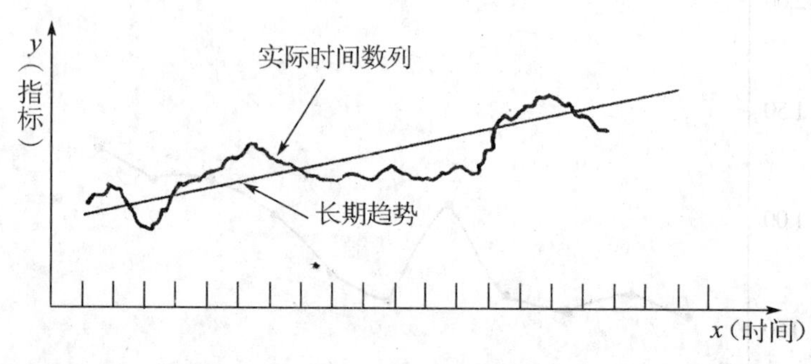

图 6－3

6.1.2.2 季节变动

季节变动是指现象因受自然条件或社会因素的影响，在一年内各季或更短的时间内随着时间的变化呈周期性变动，如图 6－4 所示。这种周期性变动有的以一年为长度，也有的以一季、一月、一周为长度，如气温是以一年为长度的季节变化，公园游客人数常以一周为长度的周期变化。引起季节变动的两个主要因素，一个是自然条件变化，即一年四季的变化；另一个是社会风俗习惯等。

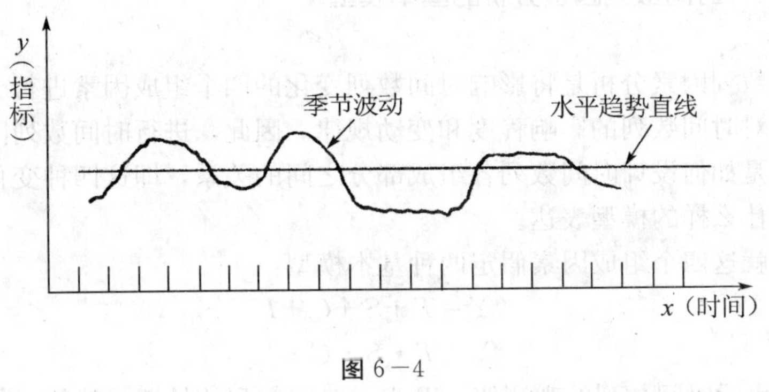

图 6－4

6.1.2.3　景气波动（循环波动）

景气波动是围绕着长期趋势出现的，周期在一年以上的、具有一定循环起伏状态的变动。不同现象变动的周期长短不相同，上下波动程度也不相同，但每个周期都呈现盛衰起伏相间的状态，如经济波动周期。

6.1.2.4　不规则变动

不规则变动是指由于意外的、偶然的因素引起的无规律可循的变动，如地震、火灾等某些意外因素引起的社会经济现象的波动，如图 6－5 所示。

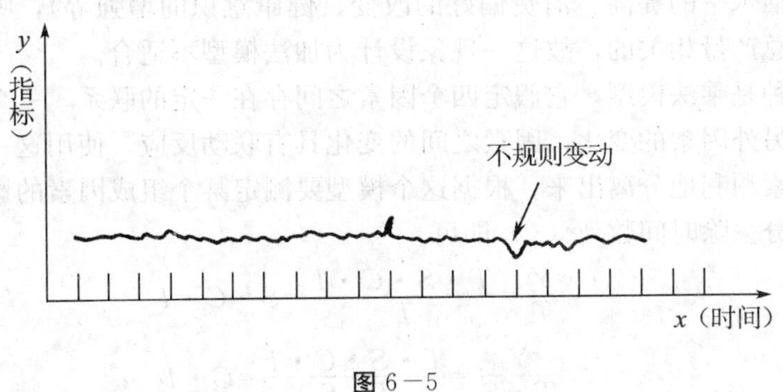

图 6－5

时间数列分析的主要任务是采用特有的统计方法将影响社会经济现象的各

种因素分别测定出来，掌握某一现象的长期趋势、季节变动、景气波动的变化规律，进行预测和决策。

6.1.3 时间数列因素分析的基本模型

时间数列因素分析是将影响时间数列变化的四个组成因素进行分解，以便了解它们对时间数列的影响程度和变动规律。因此，进行时间数列因素分析的重要前提是如何设计时间数列各组成部分之间的关系，即这四种变化因素如何结合、用什么样的模型表达。

通常就这四个组成因素假定两种基本模型：

$$Y=T+S+C+I \tag{6.1}$$

$$Y=T\cdot S\cdot C\cdot I \tag{6.2}$$

式中，Y 表示时间数列的观测值，T 表示时间数列的长期趋势值，S 表示时间数列的季节变动值，C 表示时间数列的景气波动值，I 表示时间数列的不规则变动值。

第一种是加法模型，它假定四个因素是相互独立的，各因素的变化互不影响。这就意味着当趋势变动很大时，它对季节变动也不产生任何影响。我国啤酒的生产基本上是连续增产的，根据加法公式的假定，啤酒生产的稳定增长对啤酒生产的季节变动并不产生影响，即啤酒产量增加的原因与啤酒消费的季节性无关。然而，事实上啤酒产量增加与啤酒生产的季节变动有着共同的影响因素（如生活水平的提高、消费偏好的改变、健康意识的增强等），啤酒的季节变量是与总产量相关的，故这一现象设计为加法模型不适合。

第二种是乘法模型，它假定四个因素之间存在一定的联系，一个因素的变化将影响另外因素的变化，因素之间的变化具有联动反应。使用这一模型可以将 4 个要素顺利地分离出来。根据这个模型要测定某个组成因素的影响，用其余组成部分去除时间数列（y）即可。

$$\frac{Y}{T}=\frac{T\cdot S\cdot C\cdot I}{T}=S\cdot C\cdot I$$

即：

$$\frac{Y}{T\cdot S}=\frac{T\cdot S\cdot C\cdot I}{T\cdot S}=C\cdot I$$

6.2 长期趋势

对时间数列的各个组成因素的分析，通常是以长期趋势分析优先，对长期趋势的测定和分析具有非常重要的意义。第一，研究长期趋势能够反映现象的历史发展趋势，并以此作为决策的依据；第二，研究长期趋势可以根据现象的发展趋势推测未来的情况；第三，测定长期趋势可以将长期趋势从时间数列中分离出来，以便更好地研究数列中其他三种影响因素。

6.2.1 移动平均法

测定长期趋势常用的最简单、直观的方法是移动平均法。大部分社会经济现象的时间数列并非只存在长期趋势因素，还会受社会经济是否景气，或者气候的异常变化等因素的影响，如啤酒每年的生产量或销售量就会因为受气候因素影响而夏天高、冬天低。

通过对数列的移动平均处理，可以对时间数列的波动进行修匀，消除原始数列中因偶然因素引起的不规则变动，使时间数列的趋势表现得更明显。

移动平均法是指对原始数列边移动边求其平均值，以平均值作为移动时间段的中点值，然后将时间段的中点值用曲线连接，以之表示该现象的发展变化趋势。

表 6－2 中原始数列资料显示，现象发展变化是有升有降的、有持平的，但总体表现为上升趋势。通过对原始数列的移动平均处理后，后一期的数据始终大于前一期，上升趋势明显。

表 6－2

时间	1	2	3	4	5	6	7	8	9	10
原始数列	3	5	4	6	6	8	10	9	12	15
三项移动平均	—	4	5	5.2	6.7	8	9	10.3	12	—
四项移动平均	—	4.5	5.25	6						—
移正平均	—	—	4.88	5.6					—	—

如果原始数列存在明显的季节变动或循环变动，以数列的变动周期为长度

进行移动平均，既可消除偶然因素的影响，也可消除季节和循环变动因素的影响，如表 6－3 所示。

表 6－3　某产品销售情况　　（单位：万元）

时间	销售额	3 项移动合计	3 项移动平均
1	1	—	—
2	4	12	4
3	7	15	5
4	4	18	6
5	7	21	7
6	10	27	9
7	10	33	11
8	13	42	14
9	19	—	—

首先，用表 6－3 的资料作图（如图 6－6 所示）。该时间数列呈现 3 项为一个周期的循环变动。为了消除循环变动，可使用 3 项移动平均法。

第一，求前 3 项的移动合计，1＋4＋7＝12，记入中间项所对应的表格中。然后，向下移动一项求 2、3、4 项的移动合计，即 4＋7＋4＝15，记入中间项第 3 项对应表格中。用相同方法计算其他数据，记入移动合计栏中。

第二，由移动合计栏数值除以 3，求得 3 项的移动平均值。用这一方法可以得出表中的 3 项移动平均值。将各个移动平均值在图 6－6 上用虚线或平滑曲线连接起来，就可以显示剔除循环变动和不规则变动后的变动趋势。

移动平均法可进行奇数项和偶数项移动。奇数项移动时平均值可正对中间项，但偶数项移动的平均值只能对准两项之间，故需进行第二次移动（移正平均），如表 6－2 所示。

移动时间内的均值是该段时间内的代表性数值，意味着消除这段时间内偶然因素（如以周期变化为移动时间长度可消除循环因素、季节变动）的影响。移动时间越长，趋势越明显，对原始数列的修匀程度越高；但移动时间越长，数列所缺的项数越多（如表 6－2 中的三项移动和四项移动所缺项数不同），降低了对趋势的真实表现。实际工作中，移动时间的长短应适度，主要从以下几

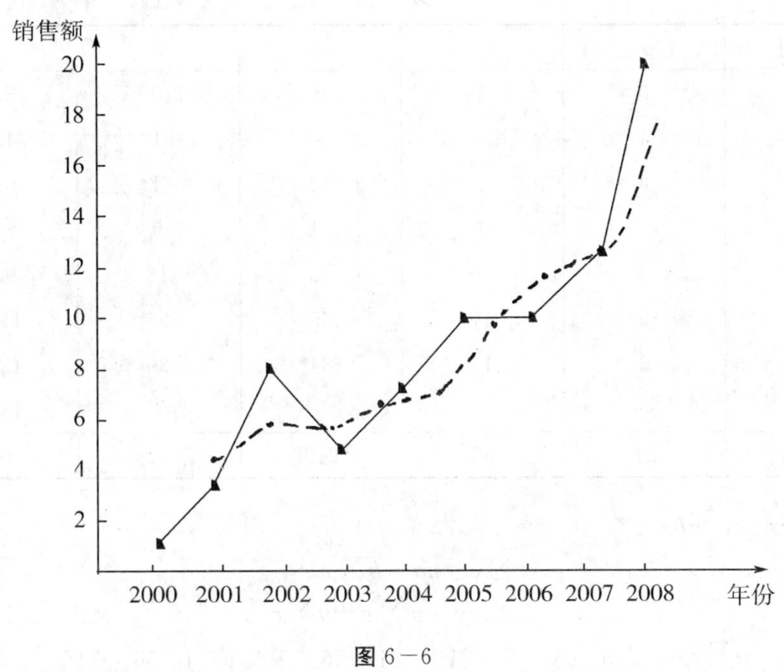

图 6－6

方面考虑：

第一，以原始数列变化的周期长度为移动时间长度。

第二，要求修匀的精确程度的高低 。要求修匀的精确程度越高，移动的时间需更长些；反之，移动的时间可短些。

第三，原始数列各变量间的差异程度。数列波动大，要求移动的时间更长才能反映数列的趋势变化；数列波动小，要求移动的时间短些便可反映数列的趋势变动。

移动平均后数列两端有缺省项，一般不直接用之作外推预测，但可以用消除偶然因素之后的调整数据，以最小平方法拟合趋势线进行预测。用表6－3的移动平均栏数据，用最小平方法拟合趋势线，计算过程见表 6－4。

表 6－4

时间	x	y	xy	x^2	y_c
1	0	4	0	0	3.17
2	1	5	5	1	4.78
3	2	6	12	4	6.39
4	3	7	21	9	8
5	4	9	36	16	9.61
6	5	11	55	25	11.22
7	6	14	84	36	12.83
8	—	—	—	—	14.44
合计	21	56	213	91	70.44

设 $y_c = a + bx$

$$\begin{cases} \sum y = na + b\sum x \\ \sum xy = a\sum x + b\sum x^2 \end{cases}$$

解得：$b = \dfrac{n\sum xy - \sum x \sum y}{n\sum x^2 - (\sum x)^2} = \dfrac{7\times 213 - 21\times 56}{7\times 91 - (21)^2} = \dfrac{1\,491 - 1\,176}{637 - 441} = \dfrac{315}{196} \approx 1.61$

$$a = \frac{\sum y}{n} - b\,\frac{\sum x}{n} = \frac{56}{7} - \frac{21}{7}\times 1.61 = 8 - 3\times 1.61 = 8 - 4.83 = 3.17$$

故　$y_c = 3.17 + 1.61x$

6.2.2　最小平方法

最小平方法是测定长期趋势最常用的、科学的方法。

6.2.2.1　最小平方法的原理

在图 6－7 中，y_c 表明计算的趋势直线或理论值，α，β，γ 表示实际数据（观察值）与趋势值（线）（计算值）之间的偏差。所谓最小平方法，就是使拟合的直线趋势值与实际观测值之间偏差的平方和最小的方法，即：$\alpha^2 + \beta^2 + \gamma^2 =$ 最小值。各观察值均最靠近趋势线（y_c），即观察值与理论值（预测值）接近，预测误差最小，此时这条趋势线是最佳拟合线。

用最小平方法拟合趋势直线的前提条件为：

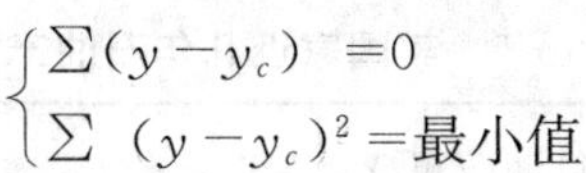

$$\begin{cases}\sum(y-y_c)=0\\ \sum(y-y_c)^2=\text{最小值}\end{cases}$$

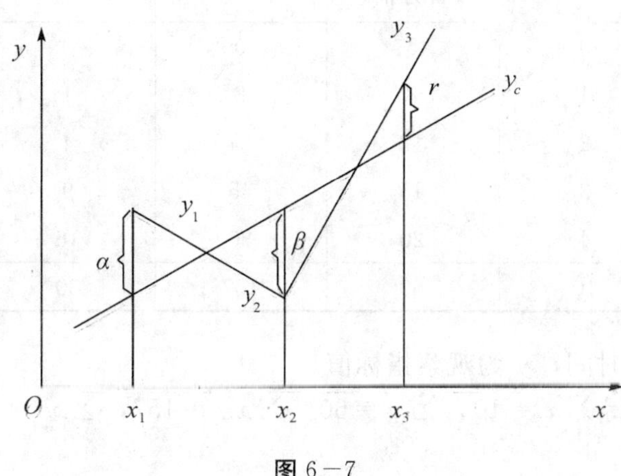

图 6－7

可以通过标准方程式求出 a 与 b，令：

$$y_c=a+bx \tag{6.3}$$

对 $\sum(y-y_c)^2$ 求导数，并令导数等于零时，可得到标准方程组：

$$\begin{cases}\sum y=na+b\sum x\\ \sum xy=a\sum x+b\sum x^2\end{cases} \tag{6.4}$$

由标准方程组可求得：

$$\begin{cases}a=\overline{y}-b\overline{x}\\ b=\dfrac{n\sum xy-\sum x\sum y}{n\sum x^2-(\sum x)^2}\end{cases} \tag{6.5}$$

通过标准方程组便可求出 a 与 b。

注：标准方程式的推导，见本节最后的［数学补注］。

6.2.2.2　趋势线的计算方法

根据表 6－5 拟合趋势直线并预测 2015 年石油产量。

表 6－5　某国家近几年石油产量

年份（年）	x	石油产量 y（百万桶）	xy	x^2	y_c
2005	0	5	0	0	4.6
2006	1	8	8	1	8.3
2007	2	12	24	4	12.0
2008	3	15	45	9	15.7
2009	4	20	80	16	19.4
合计	10	60	157	30	60.4

表中，x 为时间，y 为观察指标值。

由表 6－5 得 $\sum x=10$，$\sum y=60$，$\sum xy=157$，$\sum x^2=30$，代入公式 6.4 得：

$$\begin{cases}60=5a+10b\\157=10a+30b\end{cases}$$

$$a=4.6，b=3.7$$

解得趋势线为：

$$y_c=4.6+3.7x$$

由公式求得 y_c 值是推断值，将 $x=0$，1，2，3，4 代入公式 6.3，则得各年长期趋势值，见表 6－5 最后一栏。

如果用此趋势方程预测 2015 年石油产量，可将时间 x 代入估计方程。

2015 年（$x=10$）时，则

$$y_{2015}=4.6+3.7\times10=41.6\text{（百万桶）}$$

式中，a 为固定值，b 为平均变化量。

[数学补注]

以下为标准方程的推导证明，供参考。

设所求公式为：$y_c=a+bx$。若观测值为 y，则：

$$\sum(y-y_c)^2=\min$$

因此，

$$Z=\sum(y-y_c)^2=\sum(y-a-bx)^2$$

令
$$\frac{\partial Z}{\partial a}=0,\ \frac{\partial Z}{\partial b}=0$$

满足上述条件可以求得 a 与 b，即：

$$\frac{\partial Z}{\partial a}=\sum(-2)(y-a-bx)=0$$

$$\frac{\partial Z}{\partial b}=\sum(-2x)(y-a-bx)=0$$

故 $\sum(y-a-bx)=0$，$\sum(xy-ax-bx^2)=0$，由此得：

$$\begin{cases}\sum y=na+b\sum x\\ \sum xy=a\sum x+b\sum x^2\end{cases}$$

6.3 季节变动

季节变动在分类上属于周期变动。比如，啤酒的销售额是夏高、冬低；百货公司的销售额是节假日多，平时较少。与一年内产生的季节变动相似的还有一天中气温的变动、一周内每天超市的销售额或一个家庭的消费额的变化等等，该类问题均可以用季节变动的方法处理。

在这些变动中，气候属自然原因，节假日中销售额、旅客量等的上升属制度或风俗习惯因素，即使在某季或某日存在不符合常规的变动，但从长期看，它们存在着某种程度的规律性变动。

季节变动测定的目的是：

第一，计算季节指数。通过季节指数的大小反映某社会经济现象属于生产、销售、消费的旺季或淡季，了解一年各季某变量（如啤酒的销售量）的变化大小，便于企业制订生产、销售计划。

第二，若用原数列除以相应各季的季节指数，就可以了解在没有季节变动的情况下变量的大小，即“季节调整后”的时间数列。

6.3.1 测定季节变动的基本思想

测定季节变动的基本思想是从时间数列中消除非季节变动的影响因素（T，C，I）。以啤酒为例，其销售量夏天高、冬天低，每年循环往复。

图 6－8 表示三年啤酒销售的变动情况，虽然啤酒的销售依赖于季节条件（尤其是气候），但是每年的波峰与波谷略有移动，这可视为不能预先估计的偶然因素的作用。

若将许多年度的 7 月份变量值加以合计，由偶然因素引起的不规则变动可以相互抵消。因此，将多年 7 月份数值加以合计，求出的平均值应当不再含有不规则变动 I。倘若长期趋势变动 T 与景气变动 C 可以消除的话，剩下的只有季节变动 S，当用指数形式表示季节变动时便是季节指数。

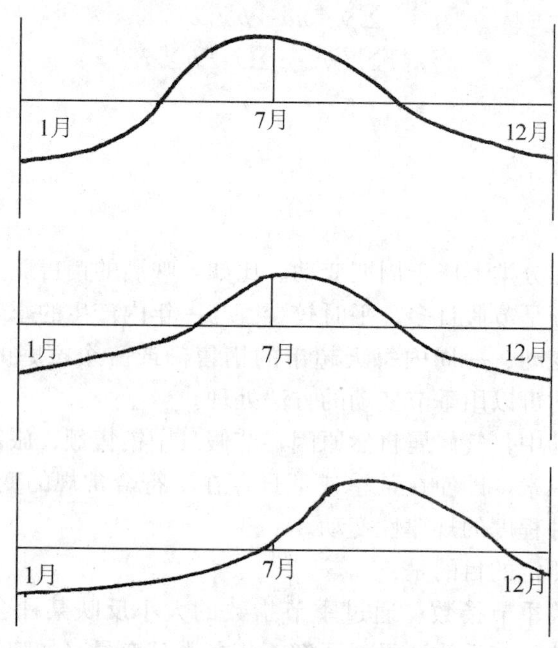

图 6－8 三年啤酒销售的变动情况

6.3.2 季节变动的测定方法

6.3.2.1 简单平均法

如果在分析客观现象的季节变动时不考虑长期趋势的影响，直接由原始时间数列计算季节比率，便可运用简单平均法（按月平均法）。其计算步骤为：

第一，将各年同月（季）数值加总，求若干年内同月（季）的平均数；

第二，将若干年内每个月（季）的数值加总，求全部资料总的月（季）平均数；

第三，将若干年同月（季）平均数与总的月（季）平均数相比，便得到各月（季）的季节比率。

季节指数（或季节比率）的计算公式为：

$$季节指数（\%）=\frac{同月（季）平均水平}{全部资料的月（季）平均水平}\times 100\%$$

【例】 某童装商店的童装销售情况见表6－6，求各季度季节比率。

表6－6　某童装商店童装销售情况　　单位：千元

年份（年）	1季度	2季度	3季度	4季度
1	50	46	30	40
2	55	50	38	50
3	65	65	42	60
同季平均	56.7	53.7	37	50
季节比率（%）	115	108.9	75	101.4

注：表中数字保留一位小数。

$$全部资料的季平均数=\frac{591}{4\times 3}\approx 49.3（千元）$$

$$一季度季节比率=\frac{56.7}{49.3}\approx 1.15=115\%$$

$$二季度季节比率=\frac{53.7}{49.3}\approx 1.089=108.9\%$$

$$三季度季节比率=\frac{37}{49.3}\approx 0.75=75\%$$

$$四季度季节比率=\frac{50}{49.3}\approx 1.014=101.4\%$$

6.3.2.2　趋势剔除法

表6－6明显反映出季节变化趋势，即春节及“六·一”儿童节期间童装的销售额较大，第三季度明显降低，第四季度有所回升。但在不同年份同一季度中呈现增加趋势，这说明各年各季童装销售额不但受季节因素影响，还受长期趋势的影响，即消费观念的变化、消费水平的提高等因素致使各年同季度内的销售额增加。因此，要准确反映季节变化的程度，不能简单地用“按月平均

法”计算季节比率，应将原始时间数列中长期趋势剔除以后，再计算季节比率，即采用趋势剔除法。

（1）趋势剔除法的计算步骤

趋势剔除法的计算步骤如下：

①根据各年实际资料（y），用移动平均法或最小平方法求出长期趋势值（T）。

②将实际值除以趋势值（$\frac{y}{T}$）或减去趋势值，得到剔除趋势后的变量。

③将剔除趋势后的数值按月（季）排列，并以之为变量求月（季）的季节比率（用按月平均法计算）。

④加总各季节比率，其总和应为1200%（按月计算的季节比率）。如果不等于1200%，需用调整系数$\left(\frac{1200\%}{\text{实际季节比率总和}}\right)$乘以各月的季节比率加以调整，所得结果为调整后的季节比率。在用“按月平均法”计算季节比率时，同样应该用这一方法加以调整，但在实际工作中常忽视了这一较小数值。

（2）加法模式剔除趋势（最小平方法测定趋势）

表6－7是某冷冻蔬菜两年的库存数据（若干年的资料处理方法相同）。

假定影响该时间数列的各因素可用加法模型表示：

$$Y=T+S+C+I$$

表中的第（4）栏有两种解释：一种解释认为，平均化只消除了原数列的不规则变动I；另一种解释认为，若采用若干年度的平均，不仅消除了不规则变动I，景气循环变动C也因为相互抵消而被消除了。我们采纳第二种见解，即当景气循环的上升与下降大致相等时，若平均化的时间长度是一个循环的长度，现象上升与下降的期间与景气波动振幅大体相同，那么这一平均化过程刚好使景气循环效果相互抵消。

因此，第（4）栏的平均值便剔除了不规则变动I和景气循环波动C，即该时间数列只包含长期趋势变动T和季节变动S。倘若可以将T消除，则余下的只是S了。由第（4）栏（$T+S$）减去第（5）栏（T），结果剩下第（6）栏的S。第（6）栏是原始数列剔除趋势后的季节变动S，求出第（6）栏的平均值（本例中为490），然后用第（6）栏的各值除以490，其结果为第（7）栏，即各月的季节指数。

表 6-7 某冷冻蔬菜的库存量 单位：吨

月	(1) 第一年	(2) 第二年	(3) (1)+(2)	(4)=(3)/2 $T+S=Y$	(5) 趋势(T)	(6)=(4)-(5) $S=Y-T$	(7)=(6)/490 季节指数(%)
1	560	780	1 340	670	36	634	130
2	500	720	1 220	610	72	538	110
3	450	670	1 120	560	108	452	91.8
4	420	660	1 080	540	144	396	80.8
5	420	630	1 050	525	180	345	70.4
6	480	660	1 140	570	216	354	72.2
7	590	730	1 320	660	252	408	83.3
8	750	860	1 610	805	288	517	105.5
9	860	970	1 830	915	224	691	141
10	900	980	1 880	940	360	580	118.4
11	900	950	1 850	925	396	529	108
12	850	870	1 720	860	422	438	89.4
78	7 680	9 480	17 160	8 580		5 882	
月平均	640	790	1 430	715		490	

各月季节指数如图 6-9 所示，各季节指数围绕横轴（一年中每月的平均水平 100%）上下波动。当季节指数曲线与横轴重合时，即各个季节指数均为 100%，表明该社会经济现象不受季节因素的影响（或不存在季节变动）。季节

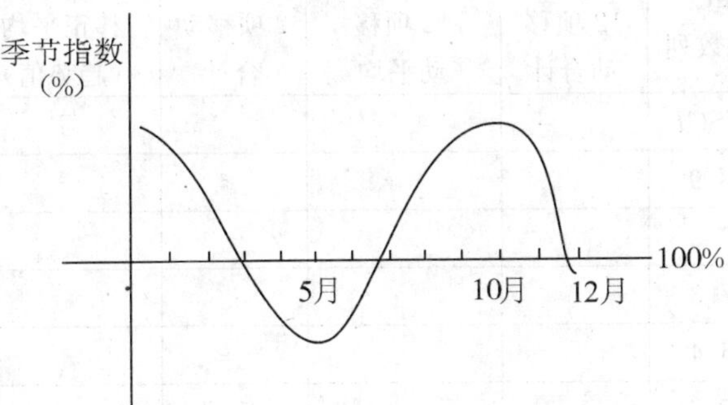

图 6-9 各月季节指数

指数曲线离横轴越远（曲线起伏越大），表明该社会经济现象受季节因素影响越大；反之越小。

为了消除现象中的趋势影响，必须求出库存量变化的趋势方程，然后再根据趋势方程求出变化量（即为趋势值），如表 6－7 第（5）栏所示。

用表 6－7 第（4）栏的资料，可得：

$$b=\frac{n\sum xy-\sum x\sum y}{n\sum x^2-(\sum x)^2}$$

$$=\frac{12\times 60\,965-78\times 8\,580}{12\times 650-78\times 78}$$

$$=\frac{731\,580-669\,240}{7\,800-6\,084}$$

$$=62\,340/1\,716=36.33\approx 36$$

$$a=\frac{\sum y}{n}-b\frac{\sum x}{n}=\frac{8\,580}{12}-36\times\frac{78}{12}=715-234=481$$

故 $y_c=481+36x$，其中 $b=36$，表示月平均增加量，即趋势值。

（3）乘法模式剔除趋势（移动平均法测定趋势）

假定时间数列各要素之间的关系用乘法模式表示，此时应该用除法剔除趋势。

【例】某啤酒销售点近几年各月的销售量见表 6－8，要求用趋势剔除法计算各月的季节指数。

表 6－8　计算表：啤酒销售量　（单位：吨）

年度	月	(1) 原数列	(2) 12 项移动合计	(3)＝(2)/12 12 项移动平均	(4) 2 项移动合计	(5)＝(4)/2 移正平均（趋势值）	(6)＝(1)/(5)（剔除趋势）
		$TSCI$				T	$S\cdot I\cdot C$
2007	7	8.9					
	8	9.2					
	9	7.3					
	10	6.4					
	11	5.8					
	12	6.2	90.4	7.57			

续表6－8

年度	月	(1) 原数列	(2) 12 项移动合计	(3)＝(2)/12 12 项移动平均	(4) 2 项移动合计	(5)＝(4)/2 移正平均 (趋势值)	(6)＝(1)/(5) (剔除趋势)
2008	1	6.4	91.4	7.62	15.19	7.6	84
	2	6.6	90.9	7.58	15.20	7.6	87
	3	7.9	90.1	⋮	⋮	⋮	105
	4	7.9	90.2				105
	5	8.7	90.3				116
	6	9.4	90.2				125
	7	9.6	90.7				127
	8	8.7	⋮				⋮
	9	6.5					
	10	6.5					
	11	5.9					
	12	6.1					
2009	1	6.9					
	⋮						
	⋮						

使用表 6－8 啤酒的销售量数据，计算步骤及结果如下。

①用移动平均法测定趋势——第（5）栏。

2007 年 12 月与 2008 年 1 月之间所填入的数字 90.4，是 2007 年 7 月至 2008 年 6 月的移动合计数。同时，2008 年 1、2 月之间的 91.4 是由 2007 年 8 月至 2008 年 7 月移动合计，以此类推。第（2）栏的数字除以 12 所得之值填入第（3）栏。该栏的 7.57 或 7.62 是填在月与月之间的数值，为了使移动平均值刚好对应于各个月份，必须作修正平均，即将最初的两个移动平均值 7.57 与 7.62 加以合计，填入对应于 1 月的第（4）栏，将其除以 2 可得到第（5）栏的移正平均值。第（5）栏的数据刚好与 1、2 月份对应，它是表示趋势的数列。

②用乘法模式剔除趋势——第（6）栏。

用第（1）栏除以第（5）栏得第（6）栏，表示剔除趋势后的新的变量数列，然后用按月平均法计算季节指数。

③计算季节比率。

将表6－8中第（6）栏中3年各月资料列表并用按月平均法计算季节指数，见表6－9。

表6－9　计算表：季节指数

	1	2	3	4	5	6	7	8	9	10	11	12	合计
2007年	84	87	105	105	116	125	127	116	86	87	79	81	1 198
2008年	92	79	102	108	120	121	91	91	70	81	70	81	1 198
2009年	92	86	100	102	118	130	131	105	97	91	78	92	1 222
合计	268	252	307	315	354	376	389	333	274	269	227	254	3 618
计算平均	89	84	102	105	118	125	130	111	91	90	76	85	1 206
调整后平均	88.6	83.6	119	104	117	124	129	110	90.5	89.6	75.5	84.6	1 200

表6－9中，2007—2009年各月的平均值表示以100为基准的季节指数。

表中12个月季节指数之和为1 206，但理论上应为1 200，故可用系数（1 206/1 200＝1.005）调整，调整后的季节指数见表6－9最后一栏。

6.3.3　季节指数的应用

季节指数能够反映经济现象在一年内不同时间的变化，实际工作部门可利用季节指数安排计划或进行预测和决策。

在时间数列分析中，有时我们可消除季节变动的影响，以便更清晰地反映数列的长期趋势或景气循环变动。此时只需要用实际值除以相应时期的季节指数，从而更好地表现长期趋势和景气波动，可用下式表示：

$$\frac{T \cdot S \cdot C \cdot I}{S} = T \cdot C \cdot I$$

6.3.3.1　用季节指数解释数据

季节指数经常被用来调整数据，这种调整后的数据有利于正确了解引起时间数列变动的原因。

【例】某批发商店的销售额和季节指数的资料见表 6－10。

表 6－10　销售额分析表

月	实际销售额（万元）	季节指数（%）	调整后的销售额（万元）	环比增长速度（%）	
				实际	调整后
	(1)	(2)	(3)＝(1)/(2)	(4)	(5)
1	452.7	113.0	400.6	—	—
2	682.4	182.0	374.91	50.7	－6.8
3	326.8	76.0	430.0	－52.1	9.4

表 6－10 说明从 1 月到 2 月销售额急剧增加，从 2 月到 3 月则急剧下降。要解释其原因，必须认真分析研究引起数据变动的因素。

季节指数提供了一条线索，2 月的季节指数急剧上升，3 月的季节指数又陡然下降。

用实际销售额除以季节指数，消除季节变动的影响得到调整后的销售额。从第（3）栏调整后的销售额可以看出，2 月份销售额并不令人欣喜，3 月份销售额也不令人忧虑。这是因为消除季节变动的影响以后，2 月份的实际销售额是下降的，而 3 月份的销售额却在提高。

我们也可以用第（4）栏与第（5）栏观察季节变动的影响效果。如果只看第（4）栏未调整的销售额的环比发展速度，2 月份增长 50.7%，3 月份却降低 52.1%，而从调整后的销售额第（5）栏可以看出 2 月份降低了 6.8%、3 月份提高了 9.4%。可见，表面上 2 月份销售额剧增，实际上是由于逢春节期间销售旺季所致，并不能说明是销售方式改变、销售人员努力或管理加强使其销售额居高。如果消除季节影响，2 月份的销售额并不理想；反之，3 月份销售额虽然降低，但如果消除季节影响后，实际则是上升的。

6.3.3.2　编制计划

如果没有季节变动，现象在一年内各时期的数值变化是均匀的，即季节指数大致为 100%。如果存在季节变动，现象在一年内各期数据必有波动，即各时期的季节指数是不相同的。所以，我们可以根据各时期的季节指数安排生产计划。

【例】某企业计划当年的空调生产量为 72 000 台，由于空调的生产和销售受季节影响，所以各季的生产量要考虑相应的季节变动。根据前几年的资料计算出各季的季节指数，见表 6－11，则各季应生产的空调量见表 6－11 最后一栏。

表 6－11 季节调整表

季	季节指数（%） (1)	不含季节变动的均量（台） (2)	含季节变动的量（台） (3) ＝ (1) × (2)
一	50.8	180	9144
二	90.5	180	16290
三	196.7	180	35406
四	62.0	180	11160
合计	400.0	720	72000

6.3.3.3 估计总量

如果季节变动以一年为长度，则可结合某时期的数值和相应的季节指数估计全年的总量。

【例】某月季节指数为 0.9，实际销售额为 22.5 万元，则全年销售额是多少?

因为 22.5 万元是具有季节变动的销售额，这样，我们可以根据当月的季节指数求出不含季节变动的月销售额，然后乘上 12 个月便是全年总的销售额，即：

$$\frac{22.5}{0.9}\times 12=300\text{（万元）}$$

应当指出，这种估计是在销售额、季节指数保持不变，并且数列仅受季节变动影响条件下进行的。

6.4 周期波动

周期波动是指一年以上的、各波动周期长短不一致的循环变动。周期波动广泛存在于自然现象和社会现象中。例如，果树结果量有大年（丰年）、小年的变化；一种新产品问世后，往往要经历由小批量试销到大批量销售，最后渐渐被其他新产品所代替的过程，即存在产品生命周期。要认识和掌握现象周期变动的规律，预测下一个波动可能产生的各种影响，尽可能扬长避短。测定周期波动长度、波动程度及其形态，对于作出相应的战略决策具有十分重要的意义。

一个周期波动，一般分为下面四个阶段。

第一阶段：波谷，它是指整个周期变动中的最低点。

第二阶段：现象经过波谷阶段后，改变方向，开始回升。这个阶段称为扩张阶段，在周期波动测定中各数值开始逐渐增加。

第三阶段：现象扩张到最高点达到顶峰，这个阶段称为波峰。它的测定数值是整个周期波动中的最高值。

第四阶段：现象改变方向开始下滑，称这个阶段为衰退阶段。这时，周期波动的测定数值由大变小。

时间数列中最困难的问题是周期波动的测定，因为这种波动并没有比较稳定的周期长度。不过，对于任何一个具体的时间数列，都可以采用分解法去掉其他影响因素，从而显示数列的周期波动。

测定周期波动的常用方法是剩余法，其基本原理来源于乘法模型。这种方法是：先从时间数列中消除季节变动和长期趋势，然后再用移动平均法消除不规则波动，所剩的部分即是周期波动。

先消除季节变动，后消除长期趋势：

$$\frac{Y}{S}=\frac{T\cdot S\cdot C\cdot I}{S}=T\cdot C\cdot I$$

$$\frac{T\cdot C\cdot I}{T}=C\cdot I$$

先消除长期趋势，后消除季节变动：

$$\frac{Y}{T}=\frac{T\cdot S\cdot C\cdot I}{T}=S\cdot C\cdot I$$

$$\frac{S\cdot C\cdot I}{S}=C\cdot I$$

同时消除季节变动与长期趋势：

$$\frac{Y}{T\cdot S}=\frac{T\cdot S\cdot C\cdot I}{T\cdot S}=C\cdot I$$

如果我们掌握的年度资料中无明显的季节变化，并已知所涉及的年度中没有重大事件影响时间数列，即时间数列中不含有季节变动和不规则变动（$Y=T\cdot C$），这样就可用时间数列中的实际值 Y 除以其相应的趋势值 T，其结果便可以度量周期波动。

【例】表 6－12 是某农场各年水果产量时间数列，第（2）栏是实际产量，第（3）栏是每年直线趋势值，第（4）栏是消除趋势后的周期波动。

表 6－12　某农场水果产量

年份（年）	水果产量（吨）$Y=T\cdot C$	估计产量 $y_c=T$	周期波动程度（%）
（1）	（2）	（3）	（4）＝（2）/（3）
1	7.5	7.6	98.7
2	7.8	7.8	100.0
3	8.2	8.0	102.5
4	8.2	8.2	100.0
5	8.4	8.4	100.0
6	8.5	8.6	98.8
7	8.7	8.8	98.8
8	9.1	9.0	101.1

通过这些数值可以看出，第 1 年周期波动程度最小，为 98.7%，因此这一年是波谷。第 3 年周期波动程度最大，为 102.5%，因此这一年是波峰。从第 1 年到第 3 年为扩张阶段，从第 3 年到第 7 年为衰退阶段。

［习题］

一、思考题

1. 时间数列因素分析的基本模型是什么？基本模型的假设条件是什么？
2. 测定长期趋势的两种方法是什么？各有什么特点？
3. 移动时间长短应考虑哪些因素？
4. 奇、偶数项移动时，方法有什么不同？
5. 当各季季节指数为 100%，该时间数列可能受几个因素的影响？

6. 掌握按月（季）平均法计算季节指数的公式。

7. 了解趋势剔除法计算季节指数的步骤。

二、计算题

1. 某商店销售额资料如下表所示，试分析 2006—2008 年销售额在剔除季节影响因素后的提高或降低情况。

时间（年）	销售额（万元）	环比增长速度（%）	季节指数（%）
1	448.8	—	102
2	680.4	51.6	180
3	332.0	−51.2	80

2. 某地区各年粮食产量资料如下表所示：

年份	1	2	3	4	5	6
粮食产量（万吨）	85.6	91	96.1	101.2	107	112.2

试运用最小平方法配直线方程，并预测该地区 2015 年的粮食产量。

3. 某企业 6 年间各季度产值资料如下表所示，试用按季平均的方法求季节指数。

季 年	一季	二季	三季	四季
1	108	128	94	78
2	112	132	88	68
3	109	134	84	73
4	110	131	60	69
5	108	135	89	68
6	106	120	63	72

4. 某企业近 5 年生产情况如下表所示：

年份	固定资产利润率（%）	利润（万元）	年初固定资产（万元）
1		10	100
2		12	140
3		15	160
4		15	180
5		18	200
合计		70	

（1）计算各年固定资产利润率（写出计算过程）。

（2）计算所缺的合计栏数据（写出计算过程），解释其经济意义。

（3）用时间和固定资产两列数据拟合趋势直线，并预测 2015 年的平均固定资产。

5. 某啤酒在某地的销售量如下表所示（单位：吨）：

年份	1	2	3	4	5	6	7
啤酒					2	2.5	2.5
销售量	10	11	13	15	4	5	5.5
					6	6.5	7
					3	4	4

预测第 8 年各季啤酒的生产量或销售量。

7. 统计指数

指数分析是时间数列分析的延伸，是时间数列在运用上的扩展。我们在对社会经济指标进行动态对比分析时，可直接将不同时期的GDP或某一种商品的生产量和销售量进行对比，计算发展速度和增长速度，它是构成时间数列分析的主要内容之一。当我们需要研究性质不同、不能直接加总的多种事物的总变动，如多种商品的生产量、销售量及价格的总变动时，便需要用统计指数的方法加以研究。本章主要包括综合指数、平均指数及指数体系和因素分析的基本理论及综合运用。

7.1 统计指数的概念与分类

7.1.1 统计指数的概念

统计指数是研究社会经济现象数量变化的动态相对数。统计指数有广义和狭义之分。广义的统计指数泛指社会经济现象数量变动的动态相对数，它既分析综合现象，也包括反映单个现象发展变化程度的发展速度指标。例如，我国上海和深圳证券交易所上市的股份制公司由 20 世纪 90 年代初的 10 多家发展到现在的1 700家左右，上市公司家数（单个现象指数）为原来的 100 多倍。又如，2008 年全国城镇居民人均可支配收入为 15 781 元、2007 年为13 786元，扣除价格因素，实际增长 8.4%，其指数为 108.4%。狭义的统计指数是一种特殊的动态相对数，它用于反映不能直接加总的复杂现象的数量变动，如某地区在一定时期内工农业总产量的动态相对数。本章主要讨论狭义统计指数的编制，简单现象的动态分析详见“时间数列指标分析”一章。

7.1.2 统计指数的作用

统计指数在分析社会经济活动中起着极为重要的作用，具体表现在以下几方面：

第一，各种复杂的社会经济现象具有不同的经济内容，其计量单位不同，不能直接加总用以综合反映它们的变动。狭义统计指数理论正好解决了这一难题，它能综合反映复杂现象总体数量的变动状况，以相对数形式表明多种商品数量指标和质量指标的综合变动程度和方向。

第二，利用指数体系，从数量指标指数和质量指标指数的相互联系中对现象的总变动进行因素分析，找出各个因素对总变动的影响程度和产生的实际效果。例如，在编制多种产品的产量指数和价格指数基础上，通过产值指数 = 产量指数 × 价格指数这一指数体系，可以分析产量和价格二因素的变动对产值总变动的影响，从中找出影响产值变动的主要因素。

第三，利用动态指数数列，可以分析综合现象在长时间内的发展变化趋势。比如，为了反映某地区 2000 年以来主要商品销售量的变化，可以编制销售量的定基指数数列或环比指数数列，从纵向反映主要商品销售量的变化程度和变动趋势。

7.1.3 统计指数的分类

按照反映对象的范围不同，可将统计指数分为个体指数和总指数。个体指数反映个别现象（或单个事物）的变化情况，如某一种工业产品产量的变动程度、个别商品零售价格的变化程度等。总指数是反映综合现象（商品或劳务）总的数量变动的相对数，如反映多种商品销售价格综合变动程度的零售物价总指数，反映多种产品生产量综合变动程度的产量总指数等。在个体指数和总指数之间还可设置组指数（或称类指数），它表明多项事物中某一组（或某一类）现象的动态变化，如对工业产量可分别计算重工业产量指数和轻工业产量指数，对GDP可分别计算不同时期一、二、三产业的发展速度（指数）。组指数在计算上与总指数类似，但它可以起个体指数的作用。

指数按其表明现象的数量特征不同，分为数量指标指数和质量指标指数。数量指标指数表明数量指标的发展变动程度，如职工人数指数、商品销售量指数等。质量指标指数反映质量指标的发展变动程度，如劳动生产率指数、商品价格指数。反映数量指标变动的指数简称为数量指数，反映质量指标变动的指数简称为质量指数。

在指数数列中，按其所确定的基期不同分为定基指数和环比指数。定基指数是指在指数数列中各指数均以某一固定时期的水平作为对比基数。如果每个指数都以该指数所属时期的前一期水平作为对比基数，则称为环比指数。

指数的应用范围扩大后，按比较对象不同，统计指数可分为时间指数、空间（或地区）指数和计划完成指数。时间指数是反映现象在不同时期变化的情况，或称动态指数。地区指数说明某种社会经济现象在地区之间的比较，如同一商品（或同类商品）的价格在不同地区之间比较，同型号的美的空调相同时间在广东省的销售价格与在四川省的销售价格相除。计划完成指数反映现象计划完成程度，它是同一时期内实际值与计划值之比。地区指数和计划完成指数都是同一时期社会经济指标数值的对比，故又称之为静态指数。

7.1.4 统计指数的性质

统计指数具有以下性质。

7.1.4.1 综合性

统计指数主要反映各种不同性质的社会经济现象总体变化的程度和方向。只有用指数才能综合反映那些性质不同，不能直接加总的复杂的社会经济现象的数量变化情况。可见，统计指数具有综合性。

7.1.4.2 代表性

社会经济现象是复杂的，所涉及的范围极为广泛，在编制指数时，常常以若干主要商品为代表，而不是将所有商品一一列入计算范围。例如，我国编制零售物价指数就是在正确选择若干代表性商品基础上，以这些商品个体价格的变动（个体价格指数）为变量编制的，用以反映全部零售商品物价总水平的变化，它对整个零售市场物价水平的变动具有代表性。

7.1.4.3 相对性

指数是报告期资料与基期资料对比所得到的相对数或比率，表明现象发展变化的程度，而不是绝对水平或规模。在编制指数时，应注意分子与分母资料的可比性。其可比性是指分子与分母资料所包括的时间长短必须一致、综合项目的名称和性质等方面均必须一致。例如，在编制物价指数时，报告期指标和基期指标的“时期”长短相同，商品名称、商品质量必须具有可比性，只有根据可比资料计算的物价指数才能真实地反映物价水平的变化。

7.1.4.4 平均性

指数所表示的综合变动是根据多种事物的代表样本计算的，尽管单个样本在不同时期变动程度各异，但其结果（综合指数）反映多种事物平均变动情况，所以，指数具有平均性，指数是某类现象或所有研究现象变动程度的代表。统计指数的平均性在总指数的平均形式分析中得到充分体现。

7.2 总指数的综合形式

总指数有两种形式，即综合形式和平均形式；或者说，总指数包括综合指数和平均数指数。

7.2.1 总指数综合形式的特点

总指数综合形式的计算特点表现为：先综合，后对比。在编制综合指数时，首先将不能直接相加和直接对比的指标转化为可以相加、对比的价值指标，其转化需要借助于同度量因素。比如，工业产品和农业产品不能直接相加，当引入价格因素计算产值指标后便可以相加、对比了，借助产值的变动间接反映各种不同使用价值商品的产量的总变动和价格的总变动。在统计学中，称这个引入的因素为同度量因素，由于它同时具有权衡各指标在总量变动中轻重的作用，所以在统计指数中称为权数。其次，在统计指数分子、分母价值指标中所引入的同度量因素必须固定在某一时期，这样才能反映所要测定因素的变动情况（不反映同度量因素的变动）。不同总指数反映的问题不同，其作用各异，因而便出现了如何确定同度量因素及同度量因素应该固定在什么时期等问题。这是编制统计指数必须解决的重要问题。

7.2.2 总指数的各种综合形式

在编制综合指数中，从理论上考虑，同度量因素时期的确定所用的几种方法都有其合理性。

7.2.2.1 基期加权综合法

在基期加权综合的指数中，不管是数量指数还是质量指数，所引入的同度量因素都固定在基期水平，即：

$$\text{质量指数}=\frac{\sum p_1q_0}{\sum p_0q_0};\quad \text{数量指数}=\frac{\sum q_1p_0}{\sum q_0p_0} \tag{7.1}$$

这是拉贝斯于 19 世纪中叶提出的，称之为拉氏公式。拉氏物价指数以基期销售量为权数（q_0），目的是为了表明在维持基准生活水平的条件下物价变化程度；拉氏数量指数以基期物价为权数（p_0），目的是为了说明在物价水平不变的前提下，物量综合变动的程度。例如，某电器商场几种相同品牌和型号的电器商品的销售情况见表 7－1。

表 7－1　某电器商场不同时期商品销售情况

商品名称	计量单位	基期			报告期		
		销售量	单价（元）	销售额（万元）	销售量	单价（元）	销售额（万元）
空调	台	1 000	3 200	320	1 100	3 300	363
洗衣机	台	200	1 100	22	200	1 050	21
手机	部	3 000	1 000	300	3 100	900	279
合计	—	—	—	642	—	—	663

根据拉氏公式，由上表资料得：

$$\begin{aligned}\text{物价指数}&=\frac{\sum p_1q_0}{\sum p_0q_0}\\&=\frac{1\,000\times0.33+200\times0.105+3\,000\times0.09}{642}\end{aligned}$$

$$=\frac{600}{642}\approx 93.5\%$$

$$\sum q_0 p_1-\sum q_0 p_0=600-642=-42\text{（万元）}$$

计算结果表明，几种商品在不同的价格水平下，物价综合变动的程度为93.5%，即物价下降了6.5%。公式中分母$\sum p_0 q_0$是各种商品基期价格与基期销售量乘积之和，即基期实际销售额；分子$\sum p_1 q_0$是按基期销售量计算的报告期假定销售额；分子与分母的差额表明按照基期的消费标准（消费量）因物价变动使消费者增加（或减少）支付的金额。本例中消费者报告期购买这三种消费品比基期少支付42万元。

$$\text{销售量指数}=\frac{\sum q_1 p_0}{\sum q_0 p_0}$$

$$=\frac{1\,100\times 0.32+200\times 0.11+3\,100\times 0.1}{642}$$

$$=\frac{684}{642}=106.54\%$$

$$\sum q_1 p_0-\sum q_0 p_0=684-642=42\text{（万元）}$$

计算结果表明，在物价水平不变的前提下，物量（销售量）综合变动的程度为106.54%，即销售量提高6.54%。公式中分母$\sum q_0 p_0$是基期销售额；分子$\sum q_1 p_0$是按基期价格计算的报告期假定销售额；分子与分母的差额表明因销售量的变动而增加（或减少）的金额。本例中因该商场销售量变动增加了42万元的收入。

7.2.2.2 报告期加权综合法

在报告期加权综合指数中，不管是质量指数还是数量指数，所引入的同度量因素都固定在报告期水平，即：

$$\text{质量指数}=\frac{\sum p_1 q_1}{\sum p_0 q_1};\qquad \text{数量指数}=\frac{\sum q_1 p_1}{\sum q_0 p_1} \tag{7.2}$$

这是帕许继拉氏之后提出的，称为帕氏公式。帕氏公式用报告期资料为权数考虑了现实经济意义。但是，报告期的权数资料往往难以及时取得，要收集报告期的权数资料工作量较大；并且在指数数列中各时期权数不同，不利于各指数之间直接比较，即不同时期的帕氏指数缺乏可比性。

根据帕氏公式，由表7－1的资料可得：

$$\text{物价指数}=\frac{\sum p_1 q_1}{\sum p_0 q_1}=\frac{663}{684}=0.97\text{（或 97\%）}$$

$\sum p_1q_1-\sum p_0q_1=663-684=-21$（万元）

计算结果表明，三种商品物价综合变动的程度为 97%，即物价下降了 3%。公式中分母$\sum p_0q_1$是按基期价格、报告期销售量计算的假定基期销售额；分子$\sum p_1q_1$是报告期实际销售额；分子与分母的差额表示按报告期的消费标准因物价变动使消费者增加（或减少）支付的金额。本例中消费者因物价变动而少支付 21 万元。

$$销售量指数=\frac{\sum q_1p_1}{\sum q_0p_1}=\frac{663}{600}=1.105（或 110.5\%）$$

$\sum q_1p_1-\sum q_0p_1=663-600=63$（万元）

计算结果表明，在报告期价格条件下，销售量综合变动的程度为 110.5%，即销售量提高了 10.5%。公式中分子$\sum q_1p_1$是报告期实际销售额；分母$\sum q_0p_1$是按报告期价格计算的基期假定销售额；分子与分母的差额表明按报告期的价格标准因销售量变动该商场多收入（或少收入）的金额。本例中该商场多收入 63 万元。

为了便于理解和保持指数体系的完整，为了计算简便以及使分析具有现实意义，在我国，一般而言，编制数量指标指数时，以相应的质量指标作为同度量因素，并且固定在基期；编制质量指标指数时，以相应的数量指标作为同度量因素，并且固定在报告期，即：

$$\begin{aligned}
&数量指标指数=\frac{\sum q_1p_0}{\sum q_0p_0}（拉氏物量指数）\\
&质量指标指数=\frac{\sum p_1q_1}{\sum p_0q_1}（帕氏质量指数）\\
&总额指标指数=\frac{\sum q_1p_1}{\sum q_0p_0}
\end{aligned} \tag{7.3}$$

根据表 7－1 的资料分析得到：

$$相对分析：\frac{\sum q_1p_1}{\sum q_0p_0}=\frac{\sum q_1p_0}{\sum q_0p_0}\times\frac{\sum p_1q_1}{\sum p_0q_1}$$

$$\frac{663}{642}=106.54\%\times97\%=103.3\%$$

$$绝对分析：(663-642)=(684-642)+(663-684)$$

$$21=42+(-21)$$

总指数的综合形式是编制指数的基本方法，编制指数的其他方法均是在此基础上派生的。

用该方法可编制GDP价格指数，即：

GDP价格指数=用当年价格计算的GDP/用基年价格计算的GDP

$$=\frac{\sum q_1 p_1}{\sum q_1 p_0}\times 100\%$$

GDP价格指数是以全部最终产品为对象计算的，故它是用来衡量通货膨胀最具广泛基础的价格指数。用这一方法计算的GDP价格指数作为GDP的缩减指数计算不变价格GDP是最科学、最准确的。但这一缩减指数的计算工作量太大，现实中，常用PPI作为缩减指数计算不变价GDP。

7.2.2.3　交叉加权综合法

在现实生活中，人们总是以最小付出获得最大回报行事。一般而言，消费者总是对涨价的商品少买，而对跌价的商品多买；生产者总是对涨价的商品多生产，对跌价的商品少生产。因此，在编制商品的指数时，对于跌价的商品应当增加权数（消费量增加），而对于涨价的商品应当减少权数。拉氏物价指数$\frac{\sum p_1 q_0}{\sum p_0 q_0}$中，不管商品的报告期价格与基期价格相比是涨或跌，均以基期销售量（q_0）为权数；而在帕氏物价指数$\frac{\sum p_1 q_1}{\sum p_0 q_1}$中，均以报告期物量（$q_1$）为权数。可见，用拉氏和帕氏公式计算的指数都会或大或小偏离实现水平。因此，折衷的办法之一便是采用交叉加权综合法。

交叉加权综合指数称为马埃公式。在公式中，引入的同度量因素是拉氏权数和帕氏权数的平均值，即：

$$\text{质量指数}=\frac{\sum p_1\left(\frac{q_0+q_1}{2}\right)}{\sum p_0\left(\frac{q_0+q_1}{2}\right)}$$

$$=\frac{\sum p_1(q_0+q_1)}{\sum p_0(q_0+q_1)}=\frac{\sum p_1 q_0+\sum p_1 q_1}{\sum p_0 q_0+\sum p_0 q_1}\tag{7.4}$$

$$\text{数量指数}=\frac{\sum q_1\left(\frac{p_0+p_1}{2}\right)}{\sum q_0\left(\frac{p_0+p_1}{2}\right)}$$

$$=\frac{\sum q_1(p_0+p_1)}{\sum q_0(p_0+p_1)}=\frac{\sum q_1 p_0+\sum q_1 p_1}{\sum q_0 p_0+\sum q_0 p_1}$$

由表 7－1 的资料得：

$$质量指数=\frac{\sum p_1q_0+\sum p_1q_1}{\sum p_0q_0+\sum p_0q_1}=\frac{600+663}{642+684}=\frac{1\ 263}{1\ 326}=95.25\%$$

$$数量指数=\frac{\sum q_1p_0+\sum q_1p_1}{\sum q_0p_0+\sum q_0p_1}=\frac{684+663}{642+600}=\frac{1\ 347}{1\ 242}\approx 1.085=108.5\%$$

可见，用交叉加权综合法计算的物价指数 95.25％介于拉氏物价指数 93.5％和帕氏物价指数 97％之间。同样，用交叉加权法计算的物量指数 108.5％介于 106.54％和 110.5％之间。

7.2.2.4　几何平均综合法

几何平均综合法是拉氏公式与帕氏公式的几何平均数，称为费喧公式。

$$\begin{aligned}质量指数&=\sqrt{\frac{\sum p_1q_0}{\sum p_0q_0}\cdot\frac{\sum p_1q_1}{\sum p_0q_1}}\\ 数量指数&=\sqrt{\frac{\sum q_1p_0}{\sum q_0p_0}\cdot\frac{\sum q_1p_1}{\sum q_0p_1}}\end{aligned}\tag{7.5}$$

根据表 7－1 的资料得到：

$$\begin{aligned}质量指数&=\sqrt{\frac{\sum p_1q_0}{\sum p_0q_0}\cdot\frac{\sum p_1q_1}{\sum p_0q_1}}=\sqrt{\frac{600}{642}\times\frac{663}{684}}\\&=\sqrt{0.935\times 0.969}=0.906=90.6\%\end{aligned}$$

$$\begin{aligned}数量指数&=\sqrt{\frac{\sum q_1p_0}{\sum q_0p_0}\cdot\frac{\sum q_1p_1}{\sum q_0p_1}}=\sqrt{\frac{684}{642}\times\frac{663}{600}}\\&=\sqrt{1\ 065\times 1.105}=1.177=117.7\%\end{aligned}$$

费喧质量指数是同时采用基期和报告期的数量指标作为权数计算的质量指数的几何平均数。费喧数量指数是同时采用基期和报告期的价格指标作为权数计算的数量指数的几何平均数。

从社会经济现象之间的客观联系看，产品价值的变动是产品价格变动和产量变动共同影响的结果。因此，存在指数体系：

产品价值指数＝产量指数×价格指数

$$\begin{aligned}&=\sqrt{\frac{\sum p_1q_1}{\sum p_0q_1}\cdot\frac{\sum p_1q_0}{\sum p_0q_0}}\cdot\sqrt{\frac{\sum q_1p_1}{\sum q_0p_1}\cdot\frac{\sum q_1p_0}{\sum q_0p_0}}\\&=\frac{\sum p_1q_1}{\sum p_0q_0}\end{aligned}$$

由此可见，根据费喧公式编制的价格指数和产量指数符合三种指数之间所存在的内在联系，它们能够保证指数体系的完整性。单纯从指数理论角度考虑，费喧公式是比较理想的；但这一公式计算复杂，资料来源难以保证，所以在实际工作中很少运用。

拉氏公式或帕氏公式都不会得出这样的结果，只有从两个公式中各取一个物量指数或价格指数才能保持指数体系完整（我国编制综合指数的方法便是如此）。

7.2.2.5　固定加权综合法

从基本理论出发，定基指数数列和环比指数数列存在不变权数和可变权数问题。

定基数量指数数列：…，$\frac{\sum q_5 p_4}{\sum q_4 p_4}$，$\frac{\sum q_6 p_4}{\sum q_4 p_4}$，$\frac{\sum q_7 p_4}{\sum q_4 p_4}$，…不变权数

环比数量指数数列：…，$\frac{\sum q_5 p_4}{\sum q_4 p_4}$，$\frac{\sum q_6 p_5}{\sum q_5 p_5}$，$\frac{\sum q_7 p_6}{\sum q_6 p_6}$，…可变权数

在动态分析中采用不变权数或可变权数应根据研究的目的、指数的性质、实际条件等确定。

固定加权综合法指数所引入的同度量因素既不固定在基期，也不固定在报告期，而是确定在特定时期 p_n 或 q_n。其数量指数公式和质量指数公式分别为：

$$数量指数=\frac{\sum q_1 p_n}{\sum q_0 p_n}；质量指数=\frac{\sum p_1 q_n}{\sum p_0 q_n} \tag{7.6}$$

固定加权综合法称为杨格公式。在公式中权数被固定在某一规定的时期，它不随比较时期的改变而改变，这便于观察现象长期发展变化的趋势，寻求不同时期指数之间的关系，并利用其关系进行不同年份指数的相互换算。

为了使用方便和便于历年资料可比，我国在编制工业产量指数时，无论定基指数数列还是环比指数数列，均采用不变权数——不变价格，即：

工业产量指数$=\frac{\sum q_1 p_n}{\sum q_0 p_n}$（$p_n$ 表示某一时期的不变价格）

我国工业产量指数的编制，既不用基期价格作同度量因素，也不用报告期价格作同度量因素，而是以某一特定时期的价格作为固定价格，或称不变价格。不变价格并不是一成不变，某一不变价格使用的时期不宜太长，正常情况

下，我国不变价格的期限为 10 年。我国曾以 1950 年、1952 年、1957 年、1970 年、1980 年、1990 年、2000 年商品的价格为不变价格。

在同一不变价格时期内（如 2000 年—2010 年）可直接进行产量动态比较分析，固定价格决定了产值变化直接反映产量变化。但是，在不变价格的跨期时间里存在不同的不变价格，进行产量动态对比分析时需要进行价格换算。用价格换算系数将跨期的产值指标换算为按同一时期不变价格计算的产值指标（排除跨期时不同的不变价格因素的影响），然后再计算产量指数。

$$\text{不变价格换算系数}=\frac{\text{交替年按新的不变价格计算的总产值}}{\text{交替年按旧的不变价格计算的总产值}} \tag{7.7}$$

如果我们要将 2009 年与 1998 年工业产量对比分析时，不能直接用现有的产值指标。

1998 年的产值按 1990 年不变价格计算，而 2009 年的产值是按 2000 年不变价格计算，只有首先将 1998 年的产值换算为以 2000 年不变价格计算的产值，然后将两指标对比才能真实地反映 2009 年与 1998 年工业产量的变化。比如，某地区 2009 年不变价产值为 2 000 万元，1998 年不变价产值为 1 200 万元，2000 年的现价产值为 8 000 万元，按 1990 年不变价格计算，2000 年的不变价产值为6 802.7万元。由已知条件得到：

价格换算系数＝8 000/6 802.7＝1.176＝117.6%

按 2000 年价格计算，1998 年的产值为：

$$1\,200\times117.6\%=1\,411.2\text{（万元）}$$

由此，2009 年与 1998 年相比，工业产量指数为：

$$2\,000/1\,411.2\approx1.417\approx141.7\%$$

计算结果表明，排除价格变化的影响以后，2009 年工业产量比 1998 年提高了 41.7%。

如果有连续两次以上不变价格的变动，其方法与上面类似。比如，要比较 2008 年与 1978 年产量变化情况，应连续消除 1990 年、1980 年和 1970 年不变价格变化的影响，即进行三次不变价格的换算。

值得注意的是，在这一方法中，所谓“固定”是相对的概念，并不是权数一经固定就永远不变化。实际上，固定权数每隔一段时期应进行调整，我国一般是 10 年调整一次，且调整时间有缩短的趋势。

以上介绍了编制总指数综合形式的五种方法，在实际统计工作中，常常根据需要，在不同场合，对不同社会经济现象，采用不同的编制方法。

7.2.3 总指数综合形式的应用

7.2.3.1 股票价格指数的编制

我国证券市场经过近20年的发展，拥有上海和深圳两个比较成熟的证券交易所，由最初10多家上市公司发展到目前的1 700家左右。综合反映股价走势的股票价格指数的编制也经历了不断完善的过程。上海和深圳股票价格指数是在吸取美国、日本、中国香港等国家和地区股票价格指数编制的经验的基础上，结合统计指数编制的基本原理编制的。

上海证券交易所股票价格指数简称上证指数，它是以上海证券交易所挂牌交易的所有股票为对象，以股票发行量为权数，以正式开业日——1990年12月19日（该日为上证所正式营业之日）为基期编制的股价指数，基日指数定为100点，该指数于1991年7月15日公开发布。上证综合指数的计算公式为：

$$\text{某日股价指数}=\frac{\text{某日市价总值}}{\text{基日市价总值}}=\frac{\sum p_1 q}{\sum p_0 q}\times 100$$

式中，p_1 为报告日各种股票收市价格，p_0 为基日各种股票收市价格，q 为各种股票发行数量（可用二级市场股票流通量加权）。

市价总值 $=\sum$(市价 $\times$ 发行股数)

当某上市公司增资配股或新增发行时，则需要对权数（股票数量）进行修正，即：

$$\text{某日股价指数}=\frac{\text{某日市价总值}}{\text{新基准市价总值}}\times 100$$，其中分母为：

$$\text{修正前基准日市价总值}\times\frac{\text{修正前市价总值}+\text{市价总值变动额}}{\text{修正前市价总值}}$$

上证综合指数能反映上海股市总体走势的股票价格指数，是最基本的股票价格指数。

随着股市的发展，上市公司的数量及种类增多，为了满足不同方面对股价信息的需要，上交所还编制了分类股价指数（类指数的运用）或抽样股价指数，于1996年7月1日正式推出“上证30指数”，即上交所在上市的各行业A股股票中选取具有一定规模的公司的股票，最具市场代表性的30种样本股票为计算对象，以流通股数为权数，以 1996 年 1 月至 3 月的平均流通市值为基期计算加权综合股票价格指数，其公式为：

$$\frac{\sum_{i=1}^{30} P_{i1}Q}{\sum_{i=1}^{30} P_{i0}Q}$$

基期指数定为 1 000 点。“上证 30 指数”可以反映这些行业股价水平的变动趋势。

“上证 30 指数”及随后的“上证 50 指数”、“上证 180 指数”编制的方法基本相同，但所涉及的对象或样本不同。

深圳股票价格指数（深圳综合指数）是以在深圳证券交易所上市的全部股票的每日收盘价（如当日无交易，则以前日交易的收盘价为准）分别乘以其发行量以求出市价总值，再与基日（1991 年 4 月 3 日，于 1991 年 4 月 4 日公布，该日指数定为 100 点）的市价总值相除而得。其公式为：

$$\frac{\text{报告期股票总市值}}{\text{基期股票总市值}}\times 100$$

随着证券市场的发展，深交所从 1995 年 1 月 23 日开始发布成份股指数。成份股指数为帕氏加权价格指数，即以计算日成份股实际流通量为权数进行加权计算，其公式为：

$$\text{某日成份股指数}=\frac{\text{某日成份股流通市值}}{\text{基日成份股流通市值}}\times 1\,000=\frac{\sum p_1 q_1}{\sum p_0 q_1}\times 1000$$

成份股基日为 1994 年 7 月 20 日，基日指数定为 1 000 点。最初的成份股样本是从上市股票中选取的 40 家有上市规模、交易活跃的具有代表性的上市公司，深康佳、深发展、深宝安、深万科、深科技等都在成份股之列。根据市场发展的需要和上市公司的增多，成份股样本随时可作调整。

专栏 7－1　沪深股市推出统一指数

反映 A 股市场整体走势的沪深 300 指数是由上海证券交易所和深圳证券交易所联合编制的，沪深 300 指数是从上海和深圳证券市场中选取 300 只 A 股作为样本编制而成的成份股指数，其中深市 121 只、沪市 179 只。沪深 300 指数以 2004 年 12 月 31 日为基日，基日点位 1000 点，于 2005 年 4 月 8 日正式发布。指数简称：沪深 300；指数代码：沪市 000300，深市 399300。

沪深300指数具有三个主要特点：首先是代表性。沪深300指数的样本股数量只占沪深两市所有股票数量的1/5，但样本覆盖了沪深市场六成左右的市值。其次是投资性好。截至2005年3月末，样本股公司的净利润总额占市场净利润总额的比重达到83.55%，现金分红总额占市场分红总额的80%，平均市盈率19倍，比市场平均值低21.14%。第三是相关性高。沪深300指数与上证180指数及深证100指数之间的相关性高，相关系数分别达到99.7%和99.2%，表明沪深300指数能够充分反映沪深市场股价变动的整体情况。

沪深300指数是沪深证券交易所联合研究的成果。2003年，经过双方的共同研究，完成了沪深300指数的编制工作，并于2004年进行了一年的试运行。沪深300指数推出以后，由沪深证券交易所联合负责指数样本管理、指数的计算和发布以及指数使用的授权管理。

沪深300指数是沪深证券交易所第一次联合发布的反映A股市场整体走势的指数。它的推出，丰富了市场现有的指数体系，有利于投资者全面把握市场运行状况，也进一步为指数投资产品的创新和发展提供了基础条件。

此外，美国、日本、英国、中国香港地区都编制了各自的股票价格指数。

道·琼斯股票价格指数是以1928年10月1日为基期（100点），以65种具有代表性的股票计算的综合股票价格指数。其公式为：

$$\text{道·琼斯股价指数}=\frac{\text{计算期成份股票价格平均数}}{\text{基期股票价格平均数}}$$

道·琼斯股价指数不以量为权数，忽视了各种股票规模及比重因素，有其不足之处。但长期以来，道·琼斯股票价格指数被看成是反映美国政治、社会经济等情况变化最敏感的股票价格指数，具有权威性。

香港恒生股票价格指数是香港恒生银行于1969年11月24日编制并首次公开发布的，它以33种具有代表性的股票（金融业、公用事业、房地产、工商及运输业）为计算对象，以1964年7月31日为基期（基期指数定为100）计算的，其公式为：

$$恒生指数=\frac{计算日股票市价总值}{基日股票总市值}\times 100=\frac{\sum_{i=1}^{33}(p_i q_i)_1}{\sum_{i=1}^{33}(p_i q_i)_0}\times 100$$

7.2.3.2　成本计划完成指数

统计指数在运用上扩展后，可用来检查产品成本计划完成情况。由于权数固定的时期不同，可用$\frac{\sum q_n z_1}{\sum q_n z_n}$（以计划产量为权数）或者$\frac{\sum q_1 z_1}{\sum q_1 z_n}$（以实际产量为权数）；但对同一资料采用两种方法计算，其结果不相同。如果以计划产量为权数计算产品成本计划完成指数，能够在保证完成产品品种结构的前提下检查成本计划完成情况，它更具有现实性。

【例】 某企业两个分厂的有关资料见表 7－2。

表 7－2　某企业 2008 年生产情况

	品种	单位产品计划成本(百元/台)(Z_n)	单位产品实际成本(百元/台)(Z_1)	计划产量(千台)(q_n)	实际产量(千台)(q_1)
一分厂	电视机	10	11	60	60
	微波炉	5	4	40	40
二分厂	电视机	10	11.5	60	30
	微波炉	5	4.4	40	90

根据表中资料求得：

一分厂产品成本计划完成指数：

$$\frac{\sum z_1 q_1}{\sum z_n q_1}=\frac{60\times 11+40\times 4}{60\times 10+40\times 5}=\frac{820}{800}=102.5\%$$

二分厂产品成本计划完成指数：

$$\frac{\sum z_1 q_1}{\sum z_n q_1}=\frac{30\times 11.5+90\times 4.4}{30\times 10+90\times 5}=\frac{741}{750}=98.8\%$$

计算结果表明，一分厂成本上升，经济效益差；二分厂成本下降，经济效益好。

如果直接从表中分析，一分厂个别产品成本完成情况好于二分厂，因为一分厂电视机成本从 10 上升到 11，二分厂则从 10 上升到 11.5；一分厂微波炉成本从 5 下降到 4，二分厂则从 5 下降到 4.4。这里的矛盾现象源于两个分厂产品品种的计划完成情况不一样；一分厂百分之百完成了产品品种结构，按市场需求量或计划产量进行生产；二分厂电视机只完成了产品品种结构的一半（$\frac{30}{60}=50\%$），投机地将生产力量转移到生产成本降低的微波炉，二分厂是靠破坏产品品种结构计划而达到总成本降低（98.8%）的目的，其结果势必造成产品的供不应求或供大于求。

为了避免这种不合理做法，实际工作中可将权数固定在计划产量，由此：

$$\begin{aligned}\text{一分厂产品成本计划完成指数}&=\frac{\sum z_1 q_n}{\sum z_n q_n}\\&=\frac{60\times 11+40\times 4}{60\times 10+40\times 5}\\&=\frac{820}{800}=1.025\ (\text{或 }102.5\%)\end{aligned}$$

$$\begin{aligned}\text{二分厂产品成本计划完成指数}&=\frac{\sum z_1 q_n}{\sum z_n q_n}\\&=\frac{60\times 11.5+40\times 4.4}{60\times 10+40\times 5}\\&=\frac{866}{800}\\&=1.085\ (\text{或 }108.5\%)\end{aligned}$$

计算结果表明，两个分厂成本计划完成指数都大于100%，即成本有所上升，但二分厂成本上升更多，效益较差，计算结果与根据表中资料直接分析的结果一致。

通过以上比较分析，为了确保完成产品品种结构，根据市场需求量（或计划产量）进行生产，在运用指数方法计算产品综合成本计划完成程度时，适合以计划产量为同度量因素，即用公式：

$$K=\frac{\sum q_n z_1}{\sum q_n z_n} \tag{7.8}$$

7.3 总指数的平均形式

7.3.1 总指数平均形式的特点

总指数的平均形式是综合指数的变形。在现实统计工作中，已掌握的资料常常只有个别社会经济现象的价格或产量的变动幅度，拥有基期或报告期的总量（产值或销售额），这时利用总指数的平均形式计算统计指数更简便易行。总指数平均形式的计算特点是：以现象的个体商品的价格或销售量（或产量）指数为变量，以基期或报告期的产值或销售额为权数进行加权平均求得总指数。

7.3.2 总指数的各种平均形式

7.3.2.1 加权算术平均法

加权算术平均法适用于计算数量指数。它是以基期产值为权数，以主要产品产量个体指数为变量求平均数而得到的指数，即计算出主要产品或代表性产品产量的个体指数后（以之为变量），用所涉及的产品产值为权数进行加权平均，用以反映产量的总变动。

由综合指数公式得到加权算术平均式：

$$\frac{q_1}{q_0}=k，q_1=kq_0$$

$$\text{数量指数}=\frac{\sum q_1 p_0}{\sum q_0 p_0}=\frac{\sum kq_0 p_0}{\sum q_0 p_0} \tag{7.9}$$

式中，$k=\frac{q_1}{q_0}$为个体数量指数（变量），$q_0 p_0$ 为基期总额（权数）。

【例】 某公司几种商品生产情况见表 7－3。

表 7－3　某公司三种商品生产情况

名称	报告期比基期产量增长（%）	基期总产值（万元）
空调	15	10 000
冰箱	10	10 000
电视	−5	6 000
合计	/	26 000

$$\text{产量指数}=\frac{\sum kq_0 p_0}{\sum q_0 p_0}$$

$$=\frac{1.15\times 10\,000+1.10\times 10\,000+0.95\times 6\,000}{10\,000+10\,000+6\,000}$$

$$=\frac{11\,500+11\,000+5\,700}{26\,000}$$

$$=1.0846\text{（或 }108.46\%\text{）}$$

影响绝对额为：28 200－26 000＝2 200（万元）

$$\text{质量指数}=\frac{\sum p_1 q_0}{\sum p_0 q_0}=\frac{\sum \frac{p_1}{p_0} q_0 p_0}{\sum p_0 q_0}=\frac{\sum k p_0 q_0}{\sum p_0 q_0} \tag{7.10}$$

式中，$k=\frac{p_1}{p_0}$为个体质量指数（变量），$q_0 p_0$ 意义与上式相同。

注意：算术平均式的质量指数是由拉氏法综合指数公式求得的，在我国很少用到。

7.3.2.2　加权调和平均法

加权调和平均法适用于计算质量指数，如农副产品收购价格指数、消费品价格指数等。它是以报告期实际产值为权数，以个体（或类）价格指数为变量求调和平均数。

$$\frac{p_1}{p_0}=k，\ p_0=\frac{p_1}{k}$$

$$\text{物价指数}=\frac{\sum p_1 q_1}{\sum p_0 q_1}=\frac{\sum p_1 q_1}{\sum \frac{p_1}{k} q_1}=\frac{\sum p_1 q_1}{\sum \frac{1}{k} p_1 q_1}$$

式中，k 为个体物价指数。

【例】 某公司几种出口商品资料见表 7－4。

表 7－4　某公司出口商品资料

商品	报告期贸易额(千美元)	单价（美元）		个体价格指数（%）	$\frac{1}{k}p_1q_1$
		基期	报告期		
(甲)	(1)	(2)	(3)	(4) ＝ (3) / (2)	(5) ＝ (1) / (4)
甲	4 000	100	50	50	8，000
乙	700	100	87.5	87.5	800
丙	600	1 000	1 500	150	400
合计	5 300	/	/	/	9 200

$$质量指数=\frac{\sum p_1q_1}{\sum \frac{1}{k}p_1q_1}=\frac{5\ 300}{9\ 200}=57.6\%$$

影响绝对额为：$\sum p_1q_1-\sum \frac{1}{k}p_1q_1=5\ 300-9\ 200=-3\ 900$（千美元）

7.3.3 总指数平均形式的应用

7.3.3.1 我国零售物价指数的编制

平均法指数的权数可以用比重资料代替，甚至采用固定权数加权，即较长一段时期采用同一权数资料，以简化计算。我国零售物价指数就是采用固定加权算术平均法指数，它是用特殊方法编制的指数。其公式为：

$$\frac{\sum kp_nq_n}{\sum p_nq_n}=\sum kw \tag{7.11}$$

式中，k 为个体价格指数或价格类指数，p_nq_n 为 n 时期商品的零售额，w 为某类商品的零售额（p_nq_n）在零售总额（$\sum p_nq_n$）中所占的比重，即 $w=\frac{p_nq_n}{\sum p_nq_n}$。

我国零售物价指数的计算式有公式 7.10 之形式，但是，由拉氏综合法指数变形所求得的算术平均式质量指数 $\frac{\sum kp_0q_0}{\sum p_0q_0}$（公式 7.10）是以基期额（$p_0q_0$）为权数，而我国零售物价指数以固定的 p_nq_n（绝对量）或 $\frac{p_nq_n}{\sum p_nq_n}$（比重）为权数，与一般理论相比有其特殊之处。

我国零售物价指数的编制是从客观实际出发，在众多的商品中选择 500 多种具有代表性的规格品种，分别计算其报告期与基期相比的个体价格指数，并以之为变量。指数的编制采用固定权数，如每月月指数均使用同一固定比重（某类商品销售额占各类商品销售总额的比重）。这一比重的确定，一般是在上年资料基础上，再根据本年社会经济发展变化、居民收入和消费倾向的变化及市场情况的变化，将上年的各类零售商品销售额所占比重作相应调整后作为本年的比重权数。零售物价指数的变量——个体价格指数一般采用规格品的价格进行对比求得；当规格品难以确定时，需用平均价格计算。比如，集市贸易中仅蔬菜的种类就很多，价格悬殊，销售量各异，很难确定一种蔬菜为标准并以之价格计算个体价格指数。这时有必要采用蔬菜的平均价格计算个体价格指数，即$k=\frac{\bar{p}_1}{\bar{p}_0}$，分子与分母中的平均价格是以各种蔬菜的价格为变量，以其销售量为权数计算的。在集市贸易中，如干杂类、肉类的个体物价指数均可用类似方法计算。在此基础上便可编制整个集市贸易市场的零售价格指数，以反映该市场物价的综合变动情况。

某城市当年8月与去年8月相比食品类价格明显上涨，其有关资料见表7-5。

表7-5　某城市主要食品价格变动情况

商品	平均单价（元/公斤）		权数 w（%）	个体价格指数 k	kw
	当年8月	去年8月			
大米	3.5	3	30	1.17	0.35
食用油	14	10	5	1.4	0.07
蔬菜	3	2	15	1.5	0.23
水果	5	3	20	1.67	0.33
奶制品	7	5	15	1.4	0.21
肉类	25	14	15	1.79	0.27
合计	/	/	100		1.46

零售物价指数$=\sum kw=1.46=146\%$

计算结果表明，该城市主要食品零售物价上涨了46%。

零售物价指数是为了反映零售市场商品价格变动情况，它是在拉氏质量指数通过变形的基础上，并根据实际情况将权数调整，采用特殊方法编制的。它不纯粹是综合指数的变形，其指数体系不存在，也不能用分子减去分母计算价格影响的绝对额。

专栏7-2　义乌指数

李洪强等自2005年12月开始，耗时10个多月编制了“义乌——中国小商品指数”（简称“义乌指数”）。专家认为，义乌指数将掌控全球小商品的定价权。公开数据显示，义乌小商品市场已成为全球最大的小商品集散中心，与200多个国家和地区有贸易往来，每年订货交易额在300亿美元左右。义乌小商品市场可以在一定程度上主导世界小商品的批发、库存、物流、人气，特别是市场价格的形成。

义乌指数的采样范围确定为1006细类的代表商品2443种，每3个月调整其中5%的代表商品。义乌指数以2006年7月的商品平均价格为基价，价格指数基点为100。

7.3.3.2 CPI的编制方法

消费者物价指数（Consumer Price Index，即CPI）是反映与居民生活相关的商品及劳务价格的变动指标，以百分比表示。它是对固定的一篮子消费品价格的衡量，主要商品共分八大类：食品、烟酒、衣着、家庭设备用品及服务、医疗保健及个人用品、交通及通讯、娱乐教育文化用品及服务、居住。根据抽样调查原理抽取近12万户城乡居民家庭的消费支出资料，对全国550个县市近3万个采价点进行消费品价格调查，以选定的近300个基本分类、700个左右的规格品种的商品和服务项目作为“商品篮子”。每类别商品都有一个显示其重要性的权数，即以样本户购买某类消费品和服务的支付额占全部消费额的比重为权数（权数需每隔一段时间修正一次，使它与人们改变了的消费偏好相符）。用零售物价指数的公式（$\sum kw$）便可计算出CPI。

当权数用一篮子商品量表示时，CPI可用简便方法计算：

$$\text{CPI}=\frac{\text{一组固定商品按当期价格计算的价值}}{\text{同一组固定商品按基期价格计算的价值}}\times 100\%。$$

CPI表明消费者的购买能力，即对普通家庭的支出而言，购买具有代表性的一组商品，在当期比过去某一时间多花费（或少花费）多少。比如，我国某城市一个普通家庭2008年8月购买一组消费品的费用为2000元，而2009年8月购买相同商品的费用为2100元，2009年8月与去年同期相比的消费价格指数为：CPI=2100/2000×100%=105%，消费品价格上涨了5%。又如，2009年上半年消费者物价指数同比上升7.9%，它表示，2009年上半年的生活成本比2008年上半年平均上升7.9%，即2008年上半年100元现金能购买的消费品或服务，2009年上半年却需要107.9元。可见，当生活成本提高，居民现金的实际购买力便随之下降，货币贬值。

核心CPI是指将受气候和季节因素影响较大的产品价格剔除之后的居民消费物价指数。美国是将燃料等价格剔除后的居民消费物价指数作为核心CPI。这种方法最早是由美国经济学家戈登（Robert J Gordon）提出的，其背景是美国

1974年—1975年受到石油危机的影响而出现了较大幅度的通货膨胀，当时消费价格的上涨主要是受食品价格和能源价格上涨的影响。不少经济学家认为，美国发生的食品价格和能源价格上涨主要是受供给因素的影响，受需求拉动的影响较小。因此，他们提出了从CPI中剔除食品和能源价格的变化来衡量价格水平变化。从1978年起，美国劳工统计局开始公布从消费价格指数（CPI）和生产价格指数（PPI）中剔除食品和能源价格之后的上涨率。但是，在美国经济学界，关于是否应该从CPI中扣除食品和能源价格来判断价格水平至今仍然存在较大争论，反对者大有人在。目前，我国对核心CPI尚未明确界定。

CPI是一个滞后性的数据，但它是市场经济活动与政府制定货币政策的一个重要参考指标。CPI稳定、就业充分及GDP增长都是重要的社会经济目标。CPI的稳定具有一定的重要性，它是市场的经济活动是否需要调整的依据之一。在具体的经济分析中，CPI还具有以下作用：

第一，反映通货膨胀状况。在日常生活和经济分析中，我们十分关注通货膨胀率。通货膨胀率一般以居民消费价格指数表示，它是不同时期的消费价格指数变动的百分比，用公式表示为：

$$\text{通货膨胀率}=\frac{\text{报告期的 CPI}-\text{基期的 CPI}}{\text{基期的 CPI}}\times 100\%$$

比如，一个经济体的消费价格指数从去年的100%增加到今年的112%，这一时期的通货膨胀率就为：

$$T=(112\%-100\%)/100\%\times 100\%=12\%$$

第二，反映货币购买力变动。货币购买力是指单位货币能够购买到的商品数量。居民消费价格指数上升则货币购买力下降，反之则上升。居民消费价格指数的倒数便是货币购买力指数，即：

$$\text{货币购买力指数}=\frac{1}{\text{居民消费价格指数}}\times 100\%$$

第三，可用居民消费价格指数反映职工实际收入的变动。CPI的提高意味着职工实际收入的减少，反之则职工实际收入增加。因此，利用CPI可将职工的名义收入转化为实际收入，即：

$$\text{职工实际收入}=\frac{\text{名义收入}}{\text{CPI}}$$

第四，可用居民消费价格指数缩减GDP指标。不同时期用现价计算的GDP是不可比的（因其含有价格变动因素），我们可用消费价格指数（也可用

PPI、物价总指数）缩减不同时期的GDP，使其可比。其方法是：不同时期的GDP指标除以相应时期的消费价格指数。

专栏7－3　2009年上半年主要经济数据

GDP为139 862亿元，同比增长7.1%。

CPI同比下降1.1%，6月份同比下降1.7%，6月份环比下降0.5%。

城镇居民家庭人均总收入为9 669元，其中人均可支配收入8 856元，同比增长9.8%，扣除价格因素，实际增长11.2%。

社会消费品零售总额58 711亿元，同比增长15%，扣除价格因素，实际增长16.6%，同比增加3.7个百分点。

税收总收入为29 530.07亿元，同比下降6%。

信贷投放总量为7.37万亿，超过去年全年4.91万亿。

外汇储备增加1 856亿美元，同比少增950亿美元。6月份外汇储备增加421亿美元，同比多增302亿美元。6月末人民币汇率为1美元兑6.8319元人民币。

——国家统计局2009年7月16日发布

7.3.3.3　PPI的编制方法

生产者价格指数（Producer Price Index，即PPI）也称工业品出厂价格指数，它是衡量工业产品出厂价格变动程度的指标，是反映某一时期生产领域投入品、原材料、半成品、劳动力等综合价格变动情况，是制定经济政策和进行国民经济核算的重要依据。

我国PPI的编制覆盖近40个工业行业大类，涉及近200个种类、4 000多种产品（含规格品近1万种）。PPI的编制方法与CPI类似，用固定加权方法计算。英国是编制PPI最先进的国家之一，读者感兴趣可查阅有关资料，借鉴其经验，探寻改进我国PPI的编制方法。

7.4 指数体系与因素分析

7.4.1 指数体系

指数体系是指各指数之间存在的相互联系。指数体系建立在指标体系基础上，例如：

总成本=总产量×单位产品成本

总产值=总产量×单位产品价格

总产值=工人数×劳动生产率

以上指标体系构建指数体系，即为：

总成本指数=总产量指数×单位产品成本指数

总产值指数=总产量指数×单位产品价格指数

总产值指数=工人数指数×劳动生产率指数

通过对指数体系的研究，从数量方面分析社会经济现象总变动中各因素变动的影响程度和影响绝对额，即进行因素分析。

7.4.2 因素分析

因素分析可从以下方面着手：①计算现象的总额的相对变动程度和绝对额变动，如上例中的总产值指数及变化绝对额。②计算各因素相对变动程度和绝对额变动，如上例中的产量指数、价格指数及因产量和价格变动所带来的实际经济效果。③对影响因素进行综合分析，即总额变动程度等于各因素变动程度的乘积，总额变动绝对额等于各因素变动引起的绝对额变动之和。

7.4.2.1 简单现象因素分析

在简单现象的因素分析中，分析现象变动的程度（即相对分析）可用数量指标或质量指标直接进行对比，不需要投入同度量因素；但在进行绝对额分析时，只有将同度量因素投入后进行分析才能使其体系成立，如表 7-6 所示。

表 7－6　某空调厂生产情况

	计量单位	基期	报告期	指数（%）
总产值	千元	1 200	655	54. 85
产量	台	1 000	1 310	131
单价	千元/台	1. 2	0. 5	41. 67

根据表中资料，相对分析为：$\frac{655}{1\,200}=\frac{1\,310}{1\,000}\times\frac{0.5}{1.2}$，即：

$$54.58\%=131\%\times 41.67\%$$

绝对分析为：$655-1\,200=(1\,310\times 1.2-1\,200)+(655-1\,310\times 1.2)$

即：　$-545=(1\,572-1\,200)+(655-1\,572)$

绝对分析是由以下公式得到的：

$$\frac{q_1p_1}{q_0p_0}=\frac{q_1}{q_0}\cdot\frac{p_1}{p_0}=\frac{q_1p_0}{q_0p_0}\cdot\frac{p_1q_1}{p_0q_1}$$

$$q_1p_1-q_0p_0=(q_1p_0-q_0p_0)+(p_1q_1-p_0q_0)$$

但　$q_1p_1-q_0p_0\neq(q_1-q_0)+(p_1-p_0)$

7.4.2.2　综合现象两因素分析

综合现象的因素分析同样可以从绝对额和相对数两方面着手，如本章第二节中对表 7－1 资料的分析。

7.4.2.3　多因素分析

某些社会经济现象受多个因素（两个以上因素）的影响，这时需要对各个影响因素分别进行分析，即进行多因素分析。

在多因素分析时，首先，要注意各因素之间的排列。一般而言，其排列的基本原则是：从外延到内涵，从数量指标到质量指标，从基础指标到派生指标。其次，要注意各指标的结合问题，每两个指标的结合必须具有一定的经济意义。比如，总产值＝总工日数×日工时数×小时劳动生产率。在各因素分析中，假定其他因素不变，先对某一个因素的变动进行分析，继而在假设前一个因素已经变化了的基础上对另一个因素的变动进行分析；然后在假设前两个因素均已经变化了的基础上进行第三个因素的变动分析，以此类推。因此，在其过程中，将排在所要分析指标之前的因素视为已发生变化的因素，将其时期固定在报告期；将排在所要分析指标之后的因素视为未发生变化的因素，将其时期固定在基期。例如，假设产量为Q，单位产品原材料消耗量为T，原材料价格为P，则原材料总消耗额指数体系为：

原材料总消耗额指数=产量指数×单位产量原材料消耗量指数×原材料单价指数

即：

$$\frac{\sum Q_1T_1P_1}{\sum Q_0T_0P_0}=\frac{\sum Q_1T_0P_0}{\sum Q_0T_0P_0}\times\frac{\sum Q_1T_1P_0}{\sum Q_1T_0P_0}\times\frac{\sum Q_1T_1P_1}{\sum Q_1T_1P_0}$$

绝对分析为：$\sum Q_1T_1P_1-\sum Q_0T_0P_0=(\sum Q_1T_0P_0-\sum Q_0T_0P_0)+(\sum Q_1T_1P_0-\sum Q_1T_0P_0)+(\sum Q_1T_1P_1-\sum Q_1T_1P_0)$

7.4.2.4　平均指标变动的因素分析

在分组的统计资料中，总平均数的变动受两个因素的影响，一个是各组平均数的变动，另一个是各组单位数在总体中所占比重（结构）的变动。用公式表示为：

总平均数的变动$\frac{\overline{x_1}}{x_0}=\frac{\sum x_1f_1}{\sum f_1}:\frac{\sum x_0f_0}{\sum f_0}$

在公式中，x的变动取决于两个因素，即组平均数由x_0变到x_1；各组结构由$\frac{f_0}{\sum f_0}$变到$\frac{f_1}{\sum f_1}$。

【例】 用表7－7的资料进行因素分析。

表7－7　某高校教师年平均收入

职称	年平均收入（万元）		教师人数（人）		收入总额（万元）		
	基期	报告期	基期	报告期	x_0f_0	x_1f_1	x_0f_1
	(1)	(2)	(3)	(4)	(5)=(1)×(3)	(6)=(2)×(4)	(7)=(1)×(4)
高级	6	8	300	300	1 800	2 400	1 800
中级	4	5	400	1 000	1 600	5 000	4 000
初级	2	2.5	500	1 500	1 000	3 750	3 000
合计	3.67	3.63	1 200	2 800	4 400	11 150	8 800

（1）可变构成指数

可变构成指数受组平均数和结构两因素影响，它反映总平均收入的变动程度，即：

$$\frac{\overline{x_1}}{\overline{x_0}}=\frac{\sum x_1 f_1}{\sum f_1}:\frac{\sum x_0 f_0}{\sum f_0}=\frac{11\ 150}{2\ 800}:\frac{4\ 400}{1\ 200}$$

$$=\frac{3.63}{3.67}=99\%$$

总平均收入的变动绝对额为：

$$\frac{\sum x_1 f_1}{\sum f_1}-\frac{\sum x_0 f_0}{\sum f_0}=3.63-3.67=-0.04\text{（万元/人）}$$

即：

$$\left(\frac{\sum x_1 f_1}{\sum f_1}-\frac{\sum x_0 f_0}{\sum f_0}\right)\sum f_1=(3.63-3.67)\times 2\ 800=\ 112\text{（万元）}$$

计算结果表明，该校教师总平均收入报告期比基期下降了 1%，由此使每人平均收入下降 400 元，全校少支付 112 万元。表中资料反映，各组教师的平均收入都提高了，但总平均收入反而下降，其原因需要用固定构成指数和结构影响指数加以分析。

（2）固定构成指数

固定构成指数排除了教师职称结构变动的影响，反映各组教师平均收入水平的变动。固定构成指数以教师职称的结构为同度量因素，且固定在报告期（各组人数或总人数为数量指标）。其计算公式为：

$$\frac{\sum x_1 f_1}{\sum f_1}:\frac{\sum x_0 f_1}{\sum f_1}\tag{7.12}$$

将表 7－7 中的资料代入，得到：

$$\frac{\sum x_1 f_1}{\sum f_1}:\frac{\sum x_0 f_1}{\sum f_1}=3.63:\frac{8\ 800}{2\ 800}=1.16=116\%$$

平均收入变动绝对额为：3.63－3.14＝0.49（万元/人）

收入总额变动为：（3.63－3.14）×2 800＝1 372（万元）

计算结果表明，由于各组教师收入的变动，使平均收入上升了 16%；每个教师平均收入增加了 4 900 元，该高校多支付 1 372 万元。

（3）结构影响指数

为了测定教师结构变化影响程度，则应以各组教师平均收入水平作为同度量因素，且固定在基期（各组平均水平为质量指标）。其计算公式为：

$$\frac{\sum x_0 f_1}{\sum f_1} : \frac{\sum x_0 f_0}{\sum f_0} \tag{7.13}$$

将上表资料代入公式，得到：

$$\frac{\sum x_0 f_1}{\sum f_1} : \frac{\sum x_0 f_0}{\sum f_0} = 3.14/3.67 = 85.56\%$$

平均收入绝对变动为：3.14－3.67＝－0.53（万元/人）

收入总额变动为：（3.14－3.67）×2 800＝－1 484（万元）

计算结果表明，由于教师职称结构发生变化使每个教师收入下降 0.53 万元，该校少支付 1 484 万元。

用指数体系进行因素分析，有：

可变构成指数＝固定构成指数×结构影响指数

即：

$$\frac{\overline{x_1}}{\overline{x_0}} = \frac{\sum x_1 f_1 / \sum f_1}{\sum x_0 f_1 / \sum f_1} \times \frac{\sum x_0 f_1 / \sum f_1}{\sum x_0 f_0 / \sum f_0}$$

即：

$$\frac{3.67}{3.63} = \frac{3.67}{3.14} \times \frac{3.14}{3.63},\ 99\% = 116\% \times 85.56\%$$

绝对额分析为：

（－0.04）＝0.49＋（－0.53）

或：　112＝1 372＋（－1 484）

以上计算结果表明：由于收入水平提高，使平均收入指数上升了 16%，每个教师的收入比基期增加 0.49 万元，学校多支付 1 372 万元；由于教师职称结构变化，使总平均收入减少了 0.53 万元，学校少支付 1 484 万元。两者相抵，该高校教师总平均收入下降 1%，每个教师平均收入减少 0.04 万元，使学校少支付 112 万元。

在平均指标因素分析中，应特别重视结构的变化，即计算结构影响指数。当结构影响指数大于 100%或小于 100%时，结构变化对总平均数均会产生影响。结构影响指数越趋于 100%，它对总平均数变动的影响越小；反之，结构影响指数与 100%相差越大，它对总平均数变动的影响便越大。当结构影响指数等于 100%时，结构的变化不影响总平均数的变动。从资料中直接观察，当基期变量 x_0 较小值的组其结构（比重）增大时，结构影响指数小于 100%；当基期变量 x_0 较大值的组其结构（比重）增大时，结构影响指数大于 100%。在两种情况下结构影响指数等于100%：

其一，当各组变量 x_0 相等时，结构影响指数等于100%，即不管结构发生怎样的变化，它对总平均工资的变动不产生影响。

对结构影响指数公式作变化：

$$\frac{\sum x_0 f_1}{\sum f_1} \div \frac{\sum x_0 f_0}{\sum f_0} = \frac{\sum x_0 f_1}{\sum x_0 f_0} \div \frac{\sum f_1}{\sum f_0}$$

$$= \frac{x_0 \sum f_1}{x_0 \sum f_0} \div \frac{\sum f_1}{\sum f_0} = 100\%$$

（因为各组 x_0 相等，视 x_0 为常数）

其二，当各组结构成等比变化时，结构影响指数等于100%。

对结构影响指数公式作变化：

$$\frac{\sum x_0 f_1}{\sum f_1} \div \frac{\sum x_0 f_0}{\sum f_0} = \frac{\sum x_0 k f_0}{\sum k f_0} \div \frac{\sum x_0 f_0}{\sum f_0}$$

$$= \frac{k \sum x_0 f_0}{k \sum f_0} \div \frac{\sum x_0 f_0}{\sum f_0} = 100\%$$

（因为 $k = \frac{f_1}{f_0}$ 为常数）

7.4.2.5 相对指标变动的因素分析

相对指标与平均指标类似，它们都反映两个指标之间的关系。所以，相对指标总指数的变动也同样受两个因素的影响，如：

全局劳动生产率总指数＝工人结构影响指数×各组劳动生产率指数

【例】用表7－8的资料进行相对指标变动的因素分析。

表7－8 某局生产情况

按企业规模分组	工人数（人）(T)		劳动生产率（吨/人）(Q)		总产量（万吨）		
	基期	报告期	基期	报告期	Q_0T_0	Q_1T_1	Q_0T_1
大型	3 000	3 200	1 000	1 200	300	384	320
中型	11 500	3 000	800	1 000	120	300	240
小型	500	1 800	500	600	25	108	90
合计	5 000	8 000	890	990	445	792	650

$$\overline{Q}_0=\frac{\sum Q_0T_0}{\sum T_0}=\frac{445\text{（万吨）}}{5\,000\text{（人）}}=890\text{（吨/人）}$$

$$\overline{Q}_1=\frac{\sum Q_1T_1}{\sum T_1}=\frac{792\text{ 万吨}}{8\,000\text{ 人}}=990\text{（吨/人）}$$

可变构成指数$\dfrac{\overline{Q}_1}{\overline{Q}_0}=\dfrac{990}{890}=111.24\%$

$(\overline{Q}_1-\overline{Q}_0)\ \sum T_1=(990-890)\times 8\,000=80$（万吨）

固定构成指数$=\dfrac{\sum Q_1T_1}{\sum T_1}:\dfrac{\sum Q_0T_1}{\sum T_1}=\dfrac{990}{812.5}=121.85\%$

$\left(\dfrac{\sum Q_1T_1}{\sum T_1}-\dfrac{\sum Q_0T_1}{\sum T_1}\right)\sum T_1=(990-812.5)\times 8000=142$（万吨）

结构影响指数：$\dfrac{\sum Q_0T_1}{\sum T_1}:\dfrac{\sum Q_0T_0}{\sum T_0}=\dfrac{812.5}{890}=91.29\%$

$\left(\dfrac{\sum Q_0T_1}{\sum T_1}-\dfrac{\sum Q_0T_0}{\sum T_0}\right)\sum T_1=(812.5-890)\times 8\,000=-62$（万吨）

以上计算结果表明，全局劳动生产率报告期比基期提高了11.24%，它是由于各类型企业劳动生产率提高了21.85%和各类型企业工人结构变化两因素共同作用的结果，即111.24%＝121.85%×91.29%。全局劳动生产率的提高使产量增加80万吨，它是由于各类型企业劳动生产率的提高使产量增加142万吨和结构变化使产量减少62万吨共同作用的结果，即：80＝142＋(－62)。

如果将总量指标因素分析与相对指标因素分析相结合，还可以分析：总产量变动受工人总数变动和全局劳动生产率总变动两因素的影响，即：

$$\frac{\sum Q_1T_1}{\sum Q_0T_0}=\frac{\sum T_1}{\sum T_0}\cdot\frac{\overline{Q_1}}{\overline{Q}_0}$$

$$=\frac{\sum T_1}{\sum T_0}\cdot\left(\frac{\sum Q_1T_1}{\sum T_1}:\frac{\sum Q_0T_1}{\sum T_1}\right)\cdot\left(\frac{\sum Q_0T_1}{\sum T_1}:\frac{\sum Q_0T_0}{\sum T_0}\right)$$

因为：$\dfrac{\sum Q_1T_1}{\sum Q_0T_0}=\dfrac{7\,900}{445}=177.9\%$

$$\frac{\sum T_1}{\sum T_0}=\frac{8\,000}{5\,000}=160\%$$

将计算结果代入指数体系得到：

$$1.7798=1.6\times 1.2185\times 0.9129$$

绝对分析为：

$$\sum Q_1T_1-\sum Q_0T_0=(\sum T_1-\sum T_0)\overline{Q_0}+(\frac{\sum Q_1T_1}{\sum T_1}-\frac{\sum Q_0T_1}{\sum T1})\sum T_1+(\frac{\sum Q_0T_1}{\sum T_1}-\frac{\sum Q_0T_0}{\sum T_0})\sum T_1=267+142+(-62)=347\text{(万吨)}$$

统计指数中的因素分析在现实经济现象的定量分析中经常用到，具有重要的意义。

【例】某地区两年国内生产总值和人口资料如下。

Ⅰ 报告年

国内生产总值：1 840 亿元

年初人口数：410 万人

年末人口数：414 万人

国内生产总值报告年比基年增长了 9%

Ⅱ 基年平均人口数：404 万人。

要求：根据该地区经济增长和人口变动情况对人均国内生产总值的变动进行因素分析。

①计算出分析所需资料列入表 7－9。

表 7－9

指　标	报告年	基年	指数(%)
国内生产总值（亿元）	1 840.00	1 688.07	109.00
年平均人口数（万人）	412.00	404.00	101.98
人均国内生产总值(元/人·年)	44 660.19	41 783.91	106.88

表中：

报告年平均人口数：$\frac{410+414}{2}=412$（万人）

基年国内生产总值$=\frac{1\,840}{109\%}=1\,688.07$（亿元）

报告年人均国内生产总值$=\frac{1\,840\text{亿元}}{412\text{万人}}=44\,660.19$（元/人·年）

基年人均国内生产总值$=\frac{1\,688.07\text{亿元}}{404\text{万人}}=41\,783.91$（元/人·年）

国内生产总值指数$=\frac{\text{报告年国内生产总值}}{\text{基年国内生产总值}}\times100\%$

$$=\frac{1\,840}{1\,688.07}\times100\%=109.00\%$$

$$年平均人口数指数=\frac{报告年平均人口}{基年平均人口}\times100\%=\frac{412}{404}\times100\%$$

$$=101.98\%$$

②$人均国内生产总值指数=\dfrac{国内生产总值指数}{年平均人口数指数}$

$$=\frac{109\%}{101.98\%}=106.88\%$$

或

$$\frac{报告期人均国内生产总值}{基期人均国内生产总值}\times100\%=\frac{44\,660.19}{41\,783.91}\times100\%$$

$$=106.88\%$$

③报告年比基年人均国内生产总值增加额=44 660.19－41 783.91

=2 876.28（元/人·年）

其中：

由于GDP增加使人均GDP增加额=（1 840－1 688.07）÷404

=3 760.64（元/人·年）

$$由于人口数增加使人均GDP减少额=\frac{报告年GDP}{基期人数}-报告年人均GDP$$

$$=\frac{1\,840亿元}{404万人}-44\,660.19$$

=884.36（元/人·年）

两因素共同作用的结果为：3 760.64＋（－884.36）

=2 876.28（元/人·年）

［习题］

一、思考题

1. 统计指数的概念、作用及主要分类。
2. 综合指数的编制原则及方法。
3. 如何对总平均指标的变化进行因素分析？结构影响指数的意义是什么？

4. 动态指数与静态指数有何区别？

5. 简要说明同度量因素的作用及具体运用。

6. 在分析我国工业产量变化（产量指数）时，如何排除价格的变化？

7. 个体指数与总指数有什么区别与联系？

8. 我国编制数量指标指数和质量指标指数有何不同？在指数分析中，区别数量指标与质量指标的意义何在？

二、计算题

1. 某企业基年与报告年生产经营情况见下表：

产品	计量单位	产量		单位成本（元）		出厂价格（元）	
		基年	报告年	基年	报告年	基年	报告年
甲	件	200	1 200	1 500	1 500	1 600	2 200
乙	台	500	1 600	3 800	3 800	3 800	4 500

要求：

（1）计算产量总指数及影响绝对额；

（2）计算成本总指数及影响绝对额；

（3）计算出厂价格总指数及影响绝对额。

2. 某家电企业基期与报告期生产情况见下表：

	产值（万元）		价格（万元/台）	
	基期	报告期	基期	报告期
电视机	1 000	1 200	0.8	0.5
冰箱	500	450	0.3	0.2
合计	1 500	1 650		

要求：从相对数和绝对数两方面分析该家电企业产值的变化及引起产值变化的原因。

3. 某商店三种商品销售情况见下表：

商品名称	基期销售额（万元）	销售量个体指数（%）
甲	40	120
乙	50	97
丙	25	135

试计算销售量总指数。

4. 某企业生产费用变动情况见下表：

产品	生产费用（万元）		报告期与基期相比产量升降（%）
	基期	报告期	
甲	20	24	−20
乙	42	48.5	40
丙	35	48	40

试根据表中资料计算：

（1）三种商品生产费用总变动程度。

（2）从相对数和绝对数两方面对影响生产费用总变动的原因进行分析。

5. 某企业生产情况资料见下表：

产　品	基期生产总成本（万元）	报告期比基期成本增长（%）	产量增长（%）
甲	20	8	12
乙	45	10	6
丙	35	6	4
合计	100		

从相对数与绝对数两方面分析：

（1）生产总成本的变动；

（2）引起生产总成本变动的原因，并指出影响总成本变动的主要因素。

6. 某年某超市三种商品涨价前后的有关资料见下表：

产　品	平均价格（元/公斤）		销售量（万公斤）（涨价前、后每月销售量大致相等）
	涨价前	涨价后	
大米	2.5	3.5	30
面粉	2	2.5	20
食用油	10	15	1.5

根据表中的资料，计算三种商品的零售物价指数。

7. 某地 1999 年的 GDP 按 1990 年不变价计算为 2 145 万元，2009 年的 GDP 按 2000 年不变价计算为 4 012 万元。2000 年按 1990 年不变价计算的

GDP 为 2 619 万元，2000 年现价 GDP 为 3 012 万元，问 2009 年较 1999 年产量增长 87%（即 4 012/2 145 −100%）是否正确？为什么？

8. 某企业两年的产量资料见下表：

时间	总产值（万元）	职工人数（人）	
		总人数	其中：生产工人
基期	550	750	600
报告期	700	800	650

要求：

（1）就工人数及全员劳动生产率两因素分析各因素变动对总产值的影响；

（2）就工人总数、生产工人占职工人数比重及生产工人劳动生产率三因素分析各因素变动对总产值变动的影响。

9. 某企业两个分厂的工资支出情况见下表：

厂别	工资总额（百元）		工人数（人）	
	一季度	二季度	一季度	二季度
一分厂	4 800	6 000	600	800
二分厂	3 000	5 000	400	200
合计	7 800	11 000	1 000	1 000

试计算：

（1）平均工资总指数；

（2）平均工资固定构成指数和结构变动指数；

（3）从相对数和绝对数两方面分析平均工资可变构成指数变动的原因。

10. 某地区去年社会商品销售额为 12 000 万元，当年为 15 000 万元，已知销售价格指数提高 5%，求销售量指数 。

11. 某企业报告期与基期相比产量增长 15%，生产费用增长 13%，试问该企业单位产品成本如何变动？

12. 全国农村居民人均纯收入 2008 年为 4 761 元、2007 年为 4 140 元，扣除价格上涨因素，比上年实际增长 8%。

（1）价格怎样变化？

（2）从绝对数方面分析量和价格变化对全国农村居民人均纯收入变动的影响。

13. 某国家城镇居民年人均可支配收入报告年为 13 786 元，比 5 年前的基年增长了 79%，扣除价格因素，大约年均递增 11%。

（1）求价格指数。

（2）从绝对数方面分析商品和服务的量及价格变化时对该国城镇居民年人均可支配收入变动的影响。

8. 相关与回归分析

本章是统计学的重点之一，主要内容包括：相关与回归的基本概念，相关关系的分类，一元线性相关与相关系数，一元线性回归分析与回归估计标准误差，多元线性回归分析和非线性回归分析。

8.1 相关与回归分析的基本概念

8.1.1 相关的概念

事物是普遍联系的，这种联系看起来或明或暗，或显或隐，运用统计方法的目的便是试图从数量上测度事物之间的“联系及其程度”。

这种关系的极端情况是：一个变量的变化完全能够决定另一个变量的变化。例如，一瓶矿泉水 2 元钱，我们多买一瓶就要多花 2 元钱，把购买量（瓶）记为 x，花费金额记为 y，则 $y=2x$。其他类似现象很多，其基本特点是：知道了一个变量的变化，就能够确定另一个变量的变化程度。这就是函数关系。

然而，现实生活中有许多情况是：两事物之间存在着联系，但其方式不是“确定”。比如，一般而言，一个人的身高越高，他的体重也“应该”越重，但我们会发现很多身高 1.65 米的人比身高 1.70 米的人更重；又如，随着居民收入的提高，储蓄额也会增多，但现实中确实存在收入下降但储蓄额却上升的情况。许多现象间存在着一定的联系，但这种联系是不确定的，至少会出现“意外”。所以，这是一种非确定性关系。由于众多社会经济现象的复杂性和我们认识的局限性，或者由于试验误差、测量误差等偶然因素，使得一个变量的变化，另一个变量可以出现若干个随机的数值。统计学中把这种现象之间在数量上非确定性的对应关系叫做“相关关系”。

总体而言，现象或变量之间的数量关联表现为三种：

第一，完全确定的关联——函数关系；

第二，部分确定的关联；

第三，完全不确定的关联。

可见，第一种表明变量之间存在严格的数量依存关系，是一种确定性的关系。第二种表明变量之间是非确定性的关系，变量之间存在不严格的数量依存关系。在这种关系中，某一个变量的变动可能有若干个数值与之对应，不能由一个变量的数值精确地求出另一个变量的数值。例如，居民消费与居民收入之间，相同收入的居民可以有不同的消费品种及消费额；又如，商品销售量的变化受价格的影响，但是，给定某一价格，可能有与之对应的多个销售量，它们之间并不存在确定性的数量联系，因为销售量除受价格的影响之外，还受其他因素的影响，如消费倾向、替代品、收入预期、经济政策等 。第三种反映变量之间是相互独立的，属于特殊的关系。一般意义的相关关系（即狭义的相关关系）仅指第二种情况。

相关关系与函数关系虽是两种不同的数量关系，但两者之间有密切联系：由于观察或测量误差的存在，现实生活中的函数关系往往通过相关关系表现出来，而相关关系又往往借助于函数关系的形式来近似描述。探讨现象之间的相关关系，是探讨事物内在联系的一种捷径，至少能够指出探索方向的重要信息。比如，天花是一种毁坏性很强的传染病，但有人发现，牧场里挤牛奶的姑娘几乎从来不染天花，经过多次的观察和试验，牛痘诞生了，天花不再肆虐。再如，风湿性关节炎是一种顽疾，但人们发现养蜂人几乎不患关节炎，与产生牛痘的艰难过程相似，治疗关节炎的“蜂毒”出现了。

此类情况都存在这样的过程：人们发现某种现象的变化经常都会引起另一

种现象的变化，这可以被视为不太明确的规律。人们为了验证、利用这些规律，会进一步试验，筛选出最主要的变量，再进行理论论证和试验，直至形成一种比较稳定的、可控的操作模式。这个过程用统计术语来表述就是：通过大量观察，发现了某些变量之间的相关关系，再对这些变量的一系列观测值进行有效的统计技术处理（下面将要介绍的回归分析方法是主要的手段）。相关分析常用于研究事物之间的因果关系、共变关系和依存关系。例如，小麦亩产量与施肥量之间的关系就是因果关系，施肥量是因，小麦亩产量是果；又如，同行业的两家公司的股票价格之间、某种股票价格与整个上市公司股票价格（大盘股价指数）之间的关系存在共变性，它们受共同的政治、经济等因素的影响。

8.1.2 相关关系的分类

感知了某种事物的存在，人们很自然要去理解、解释这种事物。现象间存在着相关关系，这些“关系”成为认识的对象，我们不禁要问：这些关系是怎样的？从科学方法的角度看，对我们所研究的对象进行适当分类是必要的。

8.1.2.1 直线相关和曲线相关

根据相关关系的表现形式，可以分为直线相关和曲线相关。如果两个变量的相关图趋向于直线的形状，则称为直线相关，又称为线性相关。例如，某企业总产值与利润额之间的相关关系就表现为直线相关，如图8－1所示。如果两个变量之间的相关图趋向于某种曲线的形状，则称为曲线相关，又称为非线性相关。例如，流通费用率与商品销售额之间的相关图趋向于双曲线，称为曲线相关，如图 8－2 所示。

8.1.2.2 正相关和负相关

根据变量之间相互变化的方向，可以分为正相关和负相关。当不同变量变化的方向相同，即一个变量的数值增大或减小时，另一个变量的数值也随之增大或减小，则这两个变量之间的相关关系称为正相关。例如，在其他条件相同时，人们对某商品的需求量与该商品价格之间的相关关系便是正相关。当不同变量变化的方向相反，即一个变量的数值增大或减小时，另一个变量的数值反而减小或增大，则这两个变量之间的相关关系便是负相关。例如，在其他条件相同时，市场上某商品的供给量与该商品价格之间的相关关系便是负相关。

8.1.2.3 单相关和复相关

根据相关关系涉及的因素（或变量）多少，可以分为单相关和复相关。单相关又称为一元相关，是两个变量之间的相关关系，也就是一个变量与另一个变量之间的相关关系。例如，研究某企业总产值与利润额之间的相关关系时，就是单相关。复相关又称为多元相关，是指多个因素（三个及以上的因素）之间的相关关系，也就是一个因素与另一组因素（两个或两个以上因素）之间的相关关系。例如，某种商品的销售量与其价格、质量、居民收入等因素之间的相关关系。

8.1.2.4 完全相关、不完全相关和不相关

根据因素之间的相关程度，可以分为完全相关、不完全相关和不相关。如果一个变量的值由另一个或另一组变量的值完全确定，则变量之间的相关关系称为完全相关，即变量之间存在着确定性的函数关系。如果一个变量的值不受另一个或另一组变量的影响，彼此独立，则称为变量之间不相关。不完全相关是介于完全相关（函数关系）和完全不相关之间的相关关系。统计学中的相关分析主要研究不完全相关。

专栏8－1 现象间的联系

统计方法的重要目的是探讨事物的规律。统计方法探讨规律的过程为：通过对性质不同的事物的大量观察，发现某些表面关系不大的事物之间存在着一定的依存关系，事物之间不是“独立”的。这使人们发现了一些“模式”。比如，人们发现，菜肴如果比较“咸”，就不容易变质，这成为许多人长期保存食物的方法。

加拿大的一个科学家（Dr. Peter Yu）猜测：严重暴力罪犯是否在生理结构上与正常人有区别？他研究了监狱内几十名严重暴力罪犯的血样，发现他们的MAO的物质只相当于正常人的1/3，而且暴力犯罪越严重，MAO含量越低。西班牙的一位科学家对斗牛士进行了相似的试验，也得到相似的结果。加拿大的这位科学家同样也对一些胆子很小、“不惜一切避免任何风险”的人进行了相似的试验，发现MAO含量偏高。他便着手研制一种药，能够改变人们血液中的MAO含量，使他们能与普通人一样。这是一种现象：暴力倾向强的人，血液中MAO的含量低；

相反，胆子小的人，MAO含量高。

——"Prince Edward - The Truth Behind Risk and Adveature" (www.campaignforadventure.org) 摘译

8.1.3 回归的概念和分类

回归分析与相关分析既有联系又有区别，它们都是研究变量之间相互联系的统计分析方法。相关分析主要研究变量之间的相互联系，不用区分变量之间的主从关系或因果关系，也就是说，相关分析仅仅研究变量之间的相关方向、相关密切程度和相关关系的表现形式。回归分析是在相关分析的基础上，将具有相关关系的各个变量区分为自变量和因变量，研究自变量数值的变化对因变量数值的影响，根据自变量的数值推算因变量的数值。因此，在进行回归分析时，必须准确区分自变量和因变量，根据自变量和因变量的数据资料，建立数学模型（即回归方程），然后才能进行推算。

回归分析有不同的分类方法，根据回归分析中自变量的个数，可以分为一元回归和多元回归。仅有一个自变量的回归分析称为一元回归，两个或两个以上自变量的回归分析称为多元回归。根据形状（即相关图的形状）可以分为直线回归和曲线回归，直线回归又叫线性回归，曲线回归又叫非线性回归。

理论分析中最基本的是线性回归。实践中遇到非线性回归时，可以经过变量代换等方法将非线性回归转换成线性回归，用线性回归的方法解决非线性回归问题。

8.1.4 相关与回归分析的主要内容

相关与回归分析的主要内容包括以下几个方面。

8.1.4.1 考察现象之间是否存在相关关系

运用相关与回归分析方法对事物进行定量分析之前，必须首先依据一定的理论、专业知识和实践经验对事物进行定性分析，分析事物之间是否确实存在相关关系。如果不加分析地随意把几种现象的数量变化作定量相关描述，则会得出一些荒谬的结论，误导人们的决策。譬如，在一些国家中，吸毒人数的增加和人口平均寿命的提高同时并存，如果就此认为吸毒人数越多，人口平均寿命越高，这显然是错误的结论，因为这两种现象之间不存在正相关的关系。只有当现象之间确实存在相关关系时，才能作进一步的定量分析。

8.1.4.2　分析现象之间相关关系的种类和相关密切程度

如果现象之间确实存在相关关系，还需要判断相关关系的种类，因为不同的相关关系应采用不同的分析方法。如果现象之间表现为直线相关，就采用拟合直线方程的方法分析之；如果现象之间表现为曲线相关，则应采用拟合曲线方程的方法加以分析。

8.1.4.3　分析现象之间的相关密切程度

影响事物发展变化的因素是很多的，变量之间的相关密切程度有高有低，变量之间相关密切程度越高，对之进行定量分析的结论就越准确、可靠。一般来说，相关分析中考虑的变量越多，所吸收的信息也越多，对得出正确的分析结论就有利。但在实际工作中，由于技术条件和人力、经费等的限制，以及时效性和效益性的要求，不可能、也没有必要把所有相关变量都引入相关分析的定量模型中，只要抓住几个相关密切程度较高的变量作相关分析同样可以达到目的。分析相关密切程度的主要方法就是绘制相关图和计算相关系数。

8.1.4.4　建立回归方程

根据相关关系的类型，将其中的一个变量作为因变量，其他变量作为自变量，建立合适的数学模型，即回归方程。根据回归方程，可以分析自变量数值的变化对因变量的影响。

8.1.4.5　测定因变量估计值与实际值的误差程度，并作有关估计推断

由自变量的数据，根据回归方程可以求得因变量的估计值 Yc。Yc 与实际值 Y 之间会有一定的差异，二者间差异越小，说明估计越准确，反之亦然。因此，有必要测定因变量估计值与实际值之间的误差程度。其方法是计算回归估计标准误差。

8.2　相关分析

在进行相关分析之前，首先要分析现象之间是否存在相关关系，当现象之间确实存在相关关系时，才有进一步分析的必要。这一过程便是定性分析。定性分析只能依靠研究者的理论知识、专业知识和实践经验，通过观察试验，进行深入研究后，才能作出正确的结论。在定性分析的基础上，编制相关表，绘

制相关图，有助于直观地分析判断现象之间相关关系的密切程度和表现形式。

8.2.1 相关表和相关图

相关表是统计表的一种，用于描述事物之间的相关关系。在具有相关关系的各种因素中，把其中一个因素按照从小到大的顺序排列，再把其他因素对应排列，便形成相关表。表 8－1 用于描述某企业的产值与利润之间的相关关系。

表 8－1 某企业的产值与利润相关表

年份（年）	总产值（万元）	利润额（万元）
1	360	25
2	383	30
3	408	40
4	480	45
5	510	55
6	530	60
7	560	65
8	600	75

从表 8－1 可以看出，总产值越大，利润额越多，两者呈正相关的关系。

相关表可以描述变量之间的相关关系，相关图则可以更直观地反映变量之间的相关关系。相关图是用来描述两个事物之间的相关关系的统计图，是一种散点图。对于具有相关关系的两个变量，将其中一个变量作为 X，另一个变量作为 Y 绘制的散点图就是相关图。例如，对于表 8－1，以总产值为 X，利润额为 Y，绘制散点图，其相关图如图 8－1 所示。

从图 8－1 中可以看出，总产值和利润额之间呈直线正相关。

表 8－2 用于描述某商店的销售额和流通费用率之间的关系。二者间呈负相关，如图 8－2 所示。

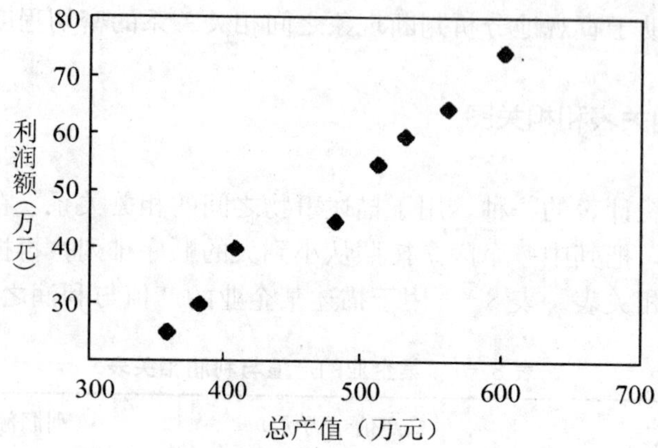

图 8－1　总产值与利润额相关图

表 8－2　销售额与流通费用率相关表

月份（月）	销售额（万元）	流通费用率（%）
1	10.5	6.5
2	12.5	5.0
3	14.5	4.2
4	16.5	3.5
5	18.5	3.0
6	19.5	2.5
7	22.5	2.4
8	24.5	2.3
9	25.5	2.2
10	26.5	2.1
11	28.5	2.0

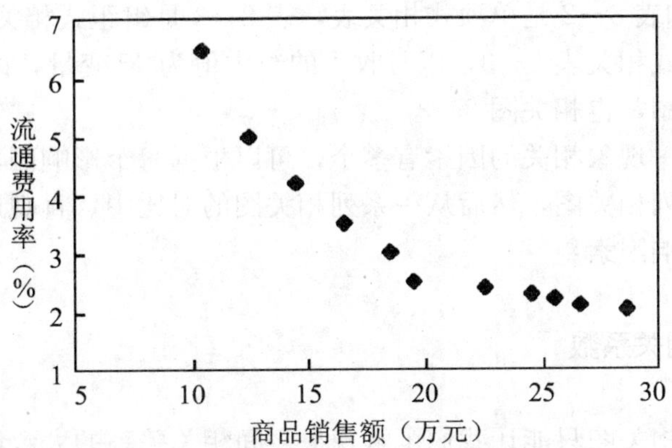

图 8－2　商品销售额与流通费用率相关图

相关表 8－3 用于描述城镇职工每人月收入与月存款之间的相关关系。二者间呈正相关，如图 8－3 所示。

表 8－3　城镇职工每人月收入与月存款相关表

月收入（元）	月存款（元）	月收入（元）	月存款（元）
2 500 以下	262	4 500～5 500	475
2 500～3 500	355	5 500～6 500	558
3 500～4 500	405	6 500 以上	790

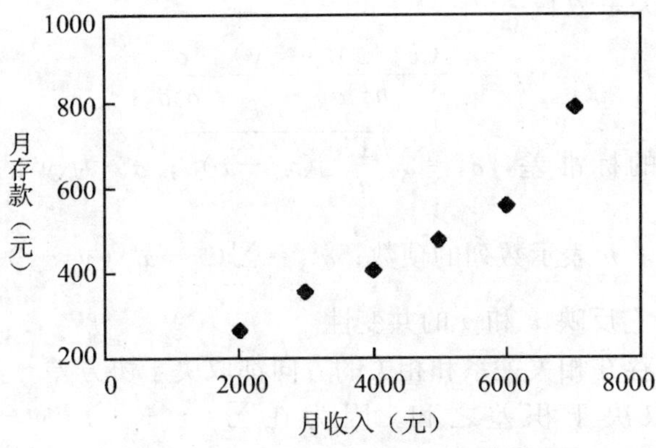

图 8－3　月收入与月存款相关图

表 8－1 和表 8－2 是单项式相关表，表 8－3 是组距式相关表。

对于组距式相关表 8－3，以月收入的组中值为 X 变量，以月存款为 Y 变量，绘制散点图，得相关图 8－3。

如果与某一现象相关的因素有多个，可以根据每个影响因素分别与被影响因素绘制一系列相关图，然后从一系列相关图的对比中，直观地判断主要影响因素和次要影响因素。

8.2.2 相关系数

相关表和相关图只能让我们了解现象之间相关关系的大致情况，不能进行“量化”。为了更有效、更准确地表示现象之间相关关系的密切程度，需要计算相关系数。

相关系数是用来测定变量间相关密切程度的指标，主要有简单相关系数、复相关系数、偏相关系数、曲线相关系数。本教材主要介绍在线性相关条件下的简单相关系数。

简单相关系数是用来描述在直线相关的条件下，变量之间相关关系的密切程度的综合指标。

计算相关系数的方法很多，但最基本、最常用的方法是积差法，它是由英国统计学家卡尔·皮尔逊（Karl Pearson）在 1890 年提出的计算方法，故又称为皮尔逊积差法相关系数。积差法相关系数是一个无量纲的指标，其计算公式如下（r 表示相关系数）：

$$r=\frac{\sum(x-\overline{x})(y-\overline{y})}{n\sigma_x\sigma_y}=\frac{\sigma_{xy}^2}{\sigma_x\sigma_y} \tag{8.1}$$

式中，σ_x 为 x 的标准差，$\sigma_x=\sqrt{\frac{1}{n}\sum(x_i-\overline{x})^2}$；$\sigma_y$ 为 y 的标准差，$\sigma_y=\sqrt{\frac{1}{n}\sum(y_i-\overline{y})^2}$；$n$ 表示数列的项数；$\sigma_{xy}^2=\sum(x-\overline{x})(y-\overline{y})\ /n$ 为二变量 x 和 y 的协方差，它反映 x 和 y 的共变性。

变量间是否存在相关关系和相关的方向都取决于协方差。

相关系数取决于积差之和。因为在 $\sum(x-\overline{x})(y-\overline{y})$ 中，如果 $\sum(x-\overline{x})(y-\overline{y})>0$，说明 x 和 y 的变动方向相同，r 为正值，即 x 和 y 之间存在正相关；如果 $\sum(x-\overline{x})(y-\overline{y})<0$，说明 x 和 y 的变动方向相反，r

为负值，即 x 和 y 之间存在负相关；如果 $\sum(x-\bar{x})(y-\bar{y})=0$，$r$ 为零，说明 x 和 y 之间不存在相关关系。

以上情况可以在平面直角坐标系中用象限原理加以说明。

如前所述，用相关表绘制的相关图（散点图）的所有对应点都分布在第一象限，如果将坐标移动，即以两个变量 x 和 y 的平均值（$\bar{x}$，$\bar{y}$）为坐标原点，在第一象限中重新建立新坐标，由此把原来第一象限中的所有散点划分为4个象限，如图8－4所示。在新的4个象限中，因为原点是平均数，所以各相关点的位置都改由它们的离差决定，即由（$x-\bar{x}$）和（$y-\bar{y}$）决定。

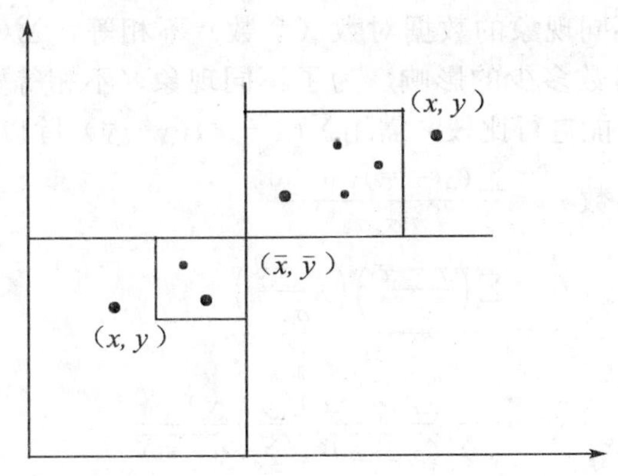

图8－4

从图8－4中不难看出，在Ⅰ象限和Ⅲ象限中，x 和 y 同符号，其离差（$x-\bar{x}$）和（$y-\bar{y}$）也同号，故其积差（$x-\bar{x}$）·（$y-\bar{y}$）为正，说明当散点表现为由左下方向右上方变化的直线型分布（即相关点集中分布在Ⅰ象限和Ⅲ象限）时，据之计算的相关系数为正，表示正相关。在Ⅱ象限和Ⅳ象限中，x 和 y 的符号相反，其离差（$x-\bar{x}$）和（$y-\bar{y}$）的符号一正一负，故其积差（$x-\bar{x}$）·（$y-\bar{y}$）为负，说明当散点表现为由左上方向右下方变化的直线型分布（即相关点集中分布在Ⅱ象限和Ⅳ象限）时，据之计算的相关系数为负，表示负相关。当相关点越靠近于一直线时，表示 x 与 y 相关关系越密切；反之，x 与 y 的相关程度越低。

如果相关点（散点）随机分布在4个象限，不沿着任何一条对角线集中分布，这时各象限的积差正负相抵，使积差总和$\sum(x-\bar{x})(y-\bar{y})$很小或趋于0或等于0，这时相关系数也很小或等于0，它表示变量之间相关微弱或不存在相关关系。

以上分析可见，$\sum(x-\bar{x})(y-\bar{y})$或协方差$\sigma_{xy}^2=\frac{\sum(x-\bar{x})(y-\bar{y})}{n}$足以说明$x$与$y$是正相关或负相关，以及相关的密切程度。在相关系数的公式（公式8.1）中将$\sum(x-\bar{x})(y-\bar{y})$除以$n\sigma_x\sigma_y$，其原因有两点：第一，$x$，$y$协方差是有名数，不同现象间的计量单位不同，此时相关关系无法用之直接进行比较，只有将其标准化后化为无名数，才可比较不同现象相关程度的高低。第二，一般而言，不同现象的数据对数（个数）不相等，$\sum(x-\bar{x})(y-\bar{y})$值的大小还受数据对数多少的影响。为了不同现象（不相等资料对数）的$\sum(x-\bar{x})(y-\bar{y})$结果能进行比较，需用$\sum(x-\bar{x})(y-\bar{y})$除以资料对数（$n$）。

$$相关系数\ r=\frac{\sum(x-\bar{x})(y-\bar{y})}{n\sigma_x\sigma_y}=\frac{\sum\left(\frac{x-\bar{x}}{\sigma_x}\right)\left(\frac{y-\bar{y}}{\sigma_y}\right)}{n}=\frac{\sum(x-\bar{x})(y-\bar{y})}{\sqrt{\sum(x-\bar{x})^2}\sqrt{\sum(y-\bar{y})^2}} \tag{8.2}$$

计算相关系数的步骤如下：第一步，计算$\bar{x}$、$\bar{y}$；第二步，计算x的标准差σ_x；第三步，计算y的标准差σ_y；第四步，计算x和y的协方差σ_{xy}^2；第五步，代入公式8.1计算相关系数。

【例】根据表8－4的数据，以销售额为x变量，销售费用为y变量，计算二者的相关系数。

第一步，计算$\bar{x}$、$\bar{y}$，如表8－4所示。

$$\bar{x}=\frac{\sum x}{n}=\frac{360+383+\cdots+600}{8}=\frac{3\,831}{8}=478.875$$

$$\bar{y}=\frac{\sum y}{n}=\frac{23+24+\cdots+33}{8}=\frac{223}{8}=27.875$$

第二步，计算x的标准差σ_x，如表8－4所示。

$$\sigma_x=\sqrt{\frac{1}{n}\sum(x-\bar{x})^2}=81.534$$

第三步，计算y的标准差σ_y，如表8－4所示。

$$\sigma_y=\sqrt{\frac{1}{n}\sum(y-\overline{y})^2}=3.257$$

第四步，计算 x 和 y 的协方差 σ_{xy}^2，如表 8－4 所示。

$$\sigma_{xy}^2=\frac{1}{n}\sum(x-\overline{x})(y-\overline{y})=262.609$$

第五步，代入公式 8.1 计算相关系数。

$$r=\frac{\sigma_{xy}^2}{\sigma_x\sigma_y}=0.988\,836$$

在计算相关系数的时候，也可以直接运用公式 8.2 计算。

表 8－4　相关系数计算表

月份（月）	销售额 x（万元）	销售费用 y（万元）	$(x-\overline{x})^2$	$(y-\overline{y})^2$	$(x-\overline{x})\cdot(y-\overline{y})$
1	360	23	14 131.266	23.766	579.516
2	383	24	9 192.016	15.016	371.516
3	408	26	5 023.266	3.516	132.891
4	480	27	1.266	0.766	－0.984
5	510	29	968.766	1.266	35.016
6	530	30	2 613.766	4.516	108.641
7	560	31	6 581.266	9.766	253.516
8	600	33	14 671.266	26.266	620.766
合计	3 831	223	53 182.875	84.875	2 100.875

用公式 8.1 和公式 8.2 计算相关系数，工作量较大，可以由公式 8.2 推导出相关系数的简捷公式：

$$r=\frac{n\sum xy-\sum x\sum y}{\sqrt{n\sum x^2-(\sum x)^2}\sqrt{n\sum y^2-(\sum y)^2}}$$

$$=\frac{\overline{xy}-\overline{x}\overline{y}}{\sqrt{\overline{x^2}-(\overline{x})^2}\sqrt{\overline{y^2}-(\overline{y})^2}}$$

$$=\frac{\overline{xy}-\overline{x}\overline{y}}{\sigma_x\sigma_y} \tag{8.3}$$

根据表 8－4 的数据，用公式 8.3 计算相关系数。计算过程见表8－5。

表 8－5 相关系数计算表

月份（月）	销售额 x（万元）	销售费用 y（万元）	xy	x^2	y^2
1	360	23	8 280	129 600	529
2	383	24	9 192	146 689	576
3	408	26	10 608	166 464	676
4	480	27	12 960	230 400	729
5	510	29	14 790	260 100	841
6	530	30	15 900	280 900	900
7	560	31	17 360	313 600	961
8	600	33	19 800	360 000	1 089
合计	3 831	223	108 890	1 887 753	6 301

由表 8－5 可知，$n=8$，$\sum x=3\,831$，$\sum y=223$，$\sum xy=108\,890$，$\sum x^2=1\,887\,753$，$\sum y^2=6\,301$，代入公式 8.3 计算相关系数，得：

$$r=\frac{8\times 108\,890-3\,831\times 223}{\sqrt{8\times 1\,877\,753-3\,831^2}\sqrt{8\times 6\,301-223^2}}=0.988\,836$$

根据相关系数 r 的值可以判断变量之间的相关方向和相关程度。当 $r>0$ 时，表示 x 与 y 正相关；$r<0$ 时，表示 x 与 y 负相关；$r=0$ 时，表明 x 与 y 不相关；$r=\pm 1$ 时，表明 x 与 y 完全相关；$0<|r|<1$ 时，表明 x 与 y 不完全相关。

相关系数的取值范围是：$-1\leqslant r\leqslant 1$。$|r|$ 的值越大，相关程度越高。根据经验判断：$|r|<0.3$ 时，称为微弱相关；$0.3\leqslant |r|\leqslant 0.5$ 时，称为低度相关；$0.5\leqslant |r|\leqslant 0.8$ 时，称为显著相关；$0.8\leqslant |r|\leqslant 1$ 时，称为高度相关。

8.2.3 等级相关

如果变量 x 和 y 不是数值变量，而是序数，如品质标志的等级、名次顺序等，要测定两者之间的相关程度和相关方向，不能直接用上述简单相关系数，而要采用等级相关系数测定变量间的相关关系。

等级相关系数是把总体单位标志的具体表现按等级次序排列后，用来测定两个标志的等级序列之间的相关密切程度和相关方向的指标。它是由统计学家斯皮尔曼于1940年提出的计算方法，又称为斯皮尔曼等级相关系数，计算公式如下：

$$R_s = 1 - \frac{6\sum D^2}{N(N^2 - 1)} \tag{8.4}$$

式中，D 为两个变量之间的等级差，即 $D = x - y$；N 为等级数列的项数。

R_s 的取值范围为 $[-1, 1]$。若 x、y 等级次序完全相同时，$\sum D^2 = 0$，$R_s = 1$，则 x、y 完全正相关；若 x、y 等级次序完全颠倒，即 x 与 y 的等级一个为最高时另一个为最低，一个为次高时另一个为次低……此时 $R_s = -1$，则 x、y 完全负相关；若 $-1 < R_s < 1$，则 x、y 非完全相关。

【例】某机构组织一批专家对10个城市的环境污染状况和居民健康状况进行调查，规定将调查结果用1至10个等级表示，1表示最差等级，10表示最好等级。调查结果见表8－6，要求：计算等级相关系数并解释其意义。

表8－6　等级相关系数计算表

城市代码	环境污染等级 x	居民健康等级 y	等级差 $D=x-y$	D^2
1	10	9	1	1
2	6	10	−4	16
3	8	7	1	1
4	1	1	0	0
5	3	2	1	1
6	2	5	−3	9
7	4	4	0	0
8	9	8	1	1
9	5	3	2	4
10	7	6	1	1
合计	/	/	/	34

解：先计算等级差 D，再计算 D^2，计算过程如表8－6所示。代入公式8.4计算等级相关系数，得：

$$R_s = 1 - \frac{6 \times 34}{10 \times (10^2 - 1)} = 0.794$$

计算结果表明，环境污染等级与居民健康等级有中等程度的正相关。

当专家的评判结果以分值体现时，应先将分数转化为等级。

【例】甲、乙二组售货员对 13 种女鞋的式样进行评价，评分情况见表8－7。

表 8－7　售货员对女鞋的评价分数

鞋编号	1	2	3	4	5	6	7	8	9	10	11	12	13
甲组	82	87	84	92	78	72	76	66	68	80	75	87	86
乙组	76	83	83	80	74	72	86	69	74	72	70	76	76

这种打分并不精确，但可据此决定事物的等级或顺序。将评分改为等级的办法是：最低分定为 1 等，最高分定为 13 等。相同分数取原有等级的平均数。例如，甲组有 2 个 87 分，原来等级为 11、12，其平均数为 11.5，即作为这两个分数的等级；乙组有 3 个 76 分，原来等级为 7、8、9，其平均数为 8，即作为这 3 个分数的等级。计算等级相关系数的资料见表 8－8。

表 8－8　评价分数计算表

编号	甲组评分	乙组评分	甲组等级 x	乙组等级 y	等级差 $D=x-y$	D^2
1	82	76	8	8	0	0
2	87	83	11.5	11.5	0	0
3	84	83	9	11.5	－2.5	6.25
4	92	80	13	10	3	9
5	78	74	6	5.5	0.5	0.25
6	72	72	3	3.5	－0.5	0.25
7	76	86	5	13	－8	64
8	66	69	1	1	0	0
9	68	74	2	5.5	－3.5	12.25
10	80	72	7	3.5	3.5	12.25
11	75	70	4	2	2	4
12	87	76	11.5	8	3.5	12.25
13	86	76	10	8	2	4
合计	—	—	—	—	—	125.0

$$R_s=1-\frac{6\sum D^2}{N\ (N^2-1)}=1-\frac{6\times 125}{13\times\ (13^2-1)}=0.6566$$

计算结果说明，甲、乙两个组售货员对女鞋式样的意见有中等程度正相关。

8.3 一元线性回归分析

8.3.1 一元线性回归方程的建立

如果现象之间存在相关关系，变量 X 变动，变量 Y 也会随之变动。不管人们能否解释 X 和 Y 之间的逻辑关系或内在联系，但在某种程度上可以利用这个规律。问题接踵而至——当 X 变动1%时，Y 的变动程度为多少？这就涉及回归问题。可见，回归分析描述的是一个变量怎样依赖于另一个变量，或者说，当一个变量发生一定的变动时，另一个变量将会发生怎样的数量变动。回归分析的目标是发现一个能充分解释所研究的事物关系的最简单和最实用的数学模型。

建立回归模型，理论基础是最小平方法，事实依据是若干对因变量和自变量的数值。而因变量和自变量的数值在绝大多数情况下都是样本值，具有随机性，与抽样指标相似，仍然存在着样本代表性的问题，同样需要计算这种随机数值的平均误差。其基本原理仍然是计算“离差平方和”（衡量算术平均数的代表性大小时使用此法，衡量抽样指标的代表性大小时延用此法），不同的是，这里的离差指的是实际值与估计值之间的离差。

如果一个自变量 X 与一个因变量 Y 之间存在明显的直线相关关系，则可采用一元线性回归分析。例如，对于表 8－4 所示的销售额 X 与销售费用 Y 之间的数量联系而言，要分析 X 的变化对 Y 的影响，可采用一元线性回归分析法。

销售额 X 与销售费用 Y 之间存在明显的直线相关，根据相关图中的各个相关点可以描绘出一条直线，使各个相关点尽量分布在直线两边，用直线代表全部相关点的趋势，如图 8－5 所示。

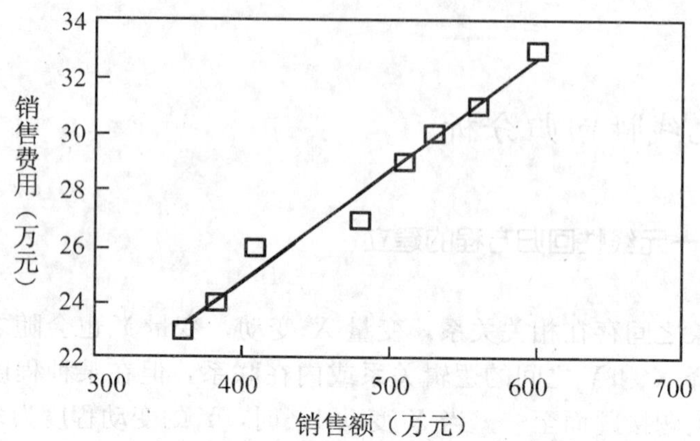

图 8－5　**销售额与销售费用相关图**

对于具有线性相关关系的两个变量，由于存在随机因素的干扰，两变量的线性关系中应包括随机误差项 ε，即：

$$Y=a+bX+\varepsilon$$

当 X 取某一确定值时，尽管对应的 Y 值有波动，但随机误差的期望值为零，即 $E(\varepsilon)=0$，因而从平均意义上 $E(Y)$ 为 Y，总体线性回归方程为：

$$Y=E(Y)=a+bX$$

用总体线性回归方程代替样本回归直线方程进行预测时，其表达式为：

$$Y_c=a+bX$$

其中，Y_c 是根据自变量 X 推算出来的因变量 Y 的估计值，又称为因变量 Y 的理论值或趋势值，a 和 b 为待定系数，b 为回归系数。要使直线能够最好地代表相关点，必须满足一个基本条件：因变量 Y 的理论值与实际值之间的"离差平方和最小"，即 $\sum(Y-Y_c)^2$ 为最小。

令 $E=\sum(Y-Y_c)^2=\sum(Y-a-bX)^2$，确定 a 和 b 的值，使 E 为最小。根据微积分知识，则有

$$\begin{cases}\dfrac{\partial E}{\partial a}=0\\[2ex]\dfrac{\partial E}{\partial b}=0\end{cases}\quad 即\begin{cases}\dfrac{\partial\sum(Y-a-bX)^2}{\partial a}=0\\[2ex]\dfrac{\partial\sum(Y-a-bX)^2}{\partial b}=0\end{cases}$$

得标准方程组：

$$\begin{cases} \sum Y = Na + b\sum X \\ \sum XY = a\sum X + b\sum X^2 \end{cases}$$

解方程组得

$$\begin{cases} b = \dfrac{N\sum XY - \sum X\sum Y}{N\sum X^2 - (\sum X)^2} \\ a = \overline{Y} - b\overline{X} \end{cases} \tag{8.5}$$

经变换得

$$\begin{cases} b = \dfrac{\sum(X-\overline{X})(Y-\overline{Y})}{\sum(X-\overline{X})^2} = \dfrac{\sigma_{xy}^2}{\sigma_x^2} \\ a = \overline{Y} - b\overline{X} \end{cases} \tag{8.6}$$

【例】 根据表 8－4 的数据，以销售额为 X 变量，销售费用为 Y 变量，建立回归方程 $Y_c = a + bX$，确定系数 a 和 b。

第一步，计算 $\overline{X}$、Y。

$$\overline{X} = \frac{\sum X}{N} = 478.875$$

$$\overline{Y} = \frac{\sum Y}{N} = 27.875$$

第二步，用表 8－4 中的计算结果：

$$\sum(X-\overline{X})^2 = 53\ 182.875$$

$$\sum(X-\overline{X})(Y-\overline{Y}) = 2\ 100.875$$

第三步，将以上数据代入公式 8.6，计算 b 和 a 的值。

$$b = \frac{\sum(X-\overline{X})(Y-\overline{Y})}{\sum(X-\overline{X})^2} = \frac{2\ 100.875}{53\ 182.875} = 0.0395$$

$$a = \overline{Y} - b\overline{X} = 27.875 - 0.0395 \times 478.875 = 8.9581$$

所以，回归方程为：$Y_c = 8.9581 + 0.0395X$。

$b = 0.0395$ 表示在其他条件相同的情况下，销售额增加 1 万元，销售费用平均增加 0.0395 万元。当销售额 X 为零时，固定的销售费用为 8.9581 万元。

8.3.2 回归估计标准差

根据已经建立的回归方程，由自变量的值可以推算因变量的值。根据回归方程推算出来的因变量的值是估计值 y_c，与实际值 y 不完全相等，估计值 y_c 与实际值 y 的误差大小反映所拟合的回归直线（即回归方程）的代表性优劣。

回归估计标准差可以反映回归方程的代表性，用σ_{y_c}表示回归估计标准差。其计算公式为：

$$\sigma_{y_c}=\sqrt{\frac{\sum(y-y_c)^2}{n-k-1}}=\sqrt{\frac{\sum(y-a-bx)^2}{n-k-1}} \tag{8.7}$$

式中，k表示回归方程中自变量的个数。对于一元回归方程而言，σ_{y_c}的计算公式为：

$$\sigma_{y_c}=\sqrt{\frac{\sum(y-y_c)^2}{n-2}}$$

对于上例中的回归方程$y_c=8.958\,1+0.039\,5x$，回归估计标准差为：

$$\sigma_{y_c}=\sqrt{\frac{\sum(y-y_c)^2}{8-2}}$$

$$=\sqrt{\frac{\sum(y-8.895\,81-0.039\,5x)^2}{8-2}}=0.580\,4$$

计算结果表明，销售费用的回归估计标准差为0.560 4万元。回归估计标准差越大，说明y的估计值与实际值之间的平均离差程度越大，则估计值y_c的代表性越差；回归估计标准差越小，说明y的估计值与实际值之间的平均离差程度越小，则估计值y_c的代表性越好。如果回归估计标准差等于零，则说明所有相关点都在回归直线上（x与y之间是函数关系）。

公式中y与y_c离差的平方和除以（$n-2$），是因为在用最小平方法求参数a，b时，受正规方程组中两个方程的约束，失去了两个自由度。在样本足够多（或大样本）的条件下，可直接除以n。

$$\sigma_{y_c}=\sqrt{\sum(y-y_c)^2/n}$$

$$\begin{aligned}
&\sum(y-y_c)^2=\sum(y-a-bx)^2\\
&=\sum[y^2+(a+bx)^2-2y(a+bx)]\\
&=\sum[y^2+a^2+(bx)^2+2abx-2ay-2bxy]\\
&=\sum y^2+na^2+b^2\sum x^2+2ab\sum x-2a\sum y-2b\sum xy\\
&=\sum y^2-na^2+b\cdot b\sum x^2+ab\sum x+ab\sum x-a\sum y-a\sum y-b\sum xy-b\sum xy\\
&=\sum y^2+b(b\sum x^2+a\sum x-\sum xy)+a(na+b\sum x-\sum y)-a\sum y-b\sum xy\\
&=\sum y^2-a\sum y-b\sum xy
\end{aligned}$$

$$\left(\text{因为}\begin{cases}\sum y=na+b\sum x\\ \sum xy=a\sum x+b\sum x^2\end{cases}\Rightarrow\begin{cases}na+b\sum x-\sum y=0\\ a\sum x+b\sum x^2-\sum xy=0\end{cases}\right)$$

可见，回归估计标准差可用简化公式：

$$\sigma_{y_c}=\sqrt{(\sum y^2-a\sum y-b\sum xy)\ /n} \tag{8.8}$$

8.3.3 回归系数、相关系数、回归估计标准差之间的联系

8.3.3.1 回归系数与相关系数的关系

由公式 8.2 和公式 8.6 可知，回归系数 b 和相关系数 r 的符号都取决于协方差 σ_{xy}，因而由同一组资料计算的 b、r 符号是一致的（如第二节例中的 $r=0.988\,836$与第三节例中的 $b=0.039\,5$）；回归系数 b 与相关系数 r 的计算式可以互推，即有：

$$b=r\frac{\sigma_y}{\sigma_x} \qquad r=b\frac{\sigma_x}{\sigma_y} \tag{8.9}$$

由积差法有：$r=\dfrac{\sum(x-\overline{x})\ (y-\overline{y})}{n\sigma_x\sigma_y}$，即：

$$r=\frac{\sum(x-\overline{x})\ (y-\overline{y})}{\sqrt{\sum(x-\overline{x})^2}\sqrt{\sum(y-\overline{y})^2}}$$

$$=\frac{\sum(x-\overline{x})\ (y-\overline{y})\ \sqrt{\sum(x-\overline{x})^2}}{\sum(x-\overline{x})^2\ \sqrt{\sum(y-\overline{y})^2}}$$

由公式 8.6 得：

$$b=\frac{\sum(x-\overline{x})\ (y-\overline{y})}{\sum(x-\overline{x})^2}$$

所以，$r=b\dfrac{\sigma_x}{\sigma_y}$

8.3.3.2 总离差平方和的分解

回归分析表明，因变量 y 的实际值（观察值）有大有小，上下波动，对每一个观察值来说，波动的大小可用离差（$y-\overline{y}$）来表示。离差产生的原因有两个方面：一是受自变量 x 变动的影响，即 y 变量随 x 取值不同而变化的部分，它反映观察值 y 落在 $y_c=a+bx$ 线上的点；二是受其他因素的影响(包括观察或实验中产生的误差的影响)，它反映观察值 y 在 $y_c=a+bx$ 两旁的离散程度，这些未落在 $y_c=a+bx$ 线上的点是线性以外的影响因素对因变量的作用造成的，是间接因素影响所致。几个观察值总的波动大小用总离差平方和$\sum(y-\overline{y})^2$ 表示。

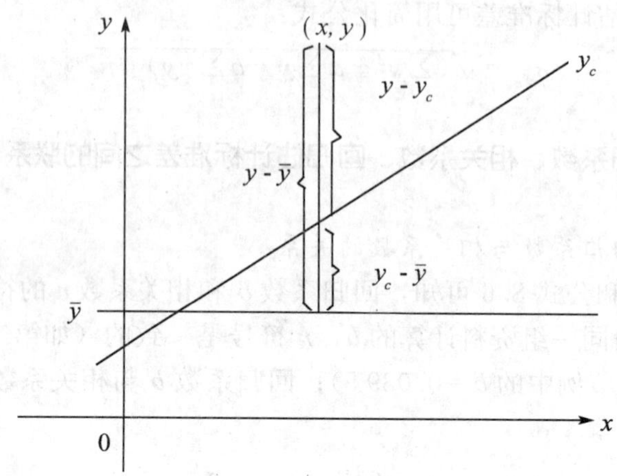

图 8－6

从图 8－6 可以看出，每个观察点的离差可以分解为两部分，即：

$$y-\bar{y}=(y-y_c)+(y_c-\bar{y})$$

其中，$(y-y_c)$ 为剩余离差，$(y_c-\bar{y})$ 为回归离差。

将上式两边平方，然后对所有的 n 点求和，则有：

$$\sum(y-\bar{y})^2=\sum[(y-y_c)+(y_c-\bar{y})]^2$$

$$=\sum(y-y_c)^2+2\sum(y-y_c)(y_c-\bar{y})+\sum(y_c-\bar{y})^2$$

式中，中间乘积项等于零①，因而总离差平方和为：

$$\sum(y-\bar{y})^2=\sum(y-y_c)^2+\sum(y_c-\bar{y})^2 \tag{8.10}$$

即　　总离差平方和＝剩余离差平方和＋回归离差平方和，即

$$TSS=ESS+RSS$$

剩余平方和又称残差平方和，它反映了自变量 x 对因变量 y 的线性影响

① $\sum(y-y_c)(y_c-\bar{y})=\sum(y-a-bx)(a+bx-\bar{y})$
$=\sum(y-\bar{y}+b\bar{x}-bx)(\bar{y}-b\bar{x}+bx-\bar{y})$（将 $a=\bar{y}-b\bar{x}$ 代入上式得到）
$=\sum[(y-\bar{y})-b(x-\bar{x})][b(x-\bar{x})]$
$=\sum[(y-\bar{y})b(x-\bar{x})-b^2(x-\bar{x})^2]$
$=b[\sum(y-\bar{y})(x-\bar{x})-b\sum(x-\bar{x})^2]$
$=b[\sum(y-\bar{y})(x-\bar{x})-\dfrac{\sum(x-\bar{x})(y-\bar{y})}{\sum(x-\bar{x})^2}\cdot\sum(x-\bar{x})^2]$（将公式 8.6 中 b 值代入上式得到）
$=0$

之外的一切因素（包括 x 对 y 的非线性影响和测量误差等）对因变量 y 的作用。

回归平方和表示在总离差平方和中，由于 x 与 y 的线性关系而引起因变量 y 变化的部分，它可以由回归直线解释。因为 $y_c=a+bx$，$\sum y_c=\sum(a+bx)=na+b\sum x$。由本节中求参数 a、b 的标准方程组得 $\sum y=na+b\sum x$，故 $\sum y_c=\sum y$，$\bar{y}_c=\bar{y}$。回归平方和 $\sum(y_c-\bar{y})^2$ 可用 $\sum(y_c-\bar{y}_c)^2$ 代换。由此，回归平方和表示的波动是由 x 与 y 的线性关系引起的便不难理解了。

回归效果的好坏取决于回归平方和在总离差平方和中的比重，该比重越大，剩余平方和在总离差平方和中所占的比重则越小，此时所有观察点距离回归直线就越近，即 x 与 y 的线性相关程度越高，根据自变量 x 推算因变量 y 的误差越小，线性回归分析的效果就越好；反之，若在总离差平方和中回归平方和所占比重小，剩余平方和所占比重就大，此时所有观察点距离回归直线就越远，x 与 y 的线性相关程度就越低。

8.3.3.3 判定系数（回归估计标准差与相关系数的关系）

回归平方和在总离差平方和中的比重大小可以衡量两个变量之间相关关系大小和说明回归方程拟合的优劣程度，这个比重称为判定系数（r^2）。

$$\begin{aligned} r^2 &=\sum(y_c-\bar{y})^2/\sum(y-\bar{y})^2 \\ &=\left[\sum(y-\bar{y})^2-\sum(y-y_c)^2\right]/\sum(y-\bar{y})^2 \\ &=1-\sum(y-y_c)^2/\sum(y-\bar{y})^2 \\ &=1-\sigma_{y_c}^2/\sigma_y^2 \end{aligned} \tag{8.11}$$

由以上公式不难理解，r^2 界于 0 和 1 之间，即 $0\leqslant r^2\leqslant 1$。如果 $\sum(y-y_c)^2=0$，则 $r^2=1$，$r=\pm 1$，说明 x 和 y 之间存在完全的正、负线性相关（变量之间是函数关系）。如果 $\sum(y-y_c)^2=\sum(y-\bar{y})^2$ 或 $\sigma_{y_c}^2=\sigma_y^2$，无论 x 怎样变化，y_c 始终不变，回归直线和 y 数列的平均线是同一条线（$y_c=\bar{y}$），此时，$r^2=0$，说明变量之间不存在相关关系（y 不随 x 的变化而变化）。如果 $0<r<1$，说明二变量之间存在一定的正线性相关。如果 $-1<r<0$，说明二变量之间存在一定的负线性相关。r^2 越大（或 $|r|$ 越大），变量之间相互关系的密切程度高，说明实际值与回归模型的拟合值差异越小，拟合度高（预测准确）；反之，r^2 越小，说明实际值和拟合值差异越大，拟合度低，变量之间的相关程度低。

由判定系数开方可得相关系数，但某一个具体的相关系数值（设 $r=0.87$），只表明变量 x 与 y 之间有很强的相关关系，它的意义不像判定系数那样明确。假如判定系数 $r^2=0.87$，未测定系数 $1-r^2=0.13$，它明确地表明有87%的 y 的差异归因于 x 的变化，而有13%的差异则不能用 x 来解释。

综上所述，相关系数是度量变量之间相互引起变化程度的量；判定系数是解释用一个变量预测另一个量的离差程度的量。

对于直线相关而言，判定系数等于皮尔逊相关系数的平方。一般而言，对于直线回归，r 称为相关系数；对于曲线回归而言，用大写字母 R 表示相关指数。

8.3.4 回归模型的检验——残差图法

我们所建立的回归模型只是假设的模型，回归模型能否较好地表达变量之间的相关趋势，还必须通过检验才能确定。只有通过检验后，才能利用所建立的回归方程作进一步的预测分析。检验回归模型的最简单、最直观的方法是残差图法。

残差图法是通过绘制残差散点图来检验回归模型的方法。它以残差 e（即误差项，$e=Y-Y_c$）为纵坐标，以估计值 Y_c 为横坐标，在直角坐标系上依次绘制散点。若散点随机地、无规律地依水平线 $e=0$ 为中心上下分布，则回归模型成立；若散点呈现有规律的变化，则认为回归模型不成立。

【例】 对于上例中用表8－4资料建立的回归模型，绘制残差图，检验回归模型是否成立。

残差图如图8－7所示。从残差图可以看出，散点无规律地分布于水平线 $e=0$ 的两边，可以认为直线回归模型成立。

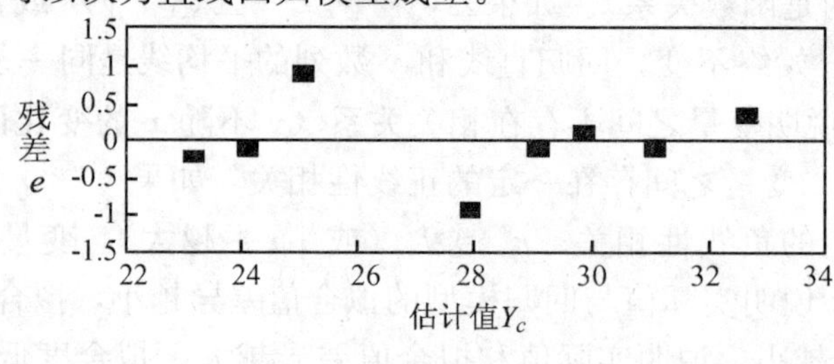

图8－7

残差图对检验多元回归模型是非常有用的方法。

8.3.5 回归估计的置信区间

根据回归方程和估计标准差，可进一步对因变量 y 进行估计或推断，其中应用最广泛的是建立回归估计的置信区间，借以确定回归方程预测值或控制 y 的范围。

当调查单位足够多，观察值在回归直线两侧呈正态分布时，则可期望：

①约有 68.3%的点落在回归直线 $\pm\sigma_{y_c}$ 范围内；

②约有 95.5%的点落在回归直线 $\pm 2\sigma_{y_c}$ 范围内；

③约有 99.7%的点落在回归直线 $\pm 3\sigma_{y_c}$ 范围内。

利用标准正态分布表，以一定的概率和精确度对总体回归值做区间估计。

【例】一般情况下，一个人的运动量与食量存在一定的关系。对此，某调查机构连续观察 10 周，收集的资料见表 8－9。

表 8－9　某人连续 10 周运动时间与食量资料

运动时间 x（小时/周）	食量 y（公斤/天）	x^2	xy	$y_c = a + bx$	$(y - y_c)^2$
3	0.57	9	1.71	0.65	0.006 4
4	0.78	16	3.12	0.76	0.000 4
4	0.72	16	2.88	0.76	0.001 6
2	0.58	4	1.16	0.54	0.001 6
5	0.89	25	4.45	0.87	0.000 4
3	0.63	9	1.89	0.65	0.000 4
4	0.73	16	2.92	0.76	0.000 9
5	0.84	25	4.2	0.87	0.000 9
3	0.75	9	2.25	0.65	0.01
2	0.48	4	0.96	0.54	0.003 6
35	6.97	133	25.54	7.05	0.026 2

$$b = \frac{n\sum xy - \sum x \sum y}{n\sum x^2 - (\sum x)^2} = \frac{10 \times 25.54 - 35 \times 6.97}{10 \times 133 - 35^2} \approx \frac{11.45}{105} = 0.11$$

$a=\bar{y}-6\bar{x}=0.697-0.11\times3.5\approx0.32$

所以，$y_c=0.32+0.11x$

运动时间每周为 3 小时（即给定 $x=3$），食量的置信区间或预测区间为：

$y_c=a+bx=0.32+0.11\times3=0.65$ 公斤，

$\sigma_{y_c}=\sqrt{\frac{\sum(y-y_c)^2}{n}}=\sqrt{\frac{0.0262}{10}}=0.051$，则：

$\sigma_{y_c}=\sqrt{\frac{\sum(y-y_c)^2}{n-2}}=0.057$（考虑参数个数）

$$y_c+2\times\sigma_{y_c}=0.65+0.102 \quad（上限）$$

$$y_c-2\times\sigma_{y_c}=0.65-0.102 \quad（下限）$$

即 y 在 0.548～0.752 公斤/天之内，其概率为 95.5%。

因为该例中样本数只有 10 个（较少），故这一结果不十分精确。

8.4 多元线性回归分析

事物是普遍联系的，因为有“联系”，使我们可以探索它；因为“普遍”，使我们对“联系”的探索举步维艰。一种现象的变化，往往难以找到直接影响因素，现象的变化常常是在很多因素的作用下发生的。复杂的现象常具有多方面的联系，涉及多个变量之间的数量关系。在许多实际问题中，某个因变量常随着多个自变量的变动而发生相应的变化，对于这类问题的处理应采用多元回归分析方法。

多元回归分析是研究一个因变量与多个自变量之间联系的统计分析方法。由于多元回归考虑多个自变量对因变量的影响，能够更真实地反映现象之间的相互作用，因此被广泛地应用于科学研究和实验数据的分析当中，成为使用非常广泛的统计方法。比如，产品质量不但受生产时间长短（精工细作）的影响，而且还受生产工具、工人劳动能力、年龄、性别等因素的影响。对这类问题，可以采用多元回归分析的方法加以研究。

多元线性回归分析实际上可以视为一元线性回归分析方法的拓展，其基本原理与一元线性回归分析的原理相似，但其计算更为复杂。

8.4.1 多元线性回归方程的建立

多元线性回归分析是在多元线性相关的基础上，研究两个或两个以上自变量对一个因变量的影响。

设影响因变量 y 的主要因素有 k 个：x_1，x_2，x_3，…，x_k，则可以建立多元线性回归模型：

$$y=a+b_1x_1+b_2x_2+\cdots+b_kx_k$$

每个自变量的系数表示当其他自变量都固定，该自变量变动 1 个单位时 y 的平均变动量。如 b_1 表示当 $x_2\cdots x_k$ 固定时，x_1 每变动一个单位而引起 y 的平均变动量；b_2 表示当 x_1，$x_3\cdots x_k$ 固定时，x_2 每变动一个单位而引起 y 的平均变动量，等等。也可以理解为：每个自变量的系数是一种权数，它表示每个自变量的变化对因变量总变化各自的贡献程度。

多元线性回归分析是建立在简单线性回归所使用的假设和计算方法的基础上的，对于式中自变量的 k 个系数，均可采用最小平方法原则求得。下面以二元回归分析为例介绍多元回归模型的分析方法。

二元回归分析两个自变量对因变量的影响，其回归模型为：

$$y=a+b_1x_1+b_2x_2$$

令 $e=\sum(y-y_c)^2=\sum(y-a-b_1x_1-b_2x_2)^2$，为使 e 最小，令：

$$\begin{cases}\dfrac{\partial\sum(y-a-b_1x_1-b_2x_2)^2}{\partial a}=0\\[2ex]\dfrac{\partial\sum(y-a-b_1x_1-b_2x_2)^2}{\partial b_1}=0\\[2ex]\dfrac{\partial\sum(y-a-b_1x_1-b_2x_2)^2}{\partial b_2}=0\end{cases}$$

则有标准方程组：

$$\begin{cases}na+b_1\sum x_1+b_2\sum x_2=\sum y\\ a\sum x_1+b_1\sum x_1^2+b_2\sum x_1x_2=\sum x_1y\\ a\sum x_2+b_1\sum x_1x_2+b_2\sum x_2^2=\sum x_2y\end{cases}\tag{8.12}$$

以表 8－10 的资料为例，拟合二元回归模型（假设自变量之间没有线性关系）。

表 8－10　某地区空调销售量、销售价格及职工年人均收入资料

年份（年）	销售量（万台）y	价格（千元/台）x_1	人均收入（万元/人·年）x_2	计算栏				
				x_1^2	x_2^2	x_1y	x_2y	x_1x_2
1	1.5	3.0	0.8	9.00	0.64	4.50	1.20	2.40
2	1.7	3.1	1.0	9.61	1.00	5.27	1.70	3.10
3	2.0	3.2	1.2	10.24	1.44	6.40	2.40	3.84
4	2.3	3.5	1.5	12.25	2.25	8.05	3.45	5.25
5	2.5	3.6	1.8	12.96	3.24	9.00	4.50	6.48
6	2.7	3.5	2.3	12.25	5.29	9.45	6.21	8.05
7	2.9	3.6	2.5	12.96	6.25	10.44	7.25	9.00
8	3.1	3.7	2.9	13.69	8.41	11.47	8.99	10.73
9	3.3	3.7	3.3	13.69	10.89	12.21	10.89	12.21
10	3.5	4.0	3.8	16.00	14.44	14.00	13.30	15.20
合计	25.5	34.9	21.1	122.65	53.85	90.79	59.89	79.26

将表 8－10 中的资料代入方程组得：

$$\begin{cases} 10a+34.9b_1+21.1b_2=25.5 \\ 34.9a+122.65b_1+79.26b_2=90.79 \\ 21.16a+79.26b_1+53.85b_2=59.89 \end{cases}$$

解方程组得到：

$$\begin{cases} a=-0.481 \\ b_1=0.744 \\ b_2=0.206 \end{cases}$$

将结果代入二元回归方程，得到：

$$y=-0.481+0.744x_1+0.206x_2$$

8.4.2　多元线性回归估计标准差

多元线性回归估计标准差与一元回归估计标准差的计算公式相同，根据公式 8.7，二元回归估计标准差的计算式为：

$$\sigma_{Y_c}=\sqrt{\frac{\sum(Y-Y_c)^2}{N-k-1}}=\sqrt{\frac{\sum(Y-a-b_1X_1-b_2X_2)^2}{N-2-1}}$$

8.4.3 多元线性回归的复相关系数

复相关系数是一个因变量与两个或两个以上自变量的线性相关系数。

根据公式 8.7，$\sigma_{y_c}=\sqrt{\frac{\sum(y-y_c)^2}{n-k-1}}=\frac{\sqrt{\sum(y-y_c)^2}}{\sqrt{n-k-1}}$

$$\sqrt{\sum(y-y_c)^2}=\sigma_{y_c}\sqrt{n-k-1}，\sum(y-y_c)^2=\sigma_{y_c}^2\ (n-k-1)\quad (\text{I})$$

又因为 $\sigma_y=\sqrt{\frac{\sum(y-\bar{y})^2}{n}}$，$\sqrt{\sum(y-\bar{y})^2}=\sigma_y\sqrt{n}$

$$\sum(y-\bar{y})^2=n\sigma_y^2\quad (\text{II})$$

将（Ⅰ）、（Ⅱ）代入判定系数 $r^2=1-\frac{\sum(y-y_c)^2}{\sum(y-\bar{y})^2}$，得到多元线性相关的复相关系数，计算公式为：

$$r_{复}=\pm\sqrt{1-\frac{\sum(y-y_c)^2}{\sum(y-\bar{y})^2}}=\pm\sqrt{1-\frac{\sigma_{y_c}^2}{\sigma_y^2}\ (\frac{n-k-1}{n})}\qquad(8.13)$$

式中，n 表示观察值的组数，k 表示自变量的个数。

8.5 非线性回归分析

无论是自然现象还是社会经济现象，现象间的关系不会总是线性关系。许多现象间的关系在一段时间内表现出线性特征，在更长的时间内又可能表现为非线性特征；相反，有的现象间的关系在较短时间内表现为非线性特征，而在长期内又表现为线性特征。对于非线性关系，需要运用相应的模型来拟合，非线性模型比较复杂，本节只介绍几种主要的非线性模型。

线性相关与线性回归的应用最为广泛，其计算方法也是最基本的。但是，客观现象之间的数量联系除了线性相关关系以外，还存在许多非线性相关关系，它们表现为双曲线、幂函数曲线、指数曲线、抛物线等。对于非线性相关，应采用非线性回归的方法建立其回归方程。在实践中，可以通过变量代换，把非线性回归方程转换为线性回归方程，用线性回归的方法处理非线性回归问题。

8.5.1 非线性回归模型的主要类型

8.5.1.1 双曲线回归模型

假设，双曲线回归方程的一般形式为：

$$Y_c = a + \frac{b}{X}\ (a,\ b\ 为待定系数)$$

令 $X' = \frac{1}{X}$，则有：

$$Y_c = a + bX'$$

可见，双曲线回归方程通过变量代换为一元线性回归方程。按一元线性回归的方法计算出 a，b 的值后，再代回原来的双曲线方程。

【例】根据表 8－2 中的数据，选择合适的数学模型，建立回归方程，并计算回归估计标准差。

首先根据表 8－2 中的数据绘制相关图，如图 8－2 所示。从图 8－2 可以看出，X 和 Y 之间是明显的双曲线相关，因此其数学模型为：

$$Y_c = a + \frac{b}{X}\ (a\ 和\ b\ 为待定系数)$$

令 $X' = \frac{1}{X}$，则有：

$$Y_c = a + bX'$$

使用最小平方法确定出 a 和 b 的值。

$$\begin{cases} b = \dfrac{\sum(X' - \overline{X'})\ (Y - \overline{Y})}{\sum(X' - \overline{X'})^2} \\ a = \overline{Y} - b\,\overline{X'} \end{cases}$$

第一步，计算 $X' = \frac{1}{X}$，见表 8－11。

第二步，计算 $\overline{X'}$ 和 $\overline{Y}$。

$$\overline{X'} = 0.055\ 2;\ \overline{Y} = 3.245\ 5$$

第三步，计算 $\sum(X' - X')^2$，见表 8－11。

$$\sum(X' - \overline{X'})^2 = 0.003\ 741$$

第四步，计算$\sum(X'-\overline{X'})(Y-\bar{Y})$,见表 8－11。

$$\sum(X'-\overline{X'})(Y-\bar{Y}) = 0.275\,993$$

第五步，计算 a 和 b 的值。

$$\begin{cases} b=\dfrac{\sum(X'-\overline{X'})(Y-\bar{Y})}{\sum(X'-\overline{X'})^2}=\dfrac{0.275\,993}{0.003\,741}=73.774\,5 \\ a=\bar{Y}-b\,\overline{X'}=3.245\,5-73.744\,5\times0.055\,2=-0.828\,5 \end{cases}$$

所以，双曲线回归方程为：$Y_c=-0.828\,5+\dfrac{73.774\,5}{X}$。

第六步，计算回归估计标准差。

$$\sigma_{Y_c}=\sqrt{\frac{\sum(Y-Y_c)^2}{N-k-1}}=\sqrt{\frac{\sum(Y-a-\frac{b}{X})^2}{11-1-1}}=0.227\,55$$

表 8－11

月份(月)	X	Y	X'	$(X'-\overline{X'})^2$	$(X'-\overline{X'})\cdot(Y-\bar{Y})$
1	10.5	6.5	0.095 238 1	0.001 601 3	0.130 233 1
2	12.5	5.0	0.080 000 0	0.000 613 9	0.043 473 5
3	14.5	4.2	0.068 965 5	0.000 188 9	0.013 118 5
4	16.5	3.5	0.060 606 1	0.000 029 0	0.001 370 4
5	18.5	3.0	0.054 054 1	0.000 001 4	0.000 286 8
6	19.5	2.5	0.051 282 1	0.000 015 5	0.002 937 3
7	22.5	2.4	0.044 444 4	0.000 116 2	0.009 112 2
8	24.5	2.3	0.040 816 3	0.000 207 5	0.013 620 2
9	25.5	2.2	0.039 215 7	0.000 256 2	0.016 734 2
10	26.5	2.1	0.037 735 8	0.000 305 8	0.020 030 0
11	28.5	2.0	0.035 087 7	0.000 405 4	0.025 076 8
合计		35.7	0.607 445 8	0.003 741 0	0.275 993 0

(X 表示销售额,单位:万元;Y 表示流通费用率,单位:%)

8.5.1.2 幂函数曲线回归模型

幂函数的一般形式为：

$$Y_c = aX^b$$

两边取对数，得：

$$\ln Y_c = \ln a + b\ln X$$

令 $Y' = \ln Y_c$，$a' = \ln a$，$X' = \ln X$，则有：

$$Y' = a' + bX'$$

上式已经转换为一元线性回归方程。按照一元线性回归的方法计算出 a'和 b 的值，然后再求反对数即可。

8.5.1.3　指数曲线回归模型

指数函数的一般形式为：

$$Y_c = ab^x$$

两边取对数，得：

$$\ln Y_c = \ln a + \ln b \cdot X$$

令 $Y' = \ln Y_c$，$a' = \ln a$，$b' = \ln b$，则有：

$$Y' = a' + b'X$$

上式已经转换为一元线性回归方程。按照一元线性回归的方法计算出 a'和 b'的值，然后再求出 a 和 b 的值和 Y_c。

8.5.1.4　抛物线回归模型

抛物线函数的一般形式为：

$$y = a + b_1 x + b_2 x^2$$

令 $x_1 = x$，$x_2 = x^2$，则有：

$$y = a + b_1 x_1 + b_2 x_2$$

上式已经转换为二元线性回归方程，用二元线性回归标准方程组可求出 a，b_1，b_2 的值。

将 $x_1 = x$，$x_2 = x^2$ 代入二元线性回归标准方程组（公式 8.12）得到：

$$\begin{cases} \sum y = na + b_1 \sum x + b_2 \sum x^2 \\ \sum xy = a \sum x + b_1 \sum x^2 + b_2 \sum x^3 \\ \sum x^2 y = a \sum x^2 + b_1 \sum x^3 + b_2 \sum x^4 \end{cases}$$

【例】某地区不同时期煤炭生产量见表 8－12，绘制散点图显示较明显的抛物线趋势，故可用模型 $Y_c = a + b_1 x + b_2 x^2$ 拟合。

表 8－12　某地区煤炭生产量　（单位：吨）

时间	煤炭生产量	预测值（y_c）
1	80.85	74.80
2	86.63	84.01
3	93.00	92.13
4	96.93	99.25
5	98.70	105.38
6	104.84	110.5
7	107.26	114.6
8	111.06	117.75
9	118.73	119.88
10	129.03	121.00
11	132.62	121.13
12	132.41	120.26
13	124.25	118.38
14	109.13	115.5
15	100.9	111.64
合计	1626.54	1 626.21

使用 Excel 求解可得：

$$y_c = 64.77 + 10.62x - 0.5x^2$$

将 $x=1$，2，…，15 代入所求的二次曲线方程可得趋势值，见表 8－12。

$$\sigma_{y_c} = \sqrt{\frac{\sum (y - y_c)^2}{15 - 3}} \approx 7.96 \text{（吨）}$$

8.5.2　曲线相关的判定系数

测定曲线相关的相关程度常用判定系数（公式 8.11），判定系数的计算公式为：

$$R^2 = \frac{\sum (y_c - \bar{y})^2}{\sum (y - \bar{y})^2} = 1 - \frac{\sum (y - y_c)^2}{\sum (y - \bar{y})^2}$$

【例】对于表 8－11 的双曲线相关关系，测定相关程度。

解：测定曲线相关程度，需计算判定系数，计算过程见表 8－13。将数据代入判定系数公式，得：

$$R^2 = 1 - \frac{\sum(y-y_c)^2}{\sum(y-\bar{y})^2} = 1 - \frac{0.466\ 0}{20.827\ 3} = 0.977\ 6$$

计算结果表明，销售额与流通费用率之间存在高度双曲线相关。

表 8－13

月份（月）	x	y	y_c	$(y-\bar{y})^2$	$y-y_c$	$(y-y_c)^2$
1	10.5	6.5	6.197 6	10.592 1	0.302 4	0.091 4
2	12.5	5	5.073 5	3.078 4	－0.073 5	0.005 4
3	14.5	4.2	4.259 4	0.911 2	－0.059 4	0.003 5
4	16.5	3.5	3.642 7	0.064 8	－0.142 7	0.020 4
5	18.5	3	3.159 3	0.060 2	－0.159 3	0.025 4
6	19.5	2.5	2.954 8	0.555 7	－0.454 8	0.206 9
7	22.5	2.4	2.450 4	0.714 8	－0.050 4	0.002 5
8	24.5	2.3	2.182 7	0.893 9	0.117 3	0.013 8
9	25.5	2.2	2.064 6	1.093 0	0.135 4	0.018 3
10	26.5	2.1	1.955 4	1.312 1	0.144 6	0.020 9
11	28.5	2	1.760 1	1.551 2	0.239 9	0.057 6
合计		35.7		20.827 3		0.466 0

（x 表示销售额，单位：万元；y 表示流通费率，单位：%）

8.5.3 曲线回归模型的检验

检验曲线回归模型仍可用前面所介绍的残差图法。令残差 $e=y-y_c$，根据表 8－13 中的数据，以 e 为纵坐标，以 y_c 为横坐标，绘制残差图，如图 8－8 所示。

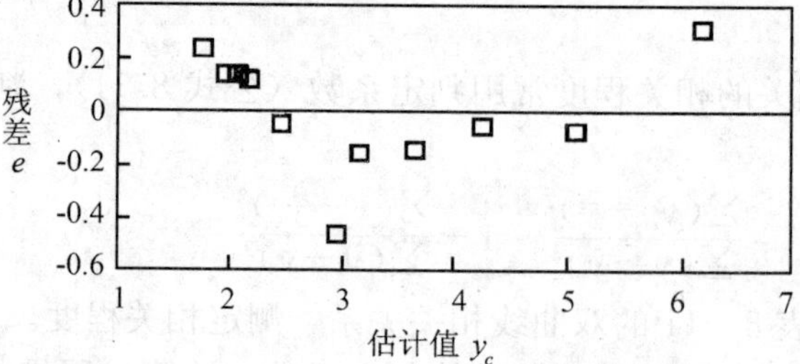

图 8－8　残差图

从图 8－8 所示的残差图可以看出，散点基本上是无规律地分布在水平线的两边，可以认为，在本例中所建立的双曲线回归方程是成立的。

8.6　自相关与自回归

前面所介绍的是一个变量与另一个变量或几个变量之间的相关和回归的问题。此外，从动态上考察，一个变量自身随时间不同，其前期和后期的数值也表现出一定的相关关系，称为时间数列的自相关。时间数列的自相关关系普遍存在于社会经济现象中，比如，今年电视机销售量和去年电视机销售量有关，今年居民生活消费水平与去年居民生活消费水平有关，今年生猪产量与去年生猪产量有关，等等。研究时间数列的自相关关系，对于分析社会经济现象的发展变化规律，进行经济预测，具有重要意义。

时间数列的自相关也分为线性相关和非线性相关、正相关和负相关等不同的种类，下面举例说明。

【例】某地区近十年生猪出栏头数见表 8－14，绘制相关图，分析相关关系的类型，计算自相关系数，建立回归模型。

表 8－14

时间（年）	生猪出栏头数（亿头）	滞后一年 $X_i = Y_{i-1}$
1	1.04	
2	1.08	1.04
3	1.14	1.08
4	1.19	1.14
5	1.22	1.19
6	1.25	1.22
7	1.28	1.25
8	1.30	1.28
9	1.32	1.30
10	1.35	1.32
合计	11.13	10.82

根据表 8－14 中的数据，使用其中的 9 对数据，绘制的相关图如图8－9 所示。

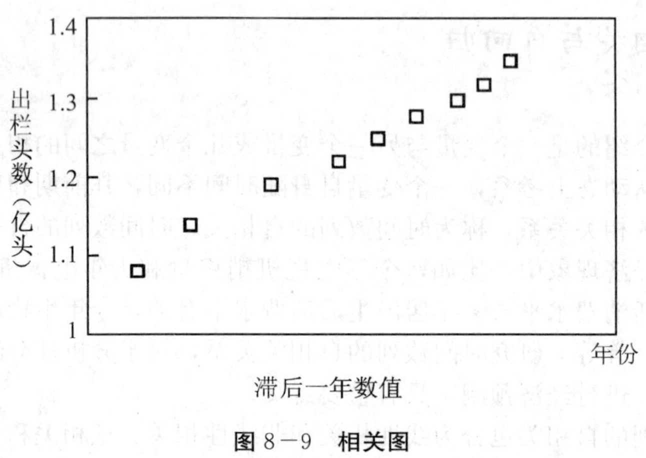

图 8－9 相关图

从图 8－9 可以看出，生猪出栏头数与其前一年的数值之间存在着线性正相关关系。

以生猪出栏头数为因变量 Y，以其前一年的数值为自变量 X，计算相关系数（注：只能使用其中 9 对数据）。计算过程见表 8－15。

$$r=\frac{\sum(X_i-\overline{X})(Y_i-\overline{Y})}{\sqrt{\sum(X_i-\overline{X})^2}\sqrt{\sum(Y_i-\overline{Y})^2}}$$

$$=\frac{0.069\,1}{\sqrt{0.077\,4}\times\sqrt{0.062\,2}}=0.995\,7$$

从相关系数的数值可知，生猪出栏头数与其前一年的数值之间存在着高度正相关关系。

假设直线回归方程为 $Y_c=a+bX_i$（式中 $X_i=Y_{i-1}$），由公式 8.6 可得：

$$\begin{cases}b=\dfrac{\sum(X_i-\overline{X})(Y_i-\overline{Y})}{\sum(X_i-\overline{X})^2}=\dfrac{0.069\,1}{0.077\,4}=0.892\,8\\ a=\overline{Y}-b\overline{X}=1.236\,7-0.892\,8\times1.202\,2=0.163\,3\end{cases}$$

所以，回归方程为 $Y_c=0.163\,3+0.892\,8X_i$，即

$$Y_c=0.163\,3+0.892\,8Y_{i-1}$$

表 8－15　相关系数计算表

时间（年）	Y_i	$X_i=Y_{i-1}$	$(X_i-\bar{X})^2$	$(Y_i-\bar{Y})^2$	$(X_i-\bar{X})(Y_i-\bar{Y})$
1	1.04				
2	1.08	1.04	0.026 3	0.024 5	0.025 4
3	1.14	1.08	0.014 9	0.009 3	0.011 8
4	1.19	1.14	0.003 9	0.002 2	0.002 9
5	1.22	1.19	0.000 1	0.000 3	0.000 2
6	1.25	1.22	0.000 3	0.000 2	0.000 2
7	1.28	1.25	0.002 3	0.001 9	0.002 1
8	1.30	1.28	0.006 0	0.004 0	0.004 9
9	1.32	1.30	0.009 6	0.006 9	0.008 1
10	1.35	1.32	0.013 9	0.012 8	0.013 3
合计	11.13	10.82	0.077 4	0.062 2	0.069 1

时间数列自回归模型建立以后，需要检验其是否成立。根据建立的回归方程，先计算出估计值 Y_c，再计算出误差项 e，计算过程见表8－16。根据表 8－16 中的数据，以 Y_c 为横坐标，以 e 为纵坐标，绘制残差图，如图 8－10 所示。

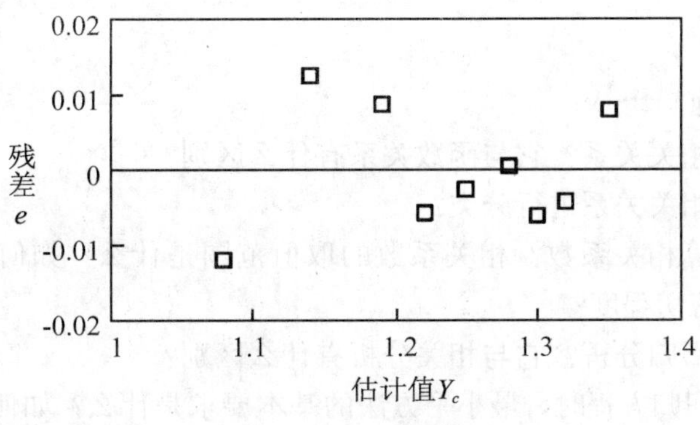

图 8－10　残差图

从图 8－10 可以看出，散点无规律地分布在水平线 $e=0$ 的两边，可以认为，在本例中所建立的自回归方程成立。

表 8－16　估计值和误差项计算表

时间（年）	Y_i	$X_i=Y_{i-1}$	Y_c	e
1	1.04			
2	1.08	1.04	1.0918	－0.0118
3	1.14	1.08	1.1275	0.0125
4	1.19	1.14	1.1811	0.0089
5	1.22	1.19	1.2258	－0.0058
6	1.25	1.22	1.2525	－0.0025
7	1.28	1.25	1.2793	0.0007
8	1.30	1.28	1.3061	－0.0061
9	1.32	1.30	1.3240	－0.0040
10	1.35	1.32	1.3418	0.0082
合计	11.13	10.82		

在本例中，分析时间数列的自相关系数时，是原数列的数值滞后 1 个时期（即一年）作为自变量。根据原数列的实际变动情况，也可以采用滞后 2 个时期、3 个时期等进行分析，分别计算自相关系数。当滞后某个时期的自相关系数最大，则此时的回归方程是最优的。

［习题］

一、思考题

1. 什么是相关关系？它与函数关系有什么区别？

2. 如何对相关关系进行分类？

3. 如何计算相关系数？相关系数的取值范围是什么？如何根据相关系数的值判断相关密切程度？

4. 什么是回归分析？它与相关分析有什么区别？

5. 在建立回归方程时，最小平方法的基本要求是什么？如何计算一元线性回归方程中的参数 a 和 b 的值？回归系数 b 与相关系数 r 的关系如何？

6. 如何衡量回归方程的代表性好坏？回归估计标准差与相关系数的关系如何？

7. 在进行二元线性回归分析时，如何计算复相关系数？

8. 常见的曲线相关有哪些种类？如何将曲线方程线性化？

9. 判定系数的概念及计算。

10. 相关与回归分析的主要内容。

二、计算题

1. 某校外贸系10名学生的身高和体重的统计资料见下表：

学号	身高（厘米）	体重（公斤）
1	171	65
2	167	56
3	177	70
4	154	50
5	169	55
6	175	66
7	163	52
8	152	45
9	172	58
10	160	55

根据表中数据，(1) 画出相关图，判断身高和体重相关关系的类型；(2) 计算相关系数，说明相关程度；(3) 以身高为自变量，体重为因变量，建立回归方程；(4) 计算回归估计标准差；(5) 画出残差图，检验回归方程；(6) 当身高为180厘米时，体重为多少公斤？

2. 某汽车厂要分析汽车货运量与货车拥有量之间的关系，选择部分地区进行调查，所得资料见下表：

汽车货运量 Y（亿吨/公里）	货车拥有量 X（万辆）
4.1	0.27
4.5	0.31
5.6	0.35
6.0	0.40
6.4	0.52
6.8	0.55
7.5	0.58
8.5	0.60
9.8	0.65
11.0	0.73

根据表中数据，(1) 画出相关图，分析二者之间的相关关系；(2) 计算相关系数，说明相关程度；(3) 建立合适的回归方程，并计算回归估计标准差；(4) 画出残差图，检验回归方程；(5) 当货车拥有量为 9 000 辆时，汽车货运量大约为多少?

3. 某地区小型农机销售额和农业总产值的统计资料见下表：

时间(年)	小型农机销售额 Y（万元）	农业总产值 X（亿元）
1	79	5.4
2	70	4.8
3	82	5.8
4	84	6.3
5	85	6.9
6	84	6.6
7	157	7.3
8	154	8.9
9	174	10.6
10	198	13.1

根据表中数据，(1) 画出相关图，分析二者之间的相关关系；(2) 计算相关系数，说明相关程度；(3) 建立合适的回归方程，并计算回归估计标准差；(4) 画出残差图，检验回归方程。

4. 下表为 10 个国家人均收入和农业占 GDP 比重的统计资料。

国家编号	人均收入（美元）X	农业占 GDP 的比重(%)Y
1	600	50
2	900	40
3	1 000	35
4	1 500	30
5	2 000	30
6	3 000	25
7	4 000	20
8	5 000	18
9	6 000	15
10	7 000	10

根据表中数据，(1) 画出相关图，分析二者之间的相关关系；(2) 计算相关系数，说明相关程度；(3) 建立合适的回归方程，并计算回归估计标准差；

(4) 画出残差图，检验回归方程。

5. 某地区某商品的销售情况见下表：

月份(月)	销售量（千台）Y	价格（千元/台）X_1	消费者收入(千元/月)X_2
1	60	9	3
2	50	8	3
3	65	7	4
4	70	6	5
5	75	7	6
6	100	5	10
7	100	4	11
8	80	6	12
9	90	5	13
10	110	3	13

根据表中数据，(1) 计算复相关系数，分析相关程度；(2) 建立二元线性回归方程；并计算回归估计标准差；(3) 画出残差图，检验回归方程；(4) 当月收入为 2 万元、该商品价格为 5 000 元/台时，销售量是多少？

附 录

附录1　随机分布数字表

03	47	43	73	86	36	96	47	36	61	46	98	63	71	62	33	26	16	80	45	60	11	14	10	95
97	74	24	67	62	42	81	14	57	20	42	53	32	37	32	27	07	36	07	51	24	51	79	89	73
16	76	62	27	66	56	50	26	71	07	32	90	79	78	53	13	55	38	58	59	88	97	54	14	10
12	56	85	99	26	96	96	68	27	31	05	03	72	93	15	57	12	10	14	21	88	26	49	81	76
55	59	56	35	64	38	54	82	46	22	31	62	43	09	90	06	18	44	32	53	23	83	01	30	30
16	22	77	94	39	49	54	43	54	82	17	37	93	23	78	87	35	20	96	43	84	26	34	91	64
84	42	17	53	31	57	24	55	06	88	77	04	74	47	67	21	76	33	50	25	83	92	12	06	76
63	01	63	78	59	16	95	55	67	19	98	10	50	71	75	12	86	73	58	07	44	39	52	38	79
33	21	12	34	29	78	64	56	07	82	52	42	07	44	38	15	51	00	13	42	99	66	02	79	54
57	60	86	32	44	09	47	27	96	54	49	17	46	09	62	90	52	84	77	27	03	02	73	43	28
18	18	07	92	45	44	17	16	58	09	79	83	86	19	62	06	76	50	03	10	55	23	64	05	05
26	62	38	97	75	84	16	07	44	99	83	11	46	32	24	20	14	85	88	45	10	93	72	88	71
23	42	40	64	74	82	97	77	77	81	07	45	32	14	08	32	98	94	07	72	93	85	79	10	75
52	36	28	19	95	50	92	26	11	97	00	56	76	31	38	80	22	02	53	53	86	60	42	04	53
37	85	94	35	12	83	39	50	08	30	42	34	07	96	88	54	42	06	87	98	35	85	99	48	39
70	29	17	12	13	40	33	20	38	26	13	89	51	03	74	71	76	37	13	04	07	74	21	19	30
56	62	18	37	35	96	83	70	87	75	97	12	25	93	47	70	33	24	03	54	97	77	46	44	80
99	49	57	22	77	88	42	95	45	72	16	64	36	16	00	04	43	18	66	79	94	77	24	21	90
16	08	15	04	72	33	27	14	34	09	45	59	34	63	49	12	72	07	34	45	99	27	72	95	14
31	16	93	32	43	50	27	89	87	19	20	15	37	00	49	52	85	66	60	44	38	68	88	11	80
68	34	30	13	70	55	74	30	77	40	44	22	78	84	26	04	33	46	09	52	68	07	97	06	57
74	57	25	65	76	59	29	97	68	60	71	91	38	67	54	13	58	18	24	76	15	54	55	95	52
27	42	37	86	53	48	55	90	65	72	96	57	69	36	10	96	46	92	42	45	97	60	49	04	91
00	39	68	29	61	66	37	32	20	30	77	84	57	03	29	10	45	65	04	26	11	04	96	67	24
29	94	98	94	24	68	49	69	10	82	53	75	91	93	30	34	55	20	57	27	40	48	73	51	92

附录 1　续表

61 90 82 66 59	83 62 64 11 12	67 19 00 71 74	60 47 21 29 63	02 02 37 03 31
11 27 94 75 03	03 09 19 74 66	02 94 37 34 02	76 70 90 30 86	38 45 94 30 38
35 24 10 16 20	33 32 51 26 38	79 78 45 04 91	16 92 53 56 16	02 75 50 95 98
33 23 16 86 38	42 38 97 01 50	87 75 66 81 41	40 01 74 91 62	48 51 84 08 32
31 96 25 91 47	96 44 33 49 13	34 86 82 53 91	00 52 43 48 85	27 55 26 89 62
66 67 40 67 14	64 05 71 95 86	11 05 65 09 68	76 83 20 37 90	57 16 00 11 66
14 90 84 45 11	75 73 88 05 90	52 27 41 14 86	22 98 12 22 08	07 52 74 95 80
68 05 51 18 00	33 96 02 75 19	07 60 62 93 55	59 33 82 43 90	49 37 38 44 59
20 46 78 73 90	97 51 40 14 02	04 02 33 31 08	39 54 16 49 36	47 95 93 13 30
64 19 59 97 79	15 06 15 93 20	01 90 10 75 06	40 78 78 89 62	02 67 74 17 33
05 26 93 70 60	22 35 85 15 13	92 03 51 59 77	59 56 78 06 83	52 91 05 70 74
07 97 10 88 23	09 98 42 99 64	61 71 62 99 15	03 51 29 16 93	58 05 77 09 51
68 71 86 85 85	54 87 66 47 54	73 32 08 11 12	44 95 92 63 16	29 56 24 29 48
29 99 61 65 53	58 37 78 80 70	42 10 50 67 42	32 17 55 85 74	94 44 67 16 94
14 65 52 68 75	87 59 36 22 41	26 78 63 06 55	13 08 27 01 50	15 29 39 39 43
17 53 77 58 71	71 41 61 50 72	12 41 94 96 26	44 95 27 36 99	02 96 74 30 83
90 26 59 21 19	23 52 23 33 12	96 93 02 18 39	07 02 18 36 07	25 99 32 70 23
41 23 52 55 99	31 04 49 69 96	10 47 48 45 88	13 41 43 89 20	97 17 14 49 17
60 20 50 81 69	31 99 73 68 68	35 81 33 03 76	24 30 12 48 60	18 99 10 72 34
91 25 38 05 90	94 58 28 41 36	45 37 59 03 09	90 35 57 29 12	82 62 54 65 60
54 50 57 74 37	98 80 33 00 91	09 77 93 19 82	74 94 80 04 04	45 07 31 66 49
85 22 04 39 43	73 81 53 94 79	33 62 46 86 28	08 31 54 46 31	53 94 13 38 47
09 79 13 77 48	73 82 97 22 21	05 03 27 24 83	72 89 44 05 60	35 80 39 94 88
88 75 80 18 14	22 95 75 42 49	39 32 82 22 49	02 48 07 70 37	16 04 61 67 87
90 96 23 70 00	39 00 03 06 90	55 85 78 38 36	94 37 30 69 32	90 89 00 76 33

附录1 续表

53	74	23	99	67	61	32	28	69	84	94	62	67	86	24	98	33	41	19	95	47	53	53	38	09
63	38	06	86	54	99	00	65	26	94	02	82	90	23	07	79	62	67	80	60	75	91	12	81	19
35	30	58	21	46	06	72	17	10	94	25	21	31	75	93	49	28	24	00	49	35	65	79	78	07
63	43	36	82	69	65	51	18	37	88	61	38	44	12	45	32	92	85	88	65	54	34	81	85	35
98	25	37	55	26	01	91	82	81	46	74	71	12	94	97	24	02	71	37	07	03	92	18	66	75
02	63	21	17	69	71	50	80	89	56	38	15	70	11	48	43	40	45	86	98	00	83	26	91	03
64	55	22	21	82	48	22	28	06	00	61	54	13	43	91	82	78	12	23	29	06	66	24	12	27
85	07	26	13	89	01	10	07	82	40	59	63	69	36	03	69	11	15	83	80	13	29	54	19	28
58	54	16	24	15	51	54	44	82	00	62	61	65	04	69	38	18	65	18	97	85	72	13	49	21
34	85	27	84	87	61	48	64	56	26	90	18	48	13	26	37	70	15	42	57	65	65	80	39	07
03	92	18	27	46	57	99	16	96	56	30	33	72	85	22	84	64	38	56	93	99	01	30	98	64
62	93	30	27	59	37	75	41	66	48	86	97	80	61	45	23	53	04	01	63	45	76	08	64	27
08	45	93	15	22	60	21	75	46	91	98	77	27	85	42	28	88	61	08	84	69	62	03	42	73
07	08	55	18	40	45	44	75	13	90	24	94	96	61	02	57	55	66	83	15	73	42	37	11	61
01	85	89	95	66	51	10	19	34	88	15	84	97	19	75	12	76	39	43	78	64	63	91	08	25
72	84	71	14	35	19	11	58	49	26	50	11	17	17	76	86	31	57	20	18	95	60	78	46	75
88	78	28	16	84	13	52	53	94	53	75	45	69	30	96	73	89	65	70	31	99	17	43	48	76
45	17	75	65	57	28	40	19	72	12	25	12	74	75	67	60	40	60	81	19	24	62	01	61	16
96	76	28	12	54	22	01	11	94	25	71	93	16	16	88	68	64	36	74	45	19	59	50	88	92
43	31	67	72	30	24	02	94	03	63	38	32	36	66	02	69	36	38	25	39	48	03	45	15	22
50	44	66	44	21	66	03	58	05	62	68	15	54	35	02	42	35	48	96	32	14	52	41	52	48
22	66	22	15	86	26	63	75	41	99	58	42	36	72	24	58	37	52	18	51	03	37	18	39	11
96	24	40	14	51	23	22	30	88	57	95	67	47	29	83	94	69	40	06	07	18	16	36	78	86
31	73	91	61	19	60	20	72	93	48	98	57	07	23	69	65	95	39	69	58	56	80	30	19	44
78	60	73	99	84	43	89	94	36	45	56	69	47	07	41	90	22	91	07	12	18	35	34	08	72

附录1　续表

84 37 90 61 56	70 10 23 98 05	85 11 34 76 60	76 48 45 34 60	01 64 18 39 96
36 67 10 08 23	98 93 35 08 86	99 29 76 29 81	33 34 91 58 93	63 14 52 32 52
07 28 59 07 48	89 64 58 89 75	83 85 62 27 89	30 14 78 56 27	86 63 59 80 02
10 15 83 87 60	79 24 31 66 56	21 48 24 06 93	91 98 94 05 49	01 47 59 38 00
55 19 68 97 65	03 73 52 16 66	00 53 55 90 27	33 42 29 38 87	22 13 88 33 34
53 81 29 13 39	35 01 20 71 34	62 33 74 82 14	53 73 19 09 03	56 54 29 56 93
51 86 32 68 92	33 98 74 66 99	40 14 71 94 58	45 94 19 38 81	14 44 99 81 07
35 91 70 29 13	80 03 54 07 27	96 94 78 32 66	50 95 52 74 33	13 80 55 62 54
37 71 67 95 13	20 02 44 95 94	64 85 04 05 72	01 32 90 76 14	53 89 74 60 41
93 66 13 83 27	92 79 64 64 72	28 54 96 53 84	48 14 52 98 94	56 07 93 89 30
02 96 08 45 65	13 05 00 41 84	93 07 54 72 59	21 45 57 09 77	19 48 56 27 44
49 83 43 48 35	82 88 33 69 96	72 36 04 19 76	47 45 15 18 60	82 11 08 95 97
84 60 71 62 46	40 80 81 30 37	34 39 23 05 38	25 15 35 71 30	88 12 57 21 77
18 17 30 88 71	44 91 14 88 47	89 23 30 63 15	56 34 20 47 89	99 82 93 24 98
79 69 10 61 78	71 32 76 95 62	87 00 22 58 40	92 54 01 75 25	43 11 71 99 31
75 93 36 57 83	56 20 14 82 11	74 21 97 90 65	96 42 68 63 86	74 54 13 26 94
38 30 92 29 03	06 28 81 39 38	62 25 06 84 63	61 29 08 93 67	04 32 92 08 09
51 29 50 10 34	31 57 75 95 80	51 97 02 74 77	76 15 48 49 44	18 55 63 77 09
21 31 38 86 24	37 79 81 53 74	73 24 16 10 33	52 83 90 94 76	70 47 14 54 36
29 01 23 87 88	58 02 39 37 67	42 10 14 20 92	16 55 23 42 45	54 96 09 11 06
95 33 95 22 00	18 74 72 00 18	38 79 58 69 32	81 76 80 26 92	82 80 84 25 39
90 84 60 79 80	24 36 59 87 38	83 07 53 89 35	96 35 23 79 18	05 98 90 07 35
46 40 62 98 82	54 97 20 57 95	15 74 80 08 32	16 46 70 50 80	67 72 16 42 79
20 31 89 03 43	38 46 82 68 72	32 14 82 99 70	80 60 47 18 97	63 49 30 21 30
71 59 73 05 50	08 22 23 71 77	91 01 93 20 49	82 96 59 26 94	66 39 67 98 60

附录 2　正态分布概率表

t	$F(t)$	t	$F(t)$	t	$F(t)$	t	$F(t)$
0.00	0.0000	0.33	0.2586	0.66	0.4907	0.99	0.6778
0.01	0.0080	0.34	0.2661	0.67	0.4971	1.00	0.6827
0.02	0.0160	0.35	0.2737	0.68	0.5035	1.01	0.6875
0.03	0.0239	0.36	0.3812	0.69	0.5098	1.02	0.6923
0.04	0.0319	0.37	0.2886	0.70	0.5161	1.03	0.6970
0.05	0.0399	0.38	0.2961	0.71	0.5223	1.04	0.7017
0.06	0.0478	0.39	0.3035	0.72	0.5285	1.05	0.7063
0.07	0.0558	0.40	0.3108	0.73	0.5346	1.06	0.7109
0.08	0.0638	0.41	0.3182	0.74	0.5407	1.07	0.7154
0.09	0.0717	0.42	0.3255	0.75	0.5467	1.08	0.7199
0.10	0.0797	0.43	0.3328	0.76	0.5527	1.09	0.7243
0.11	0.0876	0.44	0.3401	0.77	0.5587	1.10	0.7287
0.12	0.0955	0.45	0.3473	0.78	0.5646	1.11	0.7330
0.13	0.1034	0.46	0.3545	0.79	0.5705	1.12	0.7373
0.14	0.1113	0.47	0.3616	0.80	0.5763	1.13	0.7415
0.15	0.1192	0.48	0.3688	0.81	0.5821	1.14	0.7457
0.16	0.1271	0.49	0.3759	0.82	0.5878	1.15	0.7499
0.17	0.1350	0.50	0.3829	0.83	0.5935	1.16	0.7540
0.18	0.1428	0.51	0.3899	0.84	0.5991	1.17	0.7580
0.19	0.1507	0.52	0.3969	0.85	0.6047	1.18	0.7620
0.20	0.1585	0.53	0.4039	0.86	0.6102	1.19	0.7660
0.21	0.1663	0.54	0.4108	0.87	0.6157	1.20	0.7699
0.22	0.1741	0.55	0.4177	0.88	0.6211	1.21	0.7737
0.23	0.1819	0.56	0.4245	0.89	0.6265	1.22	0.7775
0.24	0.1897	0.57	0.4313	0.90	0.6319	1.23	0.7813
0.25	0.1974	0.58	0.4381	0.91	0.6372	1.24	0.7850
0.26	0.2051	0.59	0.4448	0.92	0.6424	1.25	0.7887
0.27	0.2128	0.60	0.4515	0.93	0.6476	1.26	0.7923
0.28	0.2205	0.61	0.4581	0.94	0.6528	1.27	0.7959
0.29	0.2282	0.62	0.4647	0.95	0.6579	1.28	0.7995
0.30	0.2358	0.63	0.4713	0.96	0.6929	1.29	0.8030
0.31	0.2434	0.64	0.4778	0.97	0.6680	1.30	0.8064
0.32	0.2510	0.65	0.4843	0.98	0.6729	1.31	0.8098

附录2 续表

t	F (t)	t	F (t)	t	F (t)	t	F (t)
1.32	0.8132	1.65	0.9011	1.98	0.9523	2.62	0.9912
1.33	0.8165	1.66	0.9031	1.99	0.9534	2.64	0.9917
1.34	0.8198	1.67	0.9051	2.00	0.9545	2.66	0.9922
1.35	0.8230	1.68	0.9070	2.02	0.9566	2.68	0.9926
1.36	0.8262	1.69	0.9090	2.04	0.9587	2.70	0.9931
1.37	0.8293	1.70	0.9109	2.06	0.9606	2.72	0.9935
1.38	0.8324	1.71	0.9127	2.08	0.9625	2.74	0.9939
1.39	0.8355	1.72	0.9146	2.10	0.9643	2.76	0.9942
1.40	0.8385	1.73	0.9164	2.12	0.9660	2.78	0.9946
1.41	0.8415	1.74	0.9181	2.14	0.9676	2.80	0.9949
1.42	0.8444	1.75	0.9199	2.16	0.9692	2.82	0.9952
1.43	0.8473	1.76	0.9216	2.18	0.9707	2.84	0.9955
1.44	0.8501	1.77	0.9233	2.20	0.9722	2.86	0.9958
1.45	0.8529	1.78	0.9249	2.22	0.9736	2.88	0.9960
1.46	0.8557	1.79	0.9265	2.24	0.9749	2.90	0.9962
1.47	0.8584	1.80	0.9281	2.26	0.9762	2.92	0.9965
1.48	0.8611	1.81	0.9297	2.28	0.9774	2.94	0.9967
1.49	0.8638	1.82	0.9312	2.30	0.9786	2.96	0.9969
1.50	0.8664	1.83	0.9328	2.32	0.9797	2.98	0.9971
1.51	0.8690	1.84	0.9342	2.34	0.9807	3.00	0.9973
1.52	0.8715	1.85	0.9357	2.36	0.9817	3.20	0.9936
1.53	0.8740	1.86	0.9371	2.38	0.9827	3.40	0.9993
1.54	0.8764	1.87	0.9385	2.40	0.9835	3.60	0.99968
1.55	0.8789	1.88	0.9399	2.42	0.9845	3.80	0.99986
1.56	0.8812	1.89	0.9412	2.44	0.9853	4.00	0.99994
1.57	0.8836	1.90	0.9426	2.46	0.9861	4.50	0.999993
1.58	0.8859	1.91	0.9439	2.48	0.9869	5.00	0.999999
1.59	0.8882	1.92	0.9451	2.50	0.9876		
1.60	0.8904	1.93	0.9464	2.52	0.9883		
1.61	0.8926	1.94	0.9476	2.54	0.9889		
1.62	0.8949	1.95	0.9488	2.56	0.9795		
1.63	0.8969	1.96	0.9500	2.58	0.9901		
1.64	0.8990	1.97	0.9512	2.60	0.9907		

参考文献

1. 马庆国．管理统计学．北京:科学出版社,2002.
2. 黄良文,曾五一．统计学原理．北京:中国统计出版社,2004.
3. 贾俊平,等.统计学.北京:中国人民大学出版社,2004.
4. 王云,李晶.统计学(第二版).成都:四川大学出版社,2005.
5. 张建华,等译.商务与经济统计学.北京:机械工业出版社,2006.
6. [美]戴维·R·安德森,等.商务与经济统计.张建华,等译.北京:机械工业出版社,2006.
7. 刘晓石,陈鸿建,何腊梅.概率论与数理统计(第二版).北京:科学出版社,2005.
8. 庞皓,杨作廪．统计学．成都:西南财大出版社,2000.
9. 张梅琳.应用统计学.上海:复旦大学出版社,2004.
10. 王云.统计学理论与分析.成都:四川大学出版社,1992.
11. 冯莉.社会经济统计学原理.成都:四川人民出版社,2000.
12. 李洁明,祁新娥.统计学原理.上海:复旦大学出版社,1998.
13. 施锡铨.抽样调查的理论和方法.上海:上海财贸大学出版社,1996.
14. 唐庆银.新编统计学原理.上海:立信会计出版社,1998.